大卞庄村志

《大卞庄村志》编修委员会　编

方志出版社
Publishing House of Local Records

图书在版编目（CIP）数据

大卞庄村志 /《大卞庄村志》编修委员会编 .—北京 : 方志出版社 , 2024.1
ISBN 978-7-5144-6213-5

Ⅰ . ①大… Ⅱ . ①大… Ⅲ . ①村史－西青区 Ⅳ . ① K292.15

中国国家版本馆 CIP 数据核字（2024）第 016372 号

责任编辑：王海荣
责任校对：张玉霞
责任印制：梅中英
出 版 者：方志出版社
地　　址：北京市朝阳区潘家园东里 9 号（国家方志馆 4 层）
邮　　编：100021
网　　址：http://www.zgfzcb.cn
发　　行：方志出版社图书营销中心（010-67110500）
印　　刷：北京中科印刷有限公司
开　　本：787 毫米 ×1092 毫米 1/16
印　　张：20.75
字　　数：376 千字
版　　次：2024 年 1 月第 1 版
印　　次：2024 年 1 月第 1 次印刷
定　　价：158.00 元

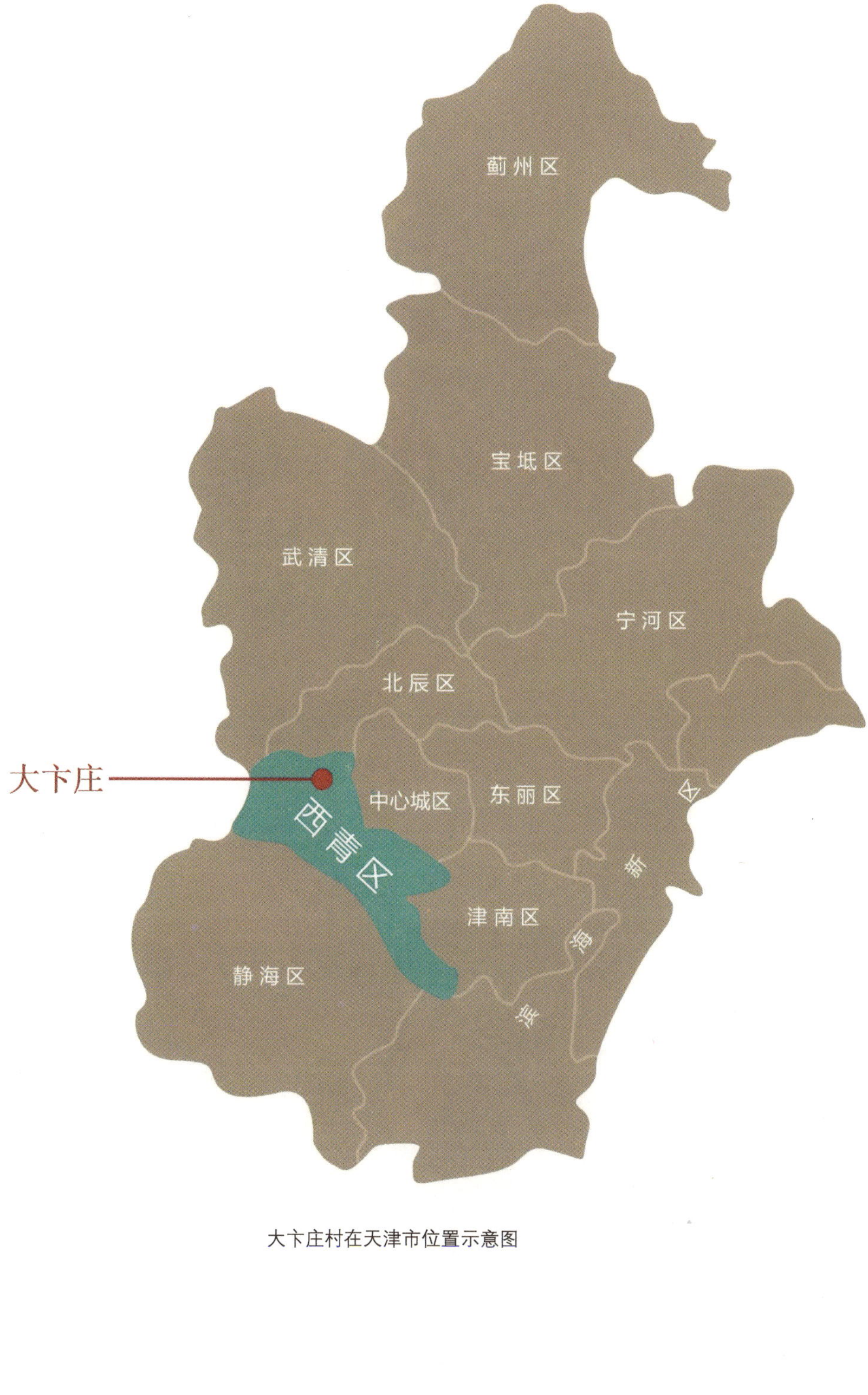

大卞庄村在天津市位置示意图

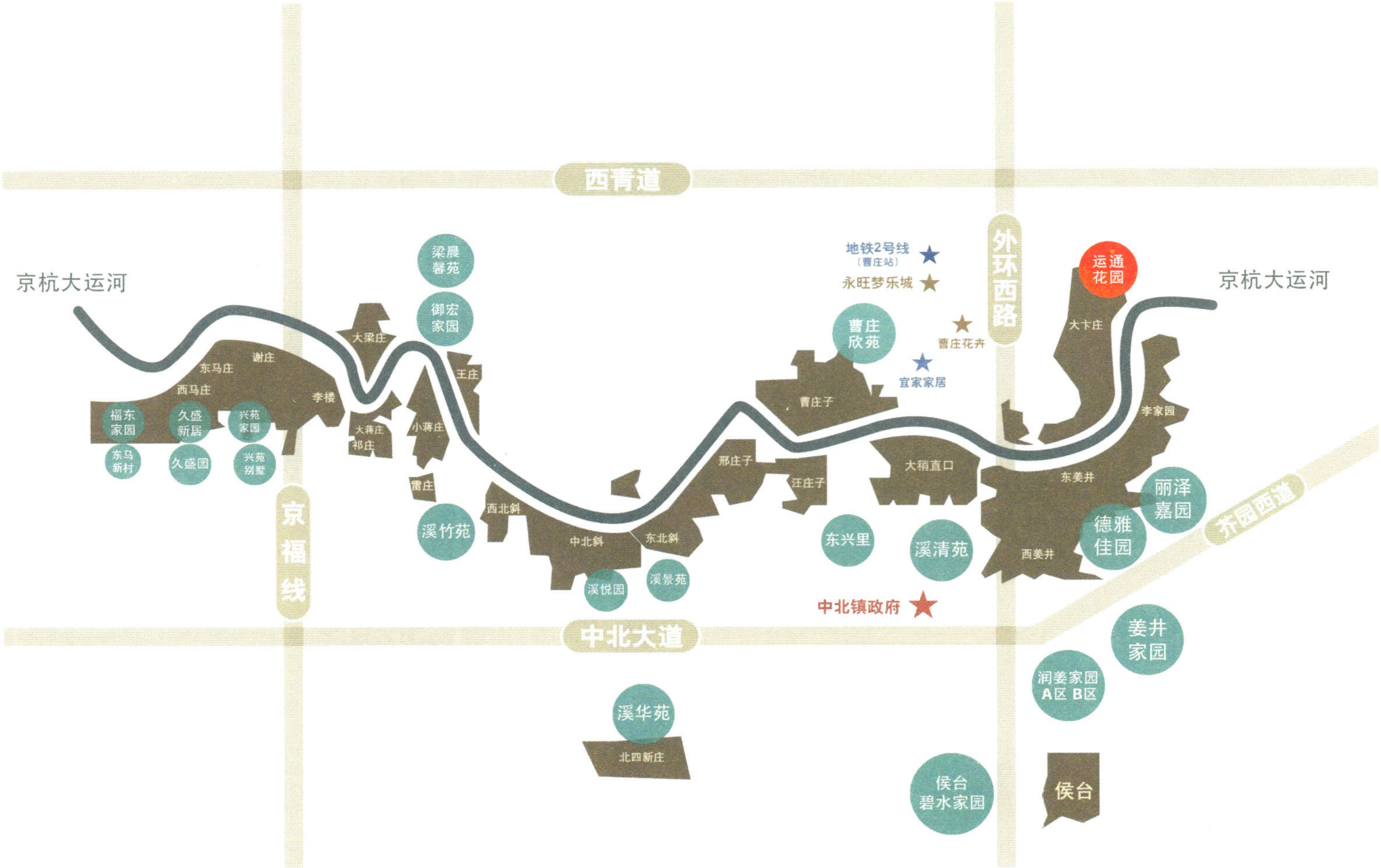

大卞庄村在中北镇位置示意图

运通花园小区鸟瞰图（2019 年姜哲摄）

大卞庄村党群服务中心外景（2018 年姜哲摄）

党群服务中心党建宣传墙（2019 年李兴成摄）

党群服务中心服务大厅（2019 年李兴成摄）

银座小学（2008 年李淑起摄）

中大自行车厂第一辆自行车组装下线（1990年李元良摄）

高金奎（左三）参加中北镇第十三届全民运动会表彰会（2014 年李兴成摄）

永旺梦乐城（购物中心）夜景（2019 年李兴成摄）

20 世纪 50 年代的土坯房

20 世纪 60 年代的砖房

20 世纪 90 年代的砖房

运通小区内景（一）（2018 年李兴成摄）

运通小区内景（二）（2018 年李兴成摄）

运通花园内景（2018 年李兴成摄）

运通花园小区正门（2018 年李兴成摄）

大卞庄村合唱队参加歌咏大赛（2012 年李兴成摄）

大卞庄村参加中北镇第一届手扑球比赛
（2013 年李兴成摄）

石友元、刘学金表演现代京剧片段（2015 年李兴成摄）

韵通舞蹈队参加元宵节花会表演（2019 年李兴成摄）

大卞庄村代表队参加运动会开幕式（2010 年李兴成摄）

杨晓晓参加田径比赛（2014 年李兴成摄）

孙九松冷拼作品

于会芬布艺作品

李淑艳十字绣作品

刘雨串珠作品

王玉敏绢花作品

李兴成葫芦烙画作品

尚若熙儿童画作品

李作瑛书法作品

石景海绘画作品

党员到中北镇风雨园林广场“丰泽亭”参观学习
（2014 年李兴成摄）

党员到周邓纪念馆参观学习（2014 年李兴成摄）

大卞庄村组织党员到宝城区冯家庄党史馆参观学习（2018 年李宸皓摄）

2012 年被评为“市级卫生村”

2014 年被评为“千村美院”创建村

2014 年被授予中国经济普查先进集体称号

2015 年被评为“文明村”

西青区村村建档修志工程领导小组组长及成员单位

组　　长：李　清（2020年7月—　）

张　劲（2017年3月至2019年3月）

副 组 长：齐中波（2021年8月—　）

惠　冰（2017年3月至2019年9月）

杜全胜（2019年12月—　）

高　艳（2017年3月—　）

成员单位：区档案局　区档案馆　区委督查室

区民政局　区农业农村委　区融媒体中心

西营门街　李七庄街　杨柳青镇

辛口镇　中北镇　张家窝镇

精武镇　大寺镇　王稳庄镇

西青区村村建档修志工程领导小组办公室成员

主　　任：孙国春（2017年3月至2018年2月）

林小琳（2018年2月至2019年8月）

杨鸣起（2019年8月—　）

李　颍（2020年7月至2021年2月）

许树松（2021年3月—　）

副 主 任：谷大丽（2017年3月至2018年9月）

薛安鲁（2017年3月至2020年8月）

边秀文（2018年9月—　）

范秀敏（2020年8月—　）

中北镇村村建档修志工程领导小组组长及成员单位

组　　长： 李宏昌（2021年10月—　）
刘振河（2021年7月至2021年10月）
李德成（2017年4月至2018年1月）
林佐维（2018年1月至2021年7月）

副 组 长： 孙秀山（2021年10月—　）
王炳建（2021年7月至2021年10月）
李胜润（2017年4月至2019年7月）
于永梅（2017年4月至2021年7月）
梁子平（2019年7月—　）
尚　云（2021年7月—　）

成员单位： 党委办公室　政府办公室　档案室　三资服务中心
农服中心　统计办　三产办　民政办
广播站以及各村为成员单位

领导小组下设办公室，办公室设在镇志办，办公室主任由庞庆燕同志担任。

《大卞庄村志》审验组成员

组　长：李宏昌　刘振河　李德成　林佐维　林小琳
　　　　杨鸣起
副组长：孙秀山　王炳建　李胜润　于永梅　梁子平
　　　　尚　云　薛安鲁　范秀敏
成　员：李　刚　张立民　张绍祖　张　明　王富盛
　　　　谢连华　庞庆燕

《大卞庄村志》编修委员会

组　长：高金奎
副组长：李兴成
成　员：宋立芝　尚玉明　李顺义　孟宪仑　刘　帅

《大卞庄村志》编辑人员

主　　编： 李兴成

编辑人员： 李兴成　许原箐

资料提供： 孙耀勇　刘恩发　吕元华　张宝书　刘恩桐
孙继增　尚建民　刘文元　尚洪海　刘玉祥
王贵武　佟国忠　刘恩江　马仲立　孙文新
王秀娟　李德来　尚家树

照片提供： 李兴成　刘恩发　李凤丽　孙奎章　孙月荣
王秀娟　孙　红　李淑起　刘春香　刁玉兰
姜　哲

序一

村村建档修志工程卷帙浩繁，内容宏富。整个工程历时三载，经广大村志工作者辛勤编纂、精心琢磨，终于付梓出版。这是西青区社会主义精神文明建设的重要成果，体现了全区在文化工程建设、文化自信方面取得的重要成绩，在此，予以祝贺！

村志，是整个方志编写中的一个分支，明代即有了乡村志的雏形。历代政府多注重“官志”的编修，而作为乡土聚落的村志极少在正史典册中出现。自 20 世纪 80 年代始，村志的立身及地位逐步得到认同，随着经济社会的不断发展和城乡一体化进程的加快，部分省市的村志编修已在较大范围内开展。但作为一个地区，西青区将“村村建档修志”作为一项系统工程，举全区之力，用三年的时间，在全区 162 个村庄全面铺开推动，这在全市乃至全国尚属空前。

村村修志工程，是西青区深入贯彻落实习近平新时代中国特色社会主义思想和党的十九大精神的具体实施，是推进乡村振兴和文化强区战略的生动实践，也是全面推动全区档案事业和地方志事业科学发展的一项创新举措。村志编修系统记述了村落发展的变化和改革开放的进程，全面展现了西青区厚重的历史文化底蕴，是认识全区农村社会变革和经济发展的重要途径，为全区“乡村振兴战略”和新型小康村建设提供了历史智慧和现实借鉴。村村修志工程，契合了城市化进程中抢救村落文化，做好文化传承的当前态势；回应了随着经济社会不断发展，广大村民渴望诉说家乡情怀、展现村庄历史的文化需求。这一工程对于铭记历史，“记住乡音、留住乡愁”，激发民众爱乡情怀，必将带来重大而深远的影响。

纵观全志，资料广征博引，据事实录，彰盛事、志伟绩，寓成功得失，分是非曲直，系统反映了各村面貌，是一部部村落发展的百科全书。村志在编修体例上因地制宜、不拘一格，突出时代特点和村情特色；在编写机制上，重视本村人写本村志，同时提倡开门修志，博采众长，广泛吸纳社会专业力量，推动村志编修工作有效开展，创造出一批独具村味乡韵的精品文化成果。这不仅为后人留下了大量珍贵的史料，弥补了正史文献中对村庄记述之缺环，同时也为全区政治、经济和社会的发展提供了强大的精神动力和智力支持。

衷心地感谢方志出版社、天津市志办领导、村志工程各级组织者，各方专业人士以及广大的村志编纂者。“修志问道，以启未来”，区委区政府愿与全区人民以史为鉴、同心同德，与时俱进、开拓创新，用勤劳和智慧创造西青更加美好的未来。

中共天津市西青区委员会

天津市西青区人民政府

2019 年 3 月

序二

《大卞庄村志》历经数月，数易其稿，而今成书，这是大卞庄村精神文明建设的一大成果，结束了大卞庄村无村志的历史，也是大卞庄村的一件大事，值得庆贺。

《大卞庄村志》坚持辩证唯物主义和历史唯物主义的立场、观点和方法，翔实地记述大卞庄村历史沿革、自然环境、政治、经济、军事、文化、教育、风俗等方面的历史与现状，重点记述经济建设和生产关系的变革，客观地反映生产力的发展，既有浓厚的乡土气息，又突出地反映时代特征，可称之为一方之百科、各业之全史，对广大干部、群众了解村情，认识村情，把握事物发展的客观规律，坚定中国特色社会主义信念，践行社会主义核心价值观，把家乡建设得更加美好，大有裨益。

大卞庄村人，勤劳、勇敢、豪爽。然而在旧社会村民却过着饥寒交迫、牛马不如的生活。新中国成立后，在中国共产党的领导下，大卞庄村兴修水利，拓荒造田，发展生产，不仅解决了村民的温饱问题，而且为满足和丰富天津市民的“菜篮子”做出了贡献。同时大卞庄村人也以 1959 年 9 月 19 日毛泽东主席视察大卞庄村“蛤蟆洼”稻田为豪。特别是中共十一届三中全会后实行改革开放 40 多年来，大卞庄村的广大党员干部、群众在大卞庄村党组织的领导下，艰苦创业，开拓进取，抓住时机，大力开展经济建设，把一个远离镇区、发展不快、交通不便的滞后村，建成一个经济发展、交通便利、环境优美的社会主义新家园。20 世纪 90 年代至 21 世纪初，大卞庄村先后获得天津市“小康村”、天津市“卫生村”等称号。

2007 年 10 月，大卞庄村实施历史性的旧村改造工程，村民居住条件得到改善，经济收入、居住环境、福利待遇和养老医疗保障等有了质的提高。乡风文明是乡村振兴之“魂”，多年来，村党委发挥引领作用，倡导尊老爱幼、邻里和睦、遵纪守法和遵守社会公德等良好乡风民俗。随着物质生活的日益富足，村民对精神文化生活有了更高的追求。按照文明村“十个一”要求，大卞庄村党群服务中心设有文化活动室、农家书屋、少儿快乐营地、道德讲堂等文化服务设施，村民的文化生活丰富多彩。生活服务圈周边有超市、餐饮店、诊所、幼儿园等配套设施，村民幸福指数愈来愈高。

编写村志意在“存史、资政、教化”，便于人们了解大卞庄村的过去、现在，不断促进大卞庄村向前发展。盛世修志，志载盛世。这部将要问世的《大卞庄村志》，真实地、全方位地记录了大卞庄村自新中国成立以来的沧桑巨变，如实地反映了大卞庄村人民建设美好家园的历史过程，为大卞庄村的发展史留下了珍贵的、完整的档案实录。同时，从一个侧面真实地反映了大卞庄村在新中国成立后70年来的巨大进步。从这一意义上说，它的出版不仅为大卞庄村填补了无村志的历史，也为大卞庄村留下一笔可贵的历史资料。在此，中共大卞庄村委员会、大卞庄村委会谨向《大卞庄村志》的编写者和给予村志编写、出版以及各种支持和帮助的有关领导和人员表示衷心的感谢！

借《大卞庄村志》出版的机会，向创造和承续大卞庄村文明历史的先辈们，表示深切的怀念之情。放眼未来，大卞庄村人一定会齐心协力，奋发进取，在社会主义新时代建设中取得更大的成绩，各项事业再上新台阶，村民生活越来越幸福。

中共中北镇大卞庄村委员会

中北镇大卞庄村民委员会

2019年12月31日

凡　例

一、《大卞庄村志》的编写以马克思列宁主义、毛泽东思想、邓小平理论、“三个代表”重要思想、科学发展观、习近平新时代中国特色社会主义思想为指导，坚持辩证唯物主义和历史唯物主义的立场、观点和方法，力求做到内容与形式的统一，思想性、科学性与资料性的统一。

二、《大卞庄村志》的编写坚持“实事求是，秉笔直书”的原则，详今略古，详近略远，详独略同。断限上溯事物的发端，下限为2018年（部分照片下延到2019年）。重点突出新中国成立后史实，特别是1978年中共十一届三中全会以后大卞庄村经济、政治、文化、社会生活等多方面的发展变化，以达到“存史、资政、育人”之目的。

三、《大卞庄村志》数字用法、标点符号用法分别采用国家标准《出版物上数字用法》（GB/T 15835—2011）、《标点符号用法》（GB/T 15834—2011），计量单位采用国家技术监督局1993年12月发布的《量和单位》系列国家标准。考虑到社会使用习惯，“亩”不统一换算。

四、《大卞庄村志》采取志、述、记、传、图、表、录等体裁，以志为主，除“引文”外，采用规范的现代语体文记述体。

五、《大卞庄村志》全书首立概述、大事记，中设15章、66节，末缀附录、编后记。

六、纪年，中华民国以前先书历史纪年，其后括注公元纪年。自中华民国成立后均使用公元纪年。志书中“××年代”，凡未加世纪者均指20世纪的年代。“解放前”“解放后”系指1949年1月天津解放前后。“新中国成立前”“新中国成立后”系指1949年10月1日中华人民共和国成立前后。

七、人物载入者只限于大卞庄村籍获得副处级以上职务和副高级以上专业技术职称者。人物事迹载入者只限于在大卞庄村担任重要职务，有着重要影响并获得市级以上表彰和劳动模范荣誉称号者。

八、地名除必要使用当时名称外，均用现行标准地名；本村域亦称境内。

九、大事记以编年体为主，辅以纪事本末体。

十、统计资料以统计部门的数据为准，统计部门未作统计的，采用大卞庄村提供的数据。

十一、志书中的资料来源于有关档案、志书、其他地情资料书籍及访谈记录等。涉事单位及当事人，限于篇幅，不一一注明出处。

十二、称谓，记事概以第三人称记述，人名直书其姓名，必要时前面冠以职务之称。职务过长又频繁出现者，于首次出现时使用全称，并同时括注简称，之后使用简称。

目　录

概　述

一

大卞庄村位于天津市西青区东北部，地处城乡接合部，距中北镇政府 3.3 公里。东与西营门街小稍直口村、赵庄村接壤，南临京杭大运河（南运河），与李家园村隔河相望，西与曹庄子村相邻，北倚西青道津浦铁路。地理坐标为北纬 39.8°，东经 117°。南北距离 2.2 公里，东西距离 2.5 公里。总面积 5.25 平方公里。

村域内交通路网四通八达，其中外环线、西青道快速路为通往全国一些省、市、县的主要交通干道。15 分钟路程可达到京沪高速、津保高速；距雄安新区 147.5 公里，距北京市 128.7 公里；距滨海国际机场 30.2 公里，距西青区政府 11 公里；距天津西站 5.9 公里、天津南站 14.3 公里。外环线、西青道快速路、广乐道、地铁 2 号线等交通干道穿村而过，南运河流经整个村庄。

2018 年，全村总人口有 4468 人，其中汉族人口占总人口的 99.6%，也有少量回族、满族、苗族、朝鲜族、蒙古族等少数民族村民。

二

据清代《天津卫志》记载，东汉末年，彭越、吕布在此筑城屯兵（今中北镇大卞庄村北），被叫作“吕彭城”。

明代初年，明成祖朱棣远征蒙古，始有随军移民在此安居并逐渐形成村落。因地处南运河畔，土地肥沃，给发展农业生产带来有利条件，先民多以种植粮食、蔬菜为主。清代初年，成为津西粮仓。

新中国成立前，属天津县第三分区小稍直口乡管辖。自 1953 年西郊区有建制以来，先后隶属于曹庄子乡、大稍直口乡、红旗人民公社、津西人民公社、中北斜人民公社、大稍直口人民公社、九一九人民公社、九一九乡、中北斜乡。现由西青区中北镇管辖。

三

新中国成立前，由于旧的生产关系束缚了生产力，农业发展缓慢，加之地主剥削、贪官污吏勒索搜刮、战事频仍，人民生活苦不堪言。新中国成立后，随着生产关系的变革，生产力逐步得到发展。在中国共产党的领导下，1956 年由初级农业生产合作社转入高级农业生产合作社后，大兴农田水利建设，农业生产迅速发展，粮田已经呈现规模种植，粮食连年稳产高产。1959 年 9 月 19 日，中共中央主席毛泽东视察大卞庄村“蛤蟆洼”稻田，对洼地种植水稻的做法给予充分肯定，并作了“洼地种稻，可以增产”的重要指示。全村干部群众干劲十足，积极响应毛主席的号召，改造粮田。由于地处洼地，不宜种植蔬菜，经过积极排灌改造，逐步改成园田模式，以种植蔬菜为主要生产活动，供应市民食用，并培育出蔬菜特色品牌，大卞庄村种植的茄子被誉为中北镇“九大名菜”之一，为天津市“菜篮子工程”做出应有贡献，也成为销往华北、东北等地区的主要蔬菜品种。

80 年代后期至 90 年代初期，大卞庄村渔业、畜牧业、养殖业等迅速发展；1995 年产值达 10125 万元，利税 229 万元，为中北镇创产值亿元村之一，也是较先发达村队之一。

大卞庄村工业起步于 1966 年。1984 年，党中央下发 4 号文件，为乡镇企业正名。在中共中北斜乡委员会、中北斜乡人民政府的支持、领导下，大卞庄村利用城乡接合部的地缘优势，迅速发展村办企业。先后与天津市三峰客车有限公司、天津市微型汽车厂、天津市客车桥厂、天津汽车发动机制造厂等企业建立业务关系，为其生产汽车配件或提供配套服务，相继建成长城汽车配件厂、环宇汽车配件厂、外环汽车配件厂等村办企业。

新中国成立前，有少数村民设摊经营，也有流动小商小贩到村叫卖。50 年代，大卞庄村建起第一个供销合作社（农户投资入股），满足群众的日常购买和需求；80年代初期，个体工商户陆续增多，经营项目有食品调料、生活用品、五金电料、土产产品、建材、汽车修配、餐饮、旅店住宿及物流运输等；90年代，村内农贸市场自发形成，经营蔬菜、肉类、禽蛋、水产、粮油、鞋帽等；21世纪初，个体商业在传统经营范围以外，又增加出租运营、房屋中介、快递、电商服务等行业；村集体先后建成钢材市场、农贸市场、装饰城等；2012年4月，大卞庄村委会下属中北旺有限公司与世界500强企业、日本永旺株式会社永旺梦乐城（中国）商业管理有限公司进行合作的永旺购物中心天津（中北店）开业；是年村委会建成7000平方米的商业设施；2014年，投资建设6万平方米御河上城商业楼宇。

四

大卞庄村有光荣的革命传统。天津解放初期，大卞庄村先后成立农会、青年团、民兵等群众组织，在上级领导下开展镇压反革命、土地改革、抗美援朝等。新中国成立前有近20名村民参加革命队伍，历经抗日战争和解放战争。新中国成立后至2018年，先后有多名村民参加革命队伍，历经抗美援朝、西沙群岛自卫反击战、对越自卫反击战等战争。

多年来，村党委在村委会、工会、团支部、妇联、民兵组织等群众组织配合下，贯彻执行党的路线方针政策，以开拓进取、艰苦奋斗、苦干实干的创业精神，团结和带领群众，努力发展壮大集体经济。组织党员开展学习贯彻中共十一届三中全会精神，参加社会主义思想教育、“三讲”教育、“三个代表”重要思想学习教育、保持共产党员先进性教育活动、学习贯彻科学发展观、党的群众路线教育实践活动、“两学一做”学习教育等活动，增强了党组织的凝聚力、号召力、战斗力。有数名党员先后被评为镇、区“优秀共产党员”。

1994年，大卞庄村被授予“天津市小康村”称号；2004年，被授予“宽裕型小康村”称号；2012年，被天津市爱国卫生运动委员会授予“市级卫生村”称号。

80年代始，大卞庄村有多户家庭和多名个人被评选为“文明家庭”“五好家庭”

及“五好个人”“遵纪守法户”等，也有数十人在生产劳动中被评为“先进个人”“先进生产者”等；组织村民先后为1998年特大洪水、2008年汶川大地震等受灾地区捐衣、捐款等；2012年，被西青区文明委命名为区级文明村“十个一”创建活动先进单位；2015年，被中共中北镇委员会、中北镇政府评为“文明村”。

五

1956年，在“满天红”高级农业合作社的安排下，村庄开始通电，家家安装电灯，实现了让社员在电灯底下包饺子的愿望。1970年，村集体投资在村东园子打一口深180米的水井；80年代，实行家庭联产承包责任制后村经济得到快速发展，群众生活水平大幅度提高，村民的衣、食、住、行等发生巨大的变化，衣着消费档次逐年提高，求新、求异心理增强，饮食方面已由温饱型转为现在营养型及享受型，1985年秋，引入天津市自来水厂直饮水，村民至此喝上甘甜的滦河水，2007年10月，实施平房改造工程，土坯房、砖木平房随着旧村改造逐渐消失，2011年，入住运通花园新居，各户配套安装天然气管道和供暖设施，烧煤取暖、做饭的生活方式彻底改变。高档的家具、电器、厨具已成时尚，村民生活质量有了质的提高和改善。

21世纪初，各种汽车、中高档小轿车已进入平常百姓家。

六

随着经济的发展，村民生活水平不断提高，群众文化活动日益丰富多彩。50年代，大卞庄村文化体育活动即负盛名。骆玉笙、马三立、王毓宝等数名曲艺名家，到村里义务为群众演出；70年代，建京剧团、图书室、广播站；1993年建成闭路电视；

90 年代始，先后建立腰鼓队、合唱队、手扑球队、京剧社等；2012—2015 年，先后组织村民参加中北镇第四届至第七届群众歌曲大赛。2015 年 9 月 26 日，运通花园举办首届“庆中秋·迎国庆”广场联欢晚会。50 年代，大卞庄村“津西农青”篮球队代表红旗公社参加南开区运动会（时属南开区管辖），并获得第一名。2002 年 9 月至 2014 年 9 月，村委会组织村民先后参加中北镇第七届、九届、十一届、十三届全民运动会，参加田径、象棋、拔河、手扑球等比赛项目，并取得优异成绩。

1923 年，卞家庄（大卞庄村）创办第一所小学——天津县第五区私立“志德小学”；50 年代初期，中心小学建成；1985 年，在育红北街南新建一座学校；1999 年 9 月，天津市西青区银座小学在分校原址建成，教学环境有较大改善。新中国成立以来，考入大专院校的有近 400 人，其中博士 3 人、硕士 19 人。

1959 年 5 月，建立第一个“保健站”。1965 年 6 月 26 日，生产大队选派刘金荣、张景玉、宋玉红等卫生员，参加医学培训，成为“赤脚医生”。1985 年，卫生部取消“赤脚医生”的名称。“赤脚医生”考试合格后转为“乡医”。多年来，大卞庄村医疗诊所在百姓问医诊治、健康保健等方面发挥积极作用。70 年代，实行农村合作医疗制度，由生产大队、生产小队和社员个人三方筹资，为社员最基本的医疗保障。1983 年，国家体制改革后，大卞庄村废除农村合作医疗制度。

2005 年 5 月，推行农村合作医疗惠民政策，村民在享受城乡居民基本医疗保险的同时，仍享受西青区城乡居民基本医疗保险的二次报销。2014 年，大卞庄村委会制定村民医疗补贴政策。2018 年再次上调报销比例。

1980 年，大卞庄村实行社员退休制度，退休社员开始享受集体发放的每人每月 5 元退休金，成为九一九公社较先发放退休金村队之一。至 2018 年，村委会前后数次上调村民退休金。2018 年年末，有 586 名享受村民退休金待遇。

2005 年 4 月，大卞庄村推行城镇职工养老保险制度，参保年限为 15 年，其他因年龄超出参保范围的村民，可享受村退休金待遇；2013 年，推行城乡居民基本养老保险制度；2015 年，推行第二阶段城镇职工养老保险制度。

七

改革开放 40 多年来，大卞庄村民生活水平、幸福指数逐年提高。中共大卞庄村委员会、大卞庄村委会与时俱进，创新图强，针对地域特点和不同时期经济发展实际，从早期开垦拓荒发展农业到改革开放发展工业、商业，实施符合村情和时代特色的发展战略，着力推动经济、政治、文化、社会及生态文明建设又好又快发展。

大卞庄村虽然没有闻名遐迩的显赫人物，但在农业生产、工商业、教卫文体等方面上，却不乏辛勤工作、默默无闻的普通劳动者。他们有参加抗日战争、解放战争、抗美援朝及和平年代保家卫国的军人；也有深受人们爱戴的教师和科技兴农、兴工做出贡献的科技工作者；有医务工作者；有带领农民致富的带头人。他们的业绩将载入《大卞庄村志》。

展望未来，我们坚信在中国共产党的正确领导下，在习近平新时代中国特色社会主义思想的指引下，随着改革开放的不断深入发展，一个更加文明、和谐、美丽的大卞庄村，定会在大卞庄人的努力下再展新姿、再创辉煌！

大事记

东汉

据清代《天津卫志》记载，东汉末年，彭越、吕布在今西青区中北镇大卞庄村北筑城屯兵，被称作“吕彭城”。

明朝

明永乐年间（1403—1424），明成祖朱棣远征蒙古，始有随军移民到此安居，并逐渐形成村落。

清朝

清代初年，“卞家庄”（大卞庄村）一支刘姓先民，为寻求适宜的居住条件，迁往卞家庄以东与小稍直口处对河高台处，建屋舍居住。

咸丰三年（1853）

是年，民众至“卞家庄”避难，后得以平安，遂被民众改名为“太平庄”，沿用此名数年。

中华民国

1912 年

是年，大卞庄村隶属天津县西乡第十四区。

1923 年

是年，天津商界爱国人士宋则久创办卞家庄第一所小学——宋氏私立第二国民小学，即天津县第五区私立“志德小学”。

1933 年

是年，大卞庄村属天津县第三区，为第二十八乡。

1941 年

9 月，日伪当局在天津县强化乡政机构，实行联村大编乡。大卞庄、西姜井、东姜井、李家园等村与东部现属西营门街的几个村合并为小稍直口乡。

1942 年

是年，大卞庄村域流行天花，造成近 40 名婴幼儿病亡。

是年，王璧、王起顺、李士勤、王志信等村民，从北京引入茄子、西红柿等新品种，开始使用阳畦育苗。

1944 年

是年，大卞庄村与境内其他 20 个村和小稍直口、大园、小园、三园村、杨庄子、赵庄子、大觉庵，合并为大稍直口乡。

1945 年

是年，大卞庄村属天津县第三分区小稍直口乡，置第一保。

1947 年

是年，定居在小稍直口村对河处的原“卞家庄”（小卞庄）村民，户籍划归天津县第三分区小稍直口乡（现西营门街）小稍直口村管辖。

1948 年

是年，平津战役即将开始之际，驻防天津的国民党军队以“扫清城防射界，以免共军借以袭扰津市”为借口，实施大规模的“并村”计划，扩大无人区域，自三元村以西沿南运河一路烧房，消除障碍物，少部分村民房屋被烧毁。

是年，大卞庄村籍解放军战士朱凤月在济南战役中牺牲。

1949 年

3 月，大卞庄村开展“四十天运动”，村民没收大地主裕盛的土地和生产资料。成立农民协会组织。

中华人民共和国

1949 年

10 月 1 日，大卞庄村隶属天津县第六区。

1950 年

8 月， 大卞庄村隶属天津县第五区。

是年，大卞庄村公所派数十名村民到天津县二区刘快庄参加挖河。

是年，大卞庄村第一支篮球队“津西农青队”成立。

是年，大卞庄村建供销合作社，由农户投资入股。

是年，大卞庄村中心小学成立。

1951 年

12 月，大卞庄村进行第二批土改。

1952 年

5 月，大卞庄村开展大规模扫盲运动，组织广大村民参加学习。

1953 年

5 月 15 日，津西郊区建立，大卞庄村与曹庄子合并为“曹庄子乡”。

是年，大卞庄村成立互助合作组织，即“稻田组”和“农田组”。

是年，大卞庄村成立文化合作剧团。

1954年

是年，大卞庄村团支部组织10余名团员，参加子牙河防汛抢险任务。团员们英勇拼搏的精神受到中共天津市委的通报表扬，并被媒体报道。

1955年

是年，大卞庄村建立初级农业生产合作社，并成立先进一社、先进二社、先进三社、先进四社，村民改称为“社员”。

是年，大卞庄村建立供销合作社。

是年，大卞庄村进行土改查补工作。

1956年

1月，大卞庄村与曹庄子村建立“满天红”高级农业生产合作社。

3月，穿越大卞庄村北的西青道开始修筑，为砂石简易路面。

是年，大卞庄村在荒洼试种稻田。

是年，大卞庄村架线通电，社员生活、生产始用电，使用电灯照明。

是年，由天津市相关市政单位资助，在大卞庄村原村北小学运河处，建成村内第一个蔬菜种植暖室。

是年，解放军某部到大卞庄村西进行军用电缆挖埋作业。

1957年

是年，大卞庄村在原供销社处放映首场露天电影《白毛女》。

是年，天津人民广播电台组织骆玉笙、常连安、马三立、朱相臣、常宝霆、白全福、李润杰、史文秀、王毓宝、石慧茹、小盛春、董湘昆、王宝霞、王元堂、陈亚楠和陈海顺等曲艺家到大卞庄村慰问演出。

1958年

4月，曹庄子乡与东姜井乡、大稍直口乡合并为“大稍直口乡”。大卞庄村属大稍直口乡管辖。

8月，境内实行人民公社制，乡改为公社，大卞庄村并入“红旗人民公社”大稍直口管理区。“满天红”高级农业生产合作社的曹庄子、大卞庄分家，分别成立生产大队。大卞庄村分得一台电子管黑白电视机、一辆“嘎斯牌”汽车和一艘小火轮等。

9月26日，西郊区划归南开区，为红旗人民公社的一部分。大卞庄村隶属不变。

是年，大卞庄生产大队在后街建立公共集体食堂，供全村社员免费吃饭。

是年，由市区至大卞庄村域北南延的天津西站至陈塘庄的铁路支线建成通车。

是年，大卞庄村“津西农青”篮球队参加南开区运动会篮球比赛，获第一名。

是年，大卞庄村开展爱国卫生灭“四害”运动。

1959年

5月，大卞庄村建立第一所卫生保健站。

9月19日，中共中央主席毛泽东视察天津市南开区津西人民公社大稍直口管理区大卞庄村（生产队）“蛤蟆洼”稻田，对该村洼地种植水稻的做法给予了充分肯定，并作了“洼地种稻，可以增产”的重要指示。

1960年

7月，大卞庄村响应党中央“节粮度荒”决定，实行人口粮食定量供给制，号召社员以瓜菜代替主食，俗称“低指标”。

是年，大卞庄村建立第一座集体养猪场，年存栏100余头。

1961年

是年，大卞庄村建立广播站。

1962年

2月，大卞庄村划归西郊区中北斜人民公社管辖。

是年，大卞庄村生产大队部安装第一部磁石手摇电话机。

1963年

1月11日，中北斜人民公社划分3个公社，大卞庄村划归大稍直口公社。

7月，大卞庄村域内发生雨涝，浸泡大面积庄稼，经济损失严重。

是年，穿越村域的西青道拓修。

1964年

1月，大卞庄村开展“四清”运动，“四清”主要工作是“清理账目、清理仓库、清理财物、清理工分”，俗称“粗线条”。

12月15日，大稍直口、中北斜、李楼公社合并为大稍直口、李楼两个人民公社。大卞庄村划归大稍直口公社。

是年，生产大队在综合厂北建一个仓库，存放粮食、稻种等，面积约1500平方米。

社员称其为“四清库”。

1965年

9月，工作队入驻大卞庄村，开展“四清”运动。主要工作是“清政治、清思想、清组织和清经济”，俗称“细线条”。

是年，在南运河边宋家大院兴建一座简易的水厂，向社员供水。

是年，孙元化带领40余名越南学生到大卞庄村参观学习。

1966年

10月，大卞庄村刘金荣、张景玉、宋玉红等卫生员，经参加医学培训，成为村里首批“赤脚医生”。

是年，大卞庄村第一个村办工业企业“大卞庄村综合加工厂”建成。

1967年

3月，大卞庄村更名为“战斗村”。

1968年

1月，大卞庄村成立革命委员会，石振忠担任革命委员会主任。

2月18日，大稍直口公社改称九一九公社。村庄隶属不变。

12月，大卞庄村接纳天津“老三届”知识青年到村插队落户。

是年，取消“战斗村”村名，恢复原村名大卞庄村。

1969年

7月，大稍直口人民公社、李楼两个公社合并后改称九一九公社。村庄隶属不变。

8月29日，大卞庄村遭遇严重的龙卷风冰雹袭击，毁坏少量的房屋、庄稼。

9月，大卞庄村党组织开展庆祝毛主席视察“蛤蟆洼十周年”活动。

是年，大卞庄村集体购买第一辆手扶拖拉机，用于农业生产。

1970年

是年，大卞庄村集体在村东打一口深水井，并建水塔1座、蓄水池1个，设水点，定时供水，村民不再饮用河水。

是年，大卞庄村成立现代京剧团。

1971年

8月，天津电碳厂在厂门前南运河处，建村域内第一座钢筋混凝土桥墩结构桥梁，名“电碳厂桥”。

1972年

是年，西郊区政府在大卞庄村陈塘铁路西侧开挖东场引河（简称“东引河”），并建一座钢筋混凝土桥墩结构桥梁。

是年，大卞庄村成立集体汽车运输队。

1974年

是年，大卞庄村在南运河西岸（原“志德小学”处）新建一所红医站，诊室、药房、库房等设施配备有较大提高。

1975年

12月，大卞庄村第一个实行火化的逝者是大卞庄村原生产大队原大队长、共产党员尚家荣。

是月，大卞庄村选调17名社员到西郊区基建队工作。

是年，大卞庄村第三、四生产队，实现夏收粮食上“纲要”任务。

1976年

7月28日，凌晨3时42分，唐山发生7.8级大地震，波及大卞庄村，社员临时转移户外防震棚居住约3个月。

9月18日，中共大卞庄村支部委员会在小学校设置灵堂，组织党员、群众悼念毛主席，并组织村民收看毛主席追悼大会电视直播。

9月，大卞庄村组织14个生产小队出工，参加西郊区鸭淀水库一期筑堤工程。

11月15日，21时53分，天津市宁河县发生6.9级地震，波及大卞庄村。

是年，大卞庄村成立农业科技队，育植稻子、麦子、玉米粮种和冬瓜、黄瓜菜种及葡萄秧苗等。

1977年

4月，大卞庄村组织14个生产小队出工，参加西郊区鸭淀水库二期筑堤工程。

9月，中共九一九公社党委组织各村队负责人与曾受毛主席接见的中共九一九公社党委委员贾金荣、中共大卞庄村支部委员刘凤泉等到大卞庄村“蛤蟆洼”，缅怀毛主席逝世1周年和追思毛主席视察“蛤蟆洼”18周年。

是年，解放军某部到大卞庄村西进行军用电缆第二次挖埋作业。

是年，社员王守芳家成为大卞庄第一户购买黑白电视机的家庭。

1978年

4月，大卞庄村籍中国人民解放军南海舰队航空兵飞行员朱善柱，在南海执行任务时牺牲。

11月，李凤丽参军入伍，成为新中国成立后大卞庄村首名女兵。

1979年

是年，根据1979年1月17日中共中央《关于地主、富农分子摘帽子和地富子女成分问题的决定》精神，大卞庄村地主、富农分子全部摘掉帽子，其子女成分按社员对待。

1980年

12月，大卞庄村民兵连的武器被中北斜乡武装部统一收回。

是年，大卞庄村实行退休金待遇，男、女退休社员开始享受每月5元的退休金。

1981年

是年，大卞庄村刘金荣、尚家树、石华友、尚洪起、刘学义等“赤脚医生”，经考试合格后转为“乡医”。

1982年

是年，大卞庄村组织40余人参加天津市引滦入津水利工程。

1983年

6月，九一九公社改为九一九乡。村庄隶属不变。

9月，大卞庄撤销生产大队体制，设村民委员会。刘恩洪任大卞庄村民委员会第一届村委会主任。

10月，全村铺设自来水管道，引机井水进入家家户户，结束了挑水的时代。

是年，大卞庄村生产小队解散，实行家庭联产承包责任制，各户按人口、年龄、户口性质分得园田、旱田和自留地。

是年，大卞庄村建立石油液化气站，灌装液化气进入普通家庭。

1984年

7月12日，经天津市政府批准，九一九乡人民政府更名为中北斜乡人民政府。村庄隶属不变。

8月，朱善柱被民政部批准为“革命烈士”。

9 月，大卞庄村投资在南运河原木桥旧址与李家园村相邻处，建一座混凝土井柱结构桥梁。

是年，大卞庄村科技队改为林业队，开展秧植树苗等业务。

1985 年

9 月，大卞庄村委会在西青道和东姜井大堤分别连接天津市自来水厂两处干管，引滦水饮用。

是年，大卞庄村在村南新建一座中心小学，校舍为砖木平房建筑。

是年，大卞庄村委会建人工电话交换台。

1986 年

10 月 20 日，穿越大卞庄村域的天津市外环线破土动工。

10 月，大卞庄村民在“四清库”首次办理第一代居民身份证。

是年，村集体投资对村内外主要道路进行整修，主要街道首次建成沥青路面，总计 2500 延米。

1987 年

10 月 1 日，穿越村域的天津外环线工程竣工通车。

是年，大卞庄村最后一个生产小队 7 队进行分田到户。

1989 年

是年，大卞庄村组建治安“双卫队”，负责保护村民安全和维持村内社会秩序稳定。

1990 年

9 月，大卞庄村组织村民参加中北斜乡首届农民运动会。

10 月，中大自行车组装厂第一辆“斯普瑞克”牌自行车下线。

1991 年

是年，大卞庄村委会购买第一辆“奥迪”牌轿车，用于公务。

是年，大卞庄村被天津市绿化委员会授予“天津市绿化先进单位”称号。

1992 年

4 月，大卞庄村安装闭路电视。

1993 年

7 月，大卞庄村意合商贸服务公司成立。

10 月，大卞庄村兰凤全、林秀艳等 5 对新婚青年，参加西青区举办的集体婚礼。

1994 年

3 月，大卞庄村被中共天津市委农村工作委员会、天津市农村工作委员会授予“天津市小康村”称号。

1997 年

4 月，大卞庄村委会收回村民分散种植的稻田，由村集体统一管理。

7 月 12 日，中北斜乡经批准撤乡建镇，改为中北镇。村庄隶属不变。

是年，大卞庄村发放最后一批宅基地，满足村民生活需要。

1998 年

是年，长江流域和松花江一带发生特大洪涝灾害，大卞庄村委会和村民为受灾地区捐衣 2630 件、捐款 59759 元，银座集团捐款 10 万元。

1999 年

4 月，尚洪伟当选大卞庄村第四届村民委员会主任。

5 月，李洪群、李兴成、尚洪江当选大卞庄村第四届村民委员会副主任，刘晓勇、孙淑敏、张善友当选村委会委员。

9 月，天津市西青区银座小学竣工建成。教学楼为三层楼房建筑。

11 月，大卞庄村选举第一届工会委员会，李兴成当选工会主席。

是年，大卞庄村委会委托天地会计事务所，对村“三资”进行清产核算。

2000 年

4 月， 中共中北镇委员会、中北镇政府成立大卞庄村资产清算委员会。

11 月 11 日，大卞庄村部分集体企业进行整体改制。

是年，大卞庄村卫生站解散。

2001 年

8 月，村民王竟刚投资建设的大卞庄村第一座个体公共浴池“春泉浴池”开业。

2002 年

8 月，大卞庄村占地 80 亩的钢材市场（第一期）建成开业。

9 月，大卞庄村委会制定奖学制度，对应届考入中专、高中、大专、本科的学生发放一次性的不同奖励。

2003年

3月3日，大卞庄村委会在花场南开挖一口598米的深水井，缓解村民生活用水难状况。

4月，大卞庄村委会成立防治“非典”工作领导小组，全面开展防治工作。

是年，大卞庄村长城汽车配件厂和意合宾馆进行企业改制。

是年，大卞庄村钢材市场二期、农贸综合市场开业。

是年，大卞庄村陈塘铁路支线道口由西青区交通局安排专人值班，结束50余年无人看管的历史。

2004年

3月，大卞庄村被中共天津市委农村工作委员会、天津市农村工作委员会授予“宽裕型小康村”称号。

2005年

1月，大卞庄村将男性退休村民退休年龄由65周岁下降到60周岁。

4月，大卞庄村推行城镇职工养老保险制度，适龄村民参保率达100%。

5月，大卞庄村推行新型合作医疗制度，村民参合率达100%。

2007年

10月23日，大卞庄村启动“旧村改造”还迁安置工程。

11月，大卞庄村“两委”班子成员签订还迁安置协议书，率先进行平房拆迁。

2008年

5月，大卞庄村为18周岁至男性村民60周岁前、女性50周岁前的拆迁村民首发就业补偿金，每人每月260元，直至退休。

6月8日，大卞庄村举行还迁楼房奠基仪式，西青区领导及有关委局和中北镇主要领导、兄弟单位负责人参加。

10月15日，中北镇派首名大学生村官许宏伟到村报到。

2010年

4月20日，天津市西青区规划分局地名管理科批准大卞庄村还迁安置项目拟用名称“运通花园”。

2011 年

1 月 20 日，大卞庄村运通花园小区建成竣工，村民分批抓阄还迁新居。

2012 年

4 月，大卞庄村与日本永旺株式会社合作建设的永旺购物中心开业。

5 月，大卞庄村被天津市爱国卫生运动委员会授予“市级卫生村”称号。

7 月 10 日，大卞庄村召开党员大会，经过“两推一选”，党员民主选举中共大卞庄村支部委员会书记 。

9 月 11 日，高金奎当选大卞庄村第八届村民委员会主任。

11 月 22 日，西青区文明办等成员单位到大卞庄村验收文明村“十个一”创建工作。

2013 年

是年，大卞庄村推行城乡居民养老保险制度。

2014 年

6 月，大卞庄村被天津市妇联、中共天津市农委、天津市文明办评为“千村美院”创建村。

7 月 9 日，西青区妇联在大卞庄村举行“农村妇女争创美丽楼栋·美丽庭院”宣讲咨询暨有毒有害物有奖收回活动。

2015 年

3 月 6 日，大卞庄村妇联组织妇女为中华少年儿童慈善救助基金会西部儿童救助基金会“早安宝贝”项目捐款。

7 月 28 日，高金奎当选大卞庄村第九届村民委员会主任。

2016 年

5 月 22 日，大卞庄村召开党员大会，开展“学党章党规、学系列讲话，做合格党员”学习教育。

6 月，大卞庄村域东引河“卞兴桥”竣工。

12 月 14 日，大卞庄村第一届妇女联合会进行换届选举，宋立芝当选执委会主席。

是年，大卞庄村通过天津市爱卫办对市级“卫生村”的复审。

2017 年

4 月 15 日，大卞庄村成立“村村建档修志工程”领导小组。

5 月 21 日，中共大卞庄村支部委员会组织党员召开 “两学一做”学习教育常态化制度化工作部署推动会，部署深入开展“维护核心、铸就忠诚、担当作为、抓实支部”主题教育实践活动。

2018 年

2 月 10 日，经村民代表表决，大卞庄村集体产权制度改革工作小组和清产核资专项工作组、成员资格认定专项工作组、文秘专项工作组成立。

是日，村民代表通过大卞庄村关于村集体产权制度改革确认人员资格时间基准日的决议，村集体产权制度改革时间点为 2018 年 2 月 28 日 24 点，此时间点以前死亡的、以后出生的、以后户籍迁入的不再具有村集体经济组织成员身份确认条件，不能参与村集体产权制度改革。

6 月 13 日，中共大卞庄村支部委员会进行换届选举，改为党委建制。

9 月 13 日，中共西青区委书记李清带领区有关领导到大卞庄村调研。

11 月 10 日，大卞庄村退役军人、天津银座集团董事长王贵武，获中央宣传部、退役军人事务部授予的“最美退役军人”称号。

11 月 27 日，大卞庄村志编纂委员会组织村“两委”成员和部分党员、村民代表召开《大卞庄村志》初审会。

第一章　建置　沿革

大卞庄村位于天津市西部，明朝永乐初年建村。新中国成立前，属天津县第三分区小稍直口乡管辖。自 1953 年西郊区建制以来，先后隶属于曹庄子乡、大稍直口乡、红旗人民公社、津西人民公社、中北斜人民公社、大稍直口人民公社、九一九人民公社、九一九乡、中北斜乡，现隶属西青区中北镇管辖。2007 年 10 月，实施平房改造。2010 年 12 月，“运通花园”小区竣工。

第一节 地理位置

大卞庄村位于天津市西青区境域东北部，为城乡接合部，距中北镇政府 3.3 公里，村域面积 5.25 平方公里。东与西营门街小稍直口村、赵庄村接壤，南靠南运河，与李家园隔河相望，西和曹庄相邻，北倚西青道津浦铁路(最早北界至子牙河南岸)。地理坐标约为北纬 39.8°，东经 117°。运通花园小区距西青区政府 11 公里，距滨海国际机场 30.2 公里，距天津西站 5.9 公里、天津南站 14.3 公里，距天津市第一中心医院 12.1 公里、天津市人民医院 6.2 公里、西青医院 9.6 公里。

村域内交通路网四通八达，紧邻河北省境域，距雄安新区 147.5 公里、秦皇岛市 275.1 公里，距北京市 128.7 公里、首都机场 141.3 公里、大兴国际机场 99 公里，15 分钟车程可达到京沪高速、津保高速等。

南运河、东引河、外环河等河流和外环线、西青道快速路、陈塘铁路支线、京沪高铁、地铁 2 号线等交通路网贯穿村域。

2007 年 10 月 23 日，大卞庄村启动旧村改造工程，居住中心移址到原村北地域。新建运通花园小区

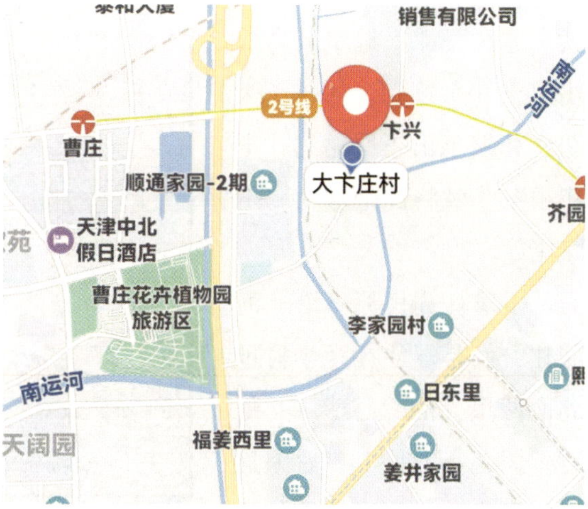

大卞庄村地理位置示意图

与嘉汇园、赵苑小区、慧轩小区（赵庄子村）等居住区为邻。“御河上城”双子楼为村标志性建筑。

第二节 来源隶属

一、村庄来源

据清代《天津卫志》记载，汉朝，彭越、吕布在今中北镇大卞庄村北（原东六排子处）筑城屯兵，被叫作“吕彭城”。宋元时期，先民在此繁衍生息。

明代初年，明成祖朱棣远征蒙古，始有随军移民在此安居并逐渐形成村落，已有 600 多年历史。建村前，这里是一片荒无人烟的滩涂地，只见蚌壳铺地和水流形成的自然沟壑。相传明初由山东省苍山县卞庄镇卞姓先人和山西省洪洞县移民到此地，认为这里可以安居生存，就在这片荒滩上选中最高处用泥土和杂草砌舍居住。为纪念和继承山东原籍的“卞庄镇”，就将此地称为“卞家庄”。

卞家庄先民原不沿运河居住，而是居住在距今村址北面两里处的“吕彭城”附近（原花场北侧）。后因连年遭遇水灾，先民感觉住居

西青历史文化图集

XIQING LISHI WENHUA TUJI

《津门保甲图说》西南一带村庄图说第七

小卞家庄之连村曰卞家庄。民舍颇夥，河经其前，流势稍曲。对河曰李家坟，亦村名也。图内庙三，村二，南界姜家井。

绅衿　二户	铺户　一十二户
烟户　一百二十七户	佣作　六十四户
负贩　一户	船户　一十六户

共二百二十二户（大口六百二十七口；小口四百一十九口）

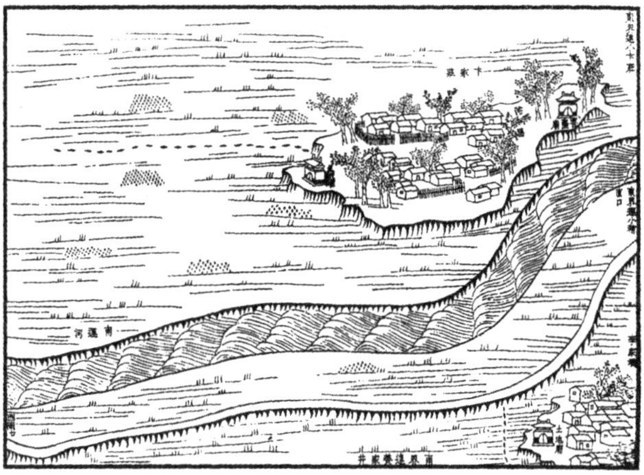

《津门保甲图说》西南一带村庄图说第七

该地诸多不便，遂于清代初期迁移至运河沿岸高台处定居，并将村庄西面的田野开垦为耕田，称为“卞家洼”。

后因刘姓家族后代逐渐长大，村内较高房台缺乏，为定居完婚，有一支刘姓全家迁到村东1公里外高地建舍安居，也称卞家庄。因同一地带，相距较近，出现两个卞家庄村，为乡邻寻人问事带来诸多不便。为便于劳作、生活，按照人口和村庄规模，村民日后分别冠以“大”“小”区别，原来的卞家庄称为大卞庄村，迁往小稍直口村附近的遂称小卞庄村。

小卞庄村原属大卞庄村管辖，1947年后划归小稍直口村管辖至今。现小卞庄村刘姓村民，仍认为先民是卞家庄人，告知后人勿忘先祖。

二、村庄隶属

（一）中华民国时期

1912年，大卞庄村隶属天津县西乡第十四区。

1933年，大卞庄村隶属天津县第三区，为第二十八乡。

1941年9月，日伪当局在天津县强化乡政机构，实行联村大编乡。大卞庄、西姜井、东姜井、李家园等村与东部现属西营门街几个村合并为小稍直口乡。

1944年下半年，大卞庄村与境内其他20个村和小稍直口、大园、小园、三园、杨庄子、赵庄子、大觉庵，共28个村合并为大稍直口乡。

1945年年底，民国政府改变了日伪时期的区划，大卞庄村属天津县第三分区小稍直口乡，置第一保。

（二）中华人民共和国时期

1949年10月1日，隶属天津县第六区。

1950年8月，隶属天津县第五区。

1953年5月15日，津西郊区建立，大卞庄村与曹庄子合并为曹庄子乡。

1958年4月，曹庄子乡与东姜井乡、大稍直口乡合并为大稍直口乡。村庄隶属不变。

1958年8月，实行人民公社制，乡改为公社，公社下设3个管理区，大卞庄村划归红旗人民公社大稍直口管理区。

1958年9月26日，西郊区划归南开区，为红旗人民公社的一部分。村庄隶属不变。

1959 年 5 月 4 日，红旗人民公社改称津西人民公社。村庄隶属不变。

1961 年 5 月，南开区将公社规模划小，大卞庄村划归中北斜人民公社。

1962 年 2 月，大卞庄村划归西郊区中北斜人民公社。

1963 年 1 月 11 日，中北斜人民公社划分为 3 个公社，大卞庄村划归大稍直口公社。

1964 年 12 月 15 日，大稍直口、中北斜、李楼公社合并为大稍直口、李楼两个人民公社，公社建党委，村建党支部。

1968 年 2 月 18 日，大稍直口公社改称九一九公社。村庄隶属不变。

1969 年 7 月，大稍直口人民公社、李楼两个公社合并，改称九一九公社。村庄隶属不变。

1983 年 6 月，九一九公社改为九一九乡。村庄隶属不变。

1984 年 7 月 12 日，经市政府批准，九一九乡人民政府更名为中北斜乡人民政府。村庄隶属不变。

1997 年 7 月 12 日，中北斜乡经批准撤乡建镇改为中北镇。村庄隶属不变。

2018 年 12 月 31 日，大卞庄村隶属中北镇人民政府管辖。全称为天津市西青区中北镇大卞庄村民委员会。

第二章　自然环境

大卞庄村域成陆于约4000年前，黄河等河流的泥沙淤积是该地区成陆的重要原因。村域位于河流冲积平原地带，地势平缓，海拔2.5～3米。村域地势西高东低。在长期的发展过程中，先民不断协调与大自然的关系，经世代开垦耕耘，荒地渐成良田。

村域属暖温带半湿润气候，四季分明。冬季夏季长，春季秋季短，年平均气温11.6℃。土壤属潮土类，土壤表层黏重，耕性稍差，但保水保肥性能好，具有良好的农业种植条件。

京杭大运河（南运河）穿境而过，村域内水土资源、动植物资源及地下水资源丰富。人们努力改造自然、利用自然，创造出人与自然和谐相处的良好环境。

第一节　地质　地貌

一、地质

村域成陆于约4000年前，黄河等河流的泥沙淤积是该地区成陆的重要原因。分布在该地区及附近的地层有古生界寒武系地层，古生界石炭二叠系地层，中生界的侏罗系和白垩系地层，新生界的第三系、第四系地层。

境域内的地质结构属新华夏结构体系，位于华北沉降带。天津平原基底横跨华北沉降带的冀中凹陷、沧县隆起和黄骅凹陷三个构造单元，西青区位于沧县隆起的北部。境内属冀中凹陷的东部边缘。

二、地貌

典型平原　境内位于华北平原北部，地貌类型包括平地、洼地、人造河堤、干渠、池塘、路沟等。

地势低平　村域位于河流冲积平原地带，地势平缓，西高东低，海拔2.5～3米。因地势低平地面坡度小，地下水位较高，排水不畅，历史上曾发生多次洪涝灾害。新中国成立后，村域先后开挖东引河、大河等数条生产河和排水渠，并对村域南运河段进行清淤。经过多年农田水利设施基本建设和改造，大大减少了洪涝灾害。土壤条件逐渐改善，种植业快速发展。

第二节 气候 物候

一、气候特征

（一）季风显著

村域盛行风向随季节变化而发生明显的转换，冬季受内蒙古西伯利亚高气压的影响，盛行西北风。夏季受北太平洋副热带高气压的影响，盛行东南风。春季秋季为过渡季节，风向多变。

（二）四季分明

春季 天气转暖快，冷热变化大。日照时间逐渐变长，气温回升，蒸发旺盛，日均气温由0℃上升到春末的20℃，温度不稳定；风多雨少，多风沙，风速快；多年春季平均降水量62～63毫米，易出现春旱。当北方冷空气势力较强时，偶有“倒春寒”、霜冻等灾害性天气发生，影响越冬作物的返青和春播作物成长。1958年，春季气温最高，极端最高气温37.8℃。2009年，春季气温也偏高，平均气温15.1℃，比历年偏高2℃左右。1961—2000年，春季平均气温12.8℃。2018年，春季平均气温12℃。

夏季 潮湿多雨，气温最高，白天时间最长的季节。源于热带太平洋的东南季风，给村域送来高温高湿的气流，形成明显的雨季。降水集中，占全年降水量的73%，且多大雨、暴雨、连阴雨，有时造成沥涝，偶有冰雹、大风等灾害发生。有的年份夏季降水量偏少，出现夏旱。夏季极端最高气温为40.5℃，出现在2014年5月29日。1961—2000年，夏季平均气温23.4℃。2018年，夏季平均气温24℃。

秋季 风轻云淡，暖湿气团势力减弱，气温下降至20℃以下，降水量明显减少，占全年降水量的13%。大气稳定，晴空万里，冷暖适中，秋高气爽，利于大秋作物和水果的成熟与收获。白天中午热、早晚凉，村民称“汆汆天”。有的年份也出现秋旱和冰雹，季末也偶有雾霾天气。10月下旬有初霜冻。最早下雪日发生在1987年10月31日，其次为2009年11月1日。1961—2000年，秋季平均气温12.7℃。2018年，秋季平均气温13.5℃。

冬季 寒潮盛行，干冷少雪。白天时间最短，河水结冰，大地封冻。一般11月西北风占主势，翌年 1 月为最，平均气温 0℃以下。1 月最冷，平均气温 -3.8℃左右。低于 -10℃的气温可连续数日。历年冬季极端最低气温 -24.2℃，出现在 1966 年 2 月 22 日。冰冻期约 4 个月，冬季时有雾霾天气出现。1961—2000 年，冬季平均气温 -2.8℃。2018 年，冬季平均气温 -3℃。

二、物候特征

大卞庄村长期以农业种植为主。粮食作物及各类蔬菜的种植时间与节气变化密切相关。80 年代，随着蔬菜保护技术（塑料大棚、暖窖）的普及，蔬菜的种植时间不再完全取决于节气的变化，可以在保护地内实现反季节种植。

（一）春季

立春（2 月 4—5 日）为冬春交替季节，气温变化较大。

雨水（2 月 19—20 日）气温回升，蒸发量加大，大雁始鸣。

惊蛰（3 月 5—6 日）冬麦开始返青，榆树、柳树等开始发芽，地下越冬虫类开始苏醒，野草开始泛青。大蒜等开始种植。

春分（3 月 21—22 日）榆树开花，柳树展叶，燕子出现。大棚内开始栽种茄子、辣子、莴笋等作物。

清明（4 月 5—6 日）柳树开花，冬小麦生长较快，有“清明小麦挂纸钱”之说。开始播种春玉米、高粱。

谷雨（4 月 20—21 日）进入无霜期，温度升高，大风多，湿度小。春播春种开始。

（二）夏季

立夏（5 月 5—6 日）气温明显回升，降水量小，蒸发量大，空气湿度小，雷雨天气开始出现。“立夏见麦芒”，小麦开始拔节孕穗。

小满（5 月 21—22 日）暖空气活动增强，降水增多。小麦灌浆乳熟，“小满不满，麦有一险”，防干热风。水稻开始插秧。

芒种（6 月 5—6 日）气温高，常有干热风出现，天气多变，易出现雷雨天气。开始收割小麦。有“芒种三天见麦茬”之说。

夏至（6 月 21—22 日）是一年中白天最长的一天，易出现雷雨天气。小麦收割完毕，开始种植晚玉米等农作物。蝉、蟋蟀始鸣。

小暑（7 月 7—8 日）湿度增大，天气闷热，雨水增加，“头伏萝卜，二伏菜，三伏种荞麦”。进入汛期。

大暑（7 月 23—24 日）为全年中最炎热的节气，进入伏天，温度高，湿度大，多出现雷阵雨。进入主汛期。玉米开花，谷子抽穗，水稻拔节。开始种植萝卜等秋菜。

（三）秋季

立秋（8 月 7—8 日）气温有所下降，伏天终止，早晚凉爽，但也易形成高温天气，俗称“秋傻子”。开始种植白菜，有“立秋三天忙种菜”之说。

处暑（8 月 23—24 日）气温下降快，天气凉爽，降水少，雨量少，易出现“秋高气爽”的天气。大秋作物成熟。

白露（9 月 8—9 日）天气渐凉，降水少，青蛙终鸣。

秋分（9 月 23—24 日）气温明显下降，降水少，夏玉米成熟并开始收割，冬小麦开始播种。

寒露（10 月 8—9 日）气温继续下降，家燕、大雁南飞，蟋蟀、蝉终鸣。大白菜进入包心期，要适时追肥、小水勤浇。水稻开始成熟，收割。

霜降（10 月 23—24 日）气温低，寒潮将至。农作物生长期结束，柳树落叶，有霜冻出现，收获萝卜等秋菜，小麦分蘖。

（四）冬季

立冬（11 月 7—8 日）气温明显下降，大风日数增多，开始出现降雪天气。“立冬不起菜，冻坏别见怪”，收获大白菜。

小雪（11 月 22—23 日）气温进一步下降，多西北风，“小雪封地”，开始形成冻土层，水开始结冰。

大雪（12 月 7—8 日）冻土层加深。“大雪封河”，“瑞雪兆丰年”。

冬至（12 月 23—24 日）是一年中白昼最短的一天。开始进入“一九”，西北风较多。

小寒（1 月 5—6 日）“冷在三九”，开始进入全年气温最低时期，有寒潮出现，西北风较多，偶伴降雪。

大寒（1 月 20—21 日）是全年最冷时期，夜间气温在 -10℃以下，白天气温在 0℃左右。

三、温度

（一）气温

平均气温　据西青区气象站 1961—2000 年观测统计，年平均气温 11.5℃。夏季（6—8 月）气温最高，各月均温在 23.4℃以上；冬季（12 月至次年 2 月）气温最低，各月均温在 -2.8℃以下；春季各月均温 12.8℃，秋季各月均温 12.7℃，寒暖适中。

1—12 月各月均温分别为 –5.1℃、–2.4℃、4.7℃、13.3℃、19.8℃、24.1℃、26℃、25℃、20℃、13.1℃、4.4℃、–2.4℃。2018 年，平均气温 13.7℃。

最高气温与最低气温　村域气温在一年中最热月为 7 月，平均气温 26℃；最冷月为 1 月，平均气温 –5.1℃。极端最高气温为 40.4℃，出现在 1972 年 6 月 10 日。极端最低气温为 –24.2℃，出现在 1966 年 2 月 22 日。2014 年 5 月 29 日，村域出现最高气温达 40.5℃，突破历史同期气温极值。2018 年，最高温度 37℃，最低温度 –12℃。

四季分配起止时间　根据候（5 天一候）平均气温划分四季标准，候均温大于 22℃为夏季，小于 10℃为冬季，10℃～20℃为春秋季。村域春季为 60 天，始于 4 月 6 日止于 6 月 4 日；夏季为 92 天，始于 6 月 5 日止于 9 月 5 日；秋季为 50 天，始于 9 月 6 日止于 10 月 25 日；冬季为 162 天，始于 10 月 26 日止于次年 4 月 5 日。具有冬季最长、夏季次长、春秋季短促的特点。

春季和秋季气温比较适中，月平均气温 13℃左右。全年平均气温 11.6℃。初霜期在 10 月 26 日左右，终霜期在 4 月 15 日左右，无霜期 192 天。气温高于 0℃的天数为 271 天，积温为 4575℃；高于 10℃的天数为 199 天，积温为 4141.1℃。

（二）地温

村域自 11 月至次年 1 月地面温度低于气温，其余各月地温高于气温。年平均地面温度为 13.9℃。比年均气温 11.6℃高 2.3℃。全年最热月 7 月达 30.1℃；最冷月 1 月为 –5.6℃。村域 1—12 月地面温度分别是 –5.6℃、–2.0℃、6.8℃、16.9℃、24.8℃、29.4℃、30.1℃、28.6℃、23.2℃、14.5℃、4.1℃、–3.4℃。地面极端最高温度为 68℃，出现在 1972 年 7 月 14 日。地面极端最低温度为 –27.9℃，出现在 1966 年 2 月 22 日。1971—2000 年，年均地面温度 14.1℃。2018 年，平均地面温度 14.6℃。

地中温度　村域地中温度的年变化比较稳定，热量由地表向土壤深层传导。夏半年（3—9 月）地温由表层向深层递减；冬半年（10 月至次年 2 月）地温由地表层向深层递减。

冻土期　村域冻土初冻日期始于 11 月 14 日，解冻日期为次年 3 月 15 日。稳定冻土期为 110 天左右。最大冻结深度 56 厘米，出现在 1977 年 2 月，有 3 天。10 厘米土层平均冻结日期 12 月 14 日，最早 11 月 30 日，最晚次年 1 月 6 日；解冻日期 3 月 6 日，最早 2 月 13 日，最晚 3 月 23 日。30 厘米土层平均冻结日期 1 月 8 日，最早 12 月 21 日，最晚 2 月 4 日；解冻日期平均 2 月 28 日，最早 1 月 21 日，最晚 3 月 23 日。

四、降水

1949—2010年，村域降水量年平均值600毫米以下。历年最大降水量1061毫米，出现在1977年。最小降水量270.4毫米，出现在1968年。年最大降水量是最小降水量的3.92倍。全年降水日约69.7天。6—8月为35.3天，占全年降水日的50.7%，雨季降水量年均可达400 ~ 500毫米，占全年降水量的76.1%。冬季降水日最少，有6.6天，占全年降水日的9.47%，占全年降水量的2.2%。1971—2000年，年均降水量549.4毫米。2016年，年降水量为634.6毫米。2018年，年降水量为586毫米。

五、湿度

1971—2000年，村域平均相对湿度为63%，1—12月各月平均相对湿度分别是55%、56%、55%、53%、57%、66%、79%、82%、72%、68%、64%、59%。一年中相对湿度最大值为82%，出现在8月；最小值为53%，出现在4月。2016年，村域相对湿度为58%。2018年，村域相对湿度为60%。

六、日照、辐射

村域冬季日照短，太阳辐射弱。春、夏、秋季太阳高度角大，晴天较多，日照时间长，可以得到充足的日照和太阳辐射。全年日照时数2749.3小时，年平均日照百分率65%左右，全年太阳辐射能平均为134.4千卡/平方厘米。进入7月、8月，雨季到来，日照时数明显减少，分别下降为232.1小时和234.4小时。9月，略有增加。每年5月、6月日照时数最多，月平均日照数为292.2小时和275.3小时。最小值是12月，为180.6小时。村域太阳总辐射年均为4935兆卡/平方米。2001—2018年，雾霾天数渐多，地面能见度呈下降趋势，阴天日数渐多，日照时数与太阳辐射相对减少。夏至日、冬至日昼长分别为14小时51分和9小时09分。

七、风

村域季风盛行。冬季受内蒙古西伯利亚高气压影响，多西北风。夏季受大陆低气压和副热带高气压影响，多东南风和偏南风。春季、秋两季受季风交替影响，风向多变，但以西南风为最多。春季大风较多，一般发生在4月下旬到5月上旬。全年出现大风的日数平均为42 ~ 43天。

第三节　自然资源

大卞庄村土地资源、水资源及野生动植物资源较丰富。最早由村民居住、园田耕地享受利用。随着社会建设的需求和发展，土地资源利用现可为四大类，即居住点、城市建设、交通路网、商业；水资源含地表水和地下水。70 年代村域有坑塘、洼淀、沟渠多处，后随着生活、生产需要被填埋。2018 年，南运河、外环河、东引河等贯穿村域；有野生动物 30 余种，野生植物种类繁多。

一、土地资源

20 世纪 50 年代至 2018 年年末，大卞庄村被国家、集体等重大建设工程陆续征用数千亩土地。2018 年，村集体实有管理土地面积 2560 亩。

二、水资源

（一）地表水

1. 降水　村域年降水集中在夏季，具有雨季短、少雨季节长的特点。6 月底至 8 月下旬降水量占全年的 76.1%，冬季降水量占全年的 2.2%。全年降水日数 69.7 天。6—8 月占 35.3 天，占全年的 50.7%。冬季最少为 6.6 天，占全年的 9.2%。村域年降水量最大时期为汛期，占全年总降水量的 80% 左右，平均 485 毫米。

80 年代始，随着全球气温变化，现降水量较低，最大降水量一般在 6—8 月汛期 3 个月，有“农历七月十五定旱涝”之说。因降水量分布不均，只有 7 月、8 月两月湿润度大于 1，春季、冬季在 0.3 以下，故易形成春旱、秋涝灾害。

2. 河流坑塘　村域有 3 条主要河道，即南运河、东场引河、外环河；90 年代前，有 5 处坑塘，有 3 条农业主干河渠，即大河、中河、排水河。

南运河　又称“京杭大运河”，东西走向，贯穿中北镇全境，属西青区二级河道。大卞庄村域内全长约 3 公里，自东与小稍直口接壤处至外环线 7 号桥西 500 米处与曹庄子村接壤。上口宽约 40 米，底宽约 15 米。

东场引河　也称“东引河”“生产河”，南北走向。1972年，为沟通南运河、子牙河两条河开挖，属西青区二级河道。村域内全长2.2公里，南至南运河北岸，北至津浦铁路，上口宽约40米，底宽约20米。

东场引河（2018年李兴成摄）

外环河　天津市二级河道，南北走向。1986年，随着外环线建设开挖。村域内全长2.2公里，南至南运河外环7号桥，北至津浦铁路，上口宽约30米，底宽约20米。

大河　也称“甜水河”，坐落在原墨水厂露天仓储库房北侧，东西走向。1978年开挖，上口宽10米，底口宽5米，村域内全长1500米。21世纪初，因建设大卞庄村钢材市场填埋。

中河　也称“大腰河”，坐落在原花场北侧，东西走向。70年代末开挖，上口宽10米，底口宽5米，村域内全长1500米。21世纪初，因建设大卞庄村钢材市场填埋。

排水河　也称“咸水河”，坐落在西青道南侧，东西走向。上口宽7米，底口宽5米，村域内全长1500米。21世纪初，因建设西青道快速路填埋。

姜井大坑　坐落于外环线西永旺商城北。60年代开挖，主要为农业生产提供用水，面积约40亩。21世纪初，因建设永旺商城填埋。

前坑　坐落于村中心原徐松兰房北。50年代因社员盖房脱坯用土自然形成，面积约2亩。90年代，因水质污染被填埋。

西边大坑　坐落于村南原孙士文房东。解放前，因村民盖房脱坯用土挖掘形成，面积约10亩。90年代，因水质污染被填埋。

三角大坑　坐落于陈塘支线铁道以西、西青道以南。1958年因修筑铁路开挖，面积约80亩。1975年因地铁公司征用被填埋。

张玉大坑　坐落于原耐火厂（现毛巾一厂）以北。20世纪50年代，因农业生产需要开挖，面积约6亩。90年代，因天津市公安局建设被填埋。

3. 洼淀　蛤蟆洼位于南运河以北、津浦铁路以南、西横堤以西、杨柳青以东，面积约 5.4 万亩。海拔在 3.5 米以下。洼内地势低洼，新中国成立前及新中国成立初期，每逢雨季排水不畅，形成大面积积水。雨后常常听到蛤蟆的叫声，故称为“蛤蟆洼”。

（二）地下水

根据第四系地层划分及沉积规律特点，村域地下水分咸水和淡水两类。由河道泛滥或现代河渗透及雨水渗透形成浅层淡水，季节变化大。底界面最深处 25 米，最浅处 5 米，蛤蟆洼底界面 0 ～ 5 米。除浅层地下水外，有 5 个含水组。除第一含水组为咸水外，其余均为淡水。

第一含水组底界面深度 60 ～ 70 米；第二含水组底界面埋深 175 ～ 225 米，深井年平均静水位 25 ～ 40 米；第三含水组底界面埋深 200 ～ 325 米，深井年平均静水位 80 ～ 90 米；第四含水组底界面埋藏深度为 400 ～ 525 米，深井年平均静水位 70 ～ 80 米；第五含水组底界面埋藏深度在 525 米以下。

20 世纪 70 年代，各生产小队抗旱生产，动用人工在多处园田打压把井供生产和牲畜用水。

1970 年，大下庄村集体投资在村东打一口深水井，深度 180 米。80 年代末，因村庄建设被填埋。

2003 年，村委会在村北打一口深水井，深度 588 米。2007 年 10 月，平方改造拆迁后不再使用。

三、动植物资源

（一）动物资源

哺乳类　野兔、狐狸、家鼠、黄鼬（黄鼠狼）、刺猬、田鼠、蝙蝠、丛林猫（野狸子）等。

水生动物类　鲤鱼、鲫鱼、黑鱼、鲢鱼、泥鳅、草鱼、鲇鱼、黄颡鱼（嘎鱼）、鳙鱼、黄钻、草虾、河蟹等（70 年代因修建海河二道闸南运河断黄河水后河蟹消失）。

蜜蜂（2010 年李兴成摄）

鸟类　翠鸟、乌鸦、喜鹊、麻雀、黄雀、燕子、大雁、野鸭、斑鸠（野鸽子）、啄木鸟、戴胜、鹌鹑、百灵、芦莺、苇莺、鹰、灰喜鹊、猫头鹰、黄鹂、鸽、伯劳鸟、天鹅等。其中麻雀较多，喜鹊次之。

昆虫类　蜜蜂、蝗虫、黄蜂、蝴蝶、蟑螂、蝉、蟋蟀、蜻蜓、蚊、苍蝇、蜘蛛、萤火虫、马蜂、螳螂、蝈蝈、金龟子、蛾子、七星瓢虫、臭虫、天牛等。

软体动物　河蚌、田螺、蜗牛等。

两栖类　青蛙、蟾蜍、乌龟等。

爬行类　蛇、壁虎、蜥蜴等。

环节动物　蚯蚓、水蛭等。

（二）植物资源

野花　牵牛花（喇叭花）、龙葵（野葡萄）、野菊花、麦穗花、蒲公英、地黄（俗称“老头喝酒”）、苘麻、刺儿菜、水红花子等。

草类　芦苇草、蒲蓬草、稗草、狗尾草、星星草、白茅草、蒿、苍耳、刺草、碱蓬、马齿苋（菜）、灰灰菜、车前草、三棱草、节节草、老鸦爪、藻、蒺藜、草木樨、艾草等。

树木　毛白杨、小叶杨、沙兰杨、旱柳、垂柳、馒头柳、龙爪柳、白榆、国槐、洋槐、龙爪槐、紫穗槐、臭椿、香椿、白蜡、青蜡、法桐、泡桐、合欢树、桧柏、侧柏、木槿、黄杨、丁香等。

龙葵（2010 年李兴成摄）

地黄（2010 年李兴成摄）

第四节　自然灾害

一、水灾　旱灾

20 世纪，天津曾遭遇两次特大洪水，一次是 1917 年，另一次是 1939 年。洪水造成村庄大部分房子、庄稼被淹受损。

1963 年 7 月，大卞庄村域发生雨涝，浸泡大面积庄稼，造成较大经济损失。

二、风雹灾害

1969 年 8 月 29 日，村域遭遇严重的龙卷风冰雹袭击，毁坏房屋、庄稼，造成个人和集体财产轻微损失。

三、生物灾害

1991 年 9 月，大卞庄村委会农业公司，开展治理稻田飞虱工作。

2005 年，运河沿岸数户村民家中出现大量蟑螂，村委会出资 5 万元，请专业公司到家中进行灭蟑螂病媒防制作业。

四、地震灾害

1976 年 7 月 28 日凌晨 3 时 42 分，唐山发生 7.8 级大地震波及村域，有人员受轻微伤。造成社员房屋倒塌 85 间、翻修 110 间、大修 210 间、小修 300 间，厂房倒塌 3 间、大修 16 间，集体用房倒塌 21 间、大修 28 间。

为防范发生余震造成人身伤害，大卞庄村生产大队动员社员临时转移户外居住，社员在防震棚居住约 3 个月。

同年 11 月 15 日 21 时 53 分，天津市宁河县发生 6.9 级地震，波及村域。

第三章　人　口

清道光二十六年（1846），大卞庄村和小卞庄村共有 222 户 1046 人。新中国成立后，人口逐渐增长。六七十年代形成生育高峰。1964 年，全村总人口达到 2204 人。80 年代，人口增长趋于稳定。2018 年，户籍人口 4468 人。人口性别比平衡。村民平均寿命延长。60 岁以上老人 850 人，约占总人口的 19%。90 岁以上老人 4 人。全村回族、满族、苗族等少数民族人口增多。村民文化程度大幅提高，至 2018 年，有大专以上文化程度近 400 人。80 年代前，社员多从事农业生产。90 年代至 2018 年年底，村民灵活就业，主要分布在二、三产业。

第一节　人口状况

一、人口总量

大卞庄村原是 20 余户不足百口人的小村庄。至清道光二十六年（1846），包括小卞庄有 222 户 1046 人。

自民国至天津解放前，由于人口迁徙、自然灾害、战争疾病、自然条件的恶劣，村内人口的增长极其缓慢，有 100 余户，约 600 人。

1964 年，全村总人口 2204 人，总户数 441 户。其中，男性 1084 人、女性 1120 人，户均人口 5 人。

1980 年，全村农业人口 3140 人，户数 690 户。其中，男性 1481 人、女性 1659 人。

2001 年，全村总人口 3812 人，户数 1213 户。其中，农业人口 3580 人、非农业人口 232 人，有男性 1798 人、女性 2014 人，寄宿人口 77 人、流动人口 678 人。村民人口增幅较低。

2018 年 12 月，全村总人口 4468 人，总户数 1604 户。其中，农业户数 1400 户，农业男性 1780 人、女性 2052 人；非农业户数 204 户，非农业人口男性 326 人、女性 310 人。单人户数 285 户。

二、人口构成

（一）性别

2018年年末，全村户籍人口4468人。同年，新出生男婴26人、女婴23人。

（二）年龄

80年代至90年代中期，全村人口年龄结构为成年型。90年代末，逐渐转为老年型。

2018年12月，全村总人口4468人。其中，0～14岁人口有609人，占总人口的13.63%；15～59岁人口有3009人，占总人口的67.35%；60岁以上人口有850人，占总人口的19.02%。年龄结构为老年型。

（三）文化素质

新中国成立前，村民文盲和半文盲占绝大多数，有文化的人也只上过年数不等的私塾或小学，高学历者不多。

新中国成立后，随着开展扫盲工作和学校教育的普及，文盲逐年减少。“文化大革命”期间，教育受到冲击，学生学习质量下降。中共十一届三中全会后，教育事业开始大发展，学生入学率逐年渐增。至2018年先后有近400人考入大专院校，其中有博士研究生3人、硕士研究生20余人。21世纪始，村民教育文化程度普遍提高，升学率逐渐增多。

（四）家庭结构

新中国成立前，大多数家庭崇尚子孙共炊，以四世同堂为荣，家庭人口普遍较多。新中国成立后，大家庭逐渐转化为小家庭，一夫一妻一子（女）为主要家庭结构。80岁左右的村民子女较多，形成大家庭。

1964年，全村有441户，户均人口5人。

四世同堂家庭（刘恩桐家庭）

1990年，全村有1044户，户均人口3.7人。

2018年12月，全村总人口有4468人，总户数有1604户，户均人口2.8人。其中单人户285户。3人户居多，占总家庭户数的82%。

（五）职业分布

80年代前，社员多从事农业生产。1983年，推行家庭联产承包责任制后，村民经营个体工商业逐年增加。进入乡镇、村办企业的村民占总人口的60%。90年代中期，村民在镇域工业园区等企业工作居多。

21世纪初至2018年年底，村民呈多元化就业，主要分布在二、三产业。

三、人口变动

（一）自然变动

1959—1961年，这一时期人口增长缓慢；1962年始，随着生活状况好转，出生率逐年提高。至70年代末，人口增长呈现出高出生率、低死亡率、高增长率的特点。

（二）机械变动

迁徙　清末，因长期水灾致生活困难，大卞庄村有20余户村民背井离乡讨生活，佟福兴、石振刚等10余人去西大营（俗称“赶大营”），有10余人到关外东北地区（也称“闯关东”）谋生。后陆续又返回少数村民，也有少数人客居他乡。

1947年，定居“小卞庄”的村民户籍划归天津县第三分区小稍直口乡（现为西营门街）小稍直口村管辖。

农转非　新中国成立后，人口一般因婚丧嫁娶、毕业分配、参加工作、退休退职、参军转业、政策招工等而变动。有部分村民转为城市户口。1954年，李凤藻、李作章、刘文书等在市区工作的村民因公私合营陆续进入国营单位工作转为城市户口，有因工作表现好被选送进党政机关工作的孙维真、宋金波、尚建民等人，也有参军提干留部队工作的孙维生、孙元义、李长海等人，有毕业后被分配工作的孙桂森、佟国忠、张善春等人，也有支援边疆建设的刘凤雁、尚洪金、石文友等人。70年代末，刘玉祥、刘建设、李兴来等人被选调到西郊区基建工程队及北大港油田工作。80年代初，一批原农业户籍的民办教师姚桂珍、宋惠华、尚家良等人转为非农业户口，也有因父母退休顶替进城工作农转非的李兴唐、尚洪奎、陈玉华等人。2000年后，一批大学生、中专生因升学陆续农转非。以上几种情况的农转非人口全村有近200人。

刘春香（中排左一）等合影（刘春香提供）

返乡居民及知青　60年代末至70年代初，知识青年和城市人员下乡形成高潮。大卞庄村陆续接收知识青年（俗称“老三届”），城市返乡居民（也称“疏散户”）和被下放的干部落户村内。

1968年12月，第一批由张家窝中学学生组成的插队知识青年到大卞庄村报到，后陆续又有数十名知识青年被先后安排在生产小队参加劳动。80年代初，大部分插队的知识青年陆续返城。另有女知青刘春香、刘习琴、陈玉兰等嫁给大卞庄村青年结婚成家，也有返乡户仍居住在大卞庄村生活，至今有的已繁衍4代。

20世纪60—70年代大卞庄村接收的城市疏散户人员一览表

表1

姓 名	性别	姓 名	性别	姓 名	性别	姓 名	性别
李德凤	女	张玉芬	女	刘学玲	女	刘学珍	女
刘学伟	男	刘家英	女	张玉君	女	杨淑芳	女
李德森	男	李嘉玉	女	刘美娟	女	魏来起	男
李德长	男	郭福来	男	刘喜娟	女	孙玉成	男
郭福全	男	张玉琴	女	张玉珍	女	孙玉波	男
刘家祝	男	刘学迁	女	徐志强	男	孙桂萍	女
丁金元	男	孙玉良	男	张玉兰	女		
刘家茹	女	刘学成	男	李嘉琪	男		
杨桂兰	女	孙玉祥	男	孟宪芳	女		

说明：资料由于不全、不清楚，或有遗漏

20世纪60—70年代大卞庄村接收的知识青年人员一览表

表2

姓 名	性别	姓 名	性别	姓 名	性别	姓 名	性别
陈红利	女	冯淑琴	女	林彩珍	女	尚子仲	男
李泽姿	女	沙德江	男	徐铁林	男	张春英	女
李文刚	男	刘立成	男	王桂春	女	王文苓	女
王金明	男	房淑琴	女	李瑞麟	男	房宗刚	男
张　云	女	张子清	男	石焕生	女	王和发	男
高建凤	女	孙伟林	男	陶红云	女	刘振安	男
徐广斌	男	刘习琴	女	王克兰	女	梁体安	女
张秀荣	女	李　萍	女	刘恩华	男	高吉庆	男
于文建	男	陈学兰	女	孟广喜	女	孙颖芝	女

续表 2

姓 名	性别	姓 名	性别	姓 名	性别	姓 名	性别
刘新民	男	孙会林	女	彭炳文	男	王兰生	男
刘永安	女	韩祖红	男	尚文萍	女	张维林	男
刘春香	女	王玉霞	女	伊桂云	女	梁春湘	男
李红蕊	女	刘平均	男	杨春会	男	张玉晴	女
纪清宝	男	司国华	女	刘 玲	女	王文静	女
杨学明	女	刘学华	女	纪清霞	女	王志萍	女
苏玉华	女	陈 萍	女	危金凤	女	王桂文	女
王志祥	男	高桂荣	女	陶崇德	女	齐连生	男
田秀丽	女	倪长福	女	纪炳坤	男	杨慧丽	女
张学兰	女	陈玉兰	女	范金城	男	单跃荣	女
张志均	男	朱先兰	女	马淑玲	女	许连彩	男
张凤利	男	吴玉香	女	卢 红	女	邱凤书	男
刘汝旭	男	郑宝红	女	刘欣娜	女	胡振兴	男
樊凤玲	女	裘孝顺	男	周淑芬	女	孙立国	男
马淑梅	女	刘玉珍	女	李胜华	女	孙宝慧	女

说明：资料由于不全、不清楚，或有遗漏

（三）外来人口

80年代中期，村内暂住人口逐年增多，大多来自山东、安徽、河北、浙江、河南等地，其中不少人是举家到村暂住。多从事建筑、家具制作、服装加工、食品、废品收购，也有从事农业或做企业临时工、短工的。暂住人口多时达到1000余人。2007年，由于平房改造，大部分外来人口迁出。

2011年始，村民还迁小区，外来人口逐年增加。2018年年末，外来人口租房约900户约2700人，城市寄宿人口居住达到556户约1500人，未拆平房内暂住外来人口约200人。

第二节 人口生育

一、生育政策

新中国成立初期，国家鼓励生育，生的多为“模范妈妈”，生的更多的则是“英雄母亲”。大卞庄村也出现生育高峰，一般家庭多的有八九个孩子，少的也有四五个。20 世纪 70 年代末，国家实施计划生育政策，提倡生育一个孩子。农村可放宽为双农户第一胎是女孩的，间隔四年可再生一个。后改为母亲年满 35 周岁，可生育二胎。

1982 年 9 月，国家将计划生育作为基本国策，提倡晚婚、晚育，少生、优生，鼓励“一对夫妇只生一个孩子”，并对晚婚、晚育者女方延长产假，给予照顾。80—90 年代，计划生育政策成效逐渐显现。

2016 年 1 月 1 日，国家全面实施一对夫妇可生育两个孩子政策，即百姓常说的“二孩”政策。国家放宽生育条件，提倡一对夫妻可以生育两个孩子。

二、工作要略

村“两委”班子成员张砚凤、刘希兰、孙淑敏、宋立芝先后任计划生育工作负责人，并配备数名计划生育工作专职，简称“专职”，加强计划生育工作组织。80 年代，刘希兰、刘善华、宫凤珍等任专职；1997—2018 年，刘长义、高银霞、范秀梅、刘帅、尚会娟等先后任专职，负责计划生育日常工作。计生专职人员按照划片责任区，同时宣传计划生育的工作中心任务和政策。利用每年的三八妇女节和“5·29”计生协会宣传日等，开展形式多样的宣传活动，提倡村民摒弃“多子多福”“重男轻女”的思想和观念，树立生育有计划的新风尚。

2018 年，大卞庄村党群服务中心在综合服务大厅设立计划生育窗口，加强做好计生服务、再生育审批、独生子女父母光荣证领取、独生子女奖励发放及办理奖励扶助对象的申请及初审、生育服务登记、孕前优生健康检查等工作。

计生干部开展关爱女孩宣传活动（2017 年刘帅摄）

李爽领取独生子女费（2018 年刘帅摄）

三、人口生育情况

1986—1992 年，先后有 29 名育龄妇女积极响应“一对夫妻一个孩”的号召，自愿退出二胎指标；1992 年，大卞庄村有育龄妇女 940 人，年内出生婴儿 49 人。一孩生育 586 人，独生子女占 90% 以上。

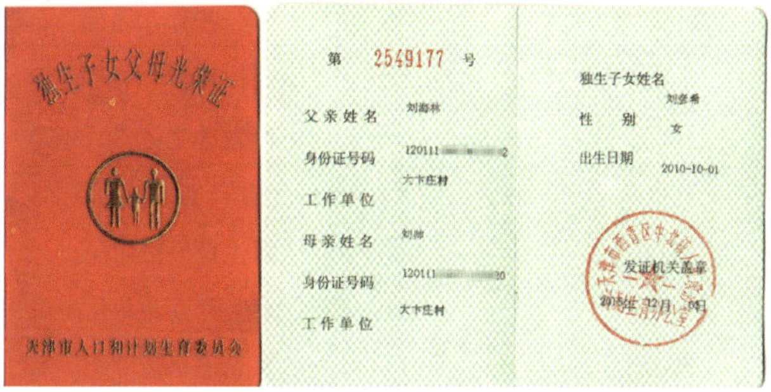

独生子女证（ 刘帅提供 ）

2016 年，“两孩”政策实施后，没有形成生育高峰，年内生育二孩 27 人。2018 年年末，大卞庄村新生儿出生 49 人，其中一孩 25 人（男孩 17 人、女孩 8 人），二孩 24 人（男孩 9 人、女孩 15 人）。

四、奖励措施

（一）独生子女费

自 1980 年起至 2018 年，父母为双农户的独生子女每月发放 10 元补助费，也称“独生子女费”。父母有一方是非农户的（也称“半工半农户”）独生子女，年发放 60 元。

（二）保险

1992 年 4 月，根据有关文件对主动退回二胎指标者实行优惠服务，为其夫妇投保养老保险等。先后有 225 名儿童参保少儿幸福保险。保险金每人 300 元，也可多保。

（三）奖学金

2011—2018 年，大卞庄村委会对考入大学的独生子女，在发放 2000 元奖学金的基础上，再给予额外奖励，即独生子上调 20%，独生女上调 25%。

五、长寿老人

2018 年，大卞庄村有 80 岁以上老年人 70 人，其中祁淑英（女）95 岁、朱善珍（女）93 岁、于振荣（女）92 岁、张铁义 91 岁。刘文书，1918 年出生，是新中国成立后该村近 70 年中出现的首个“百岁老人”。

六、荣誉

1983—2009 年大卞庄村集体获得计划生育工作荣誉一览表

表 3

年份	荣誉称号	授予单位
1983	计划生育先进集体	中北斜乡党委、乡政府
1990	计划生育合格村	西郊区委、区政府
2000	2000年度计划生育模范单位	中北镇党委、镇政府
2001	2001年度计划生育模范单位	中北镇党委、镇政府
2002	计划生育先进单位	中北镇党委、镇政府
2003	计划生育先进单位	中北镇党委、镇政府
2006	计划生育先进单位	中北镇党委、镇政府
2007	计划生育先进单位	中北镇党委、镇政府
2009	计划生育先进单位	中北镇党委、镇政府

第三节 姓氏 民族

一、姓氏

1993 年，全村总人口 3650 人，有姓氏 122 个。其中，100 人以上的姓氏有 6 个，包括刘姓 594 人、李姓 363 人、孙姓 327 人、王姓 269 人、尚姓 223 人、张姓 212 人。

2006 年，全村总人口 3844 人，有姓氏 132 个。

2018 年 12 月，全村总人口 4468 人，有姓氏 155 个。有两个 500 人以上的姓氏，其中刘姓最多有 746 人，约占总人口的 17%，李姓 524 人，约占总人口的 12%；500 人以下 100 人以上的姓氏 6 个；100 人以下的姓氏 101 个；只有 1 人的姓氏 46 个。

2018 年大卞庄村人口姓氏情况表

表 4　　　　　　　　　　　　　　　　　　　　　　　　单位：人

姓氏	人数	姓氏	人数	姓氏	人数	姓氏	人数	姓氏	人数
刘	746	于	30	左	10	常	5	齐	3
李	524	韩	28	彭	10	唐	5	窦	3
孙	384	闫	24	范	10	郑	5	卢	3
王	366	倪	22	殷	10	方	5	谢	2
张	320	兰	21	候	10	刁	5	康	2
尚	291	周	21	黄	9	靳	5	戴	2
宋	148	崔	21	胡	9	邢	5	闻	2
石	115	郝	19	沈	8	薛	5	耿	2
孟	94	吕	18	邹	8	房	5	屈	2
朱	92	潘	17	鲍	8	岳	4	邱	2
葛	76	祁	17	史	8	乔	4	缴	2
赵	72	何	16	丁	8	段	4	汪	2
马	71	纪	15	董	8	庞	4	谷	2
陈	59	任	15	华	7	毕	3	金	2
年	55	门	14	杜	7	穆	3	丰	2
杨	44	袁	14	冯	7	伊	3	苑	2
许	43	白	13	吴	7	楚	3	沙	2
高	43	牛	13	魏	7	焦	3	项	1
徐	40	贾	12	苏	6	曾	3	陆	1
郭	40	曹	12	田	6	邢	3	栾	1
姚	34	肖	11	芦	6	强	3	路	1
佟	31	蔡	11	安	6	程	3	戚	1
姜	31	顾	10	林	6	钟	3	申	1

续表 4

姓氏	人数	姓氏	人数	姓氏	人数	姓氏	人数	姓氏	人数
藏	1	尹	1	樊	1	句	1	辛	1
梁	1	贺	1	付	1	费	1	代	1
廉	1	蒲	1	聂	1	钱	1	荣	1
果	1	夏	1	卞	1	罗	1	勇	1
成	1	宫	1	邓	1	东	1	洪	1
荆	1	温	1	庄	1	时	1	隋	1
汤	1	腾	1	涂	1	季	1	严	1
翟	1	俞	1	颜	1	薛	1	宗	1

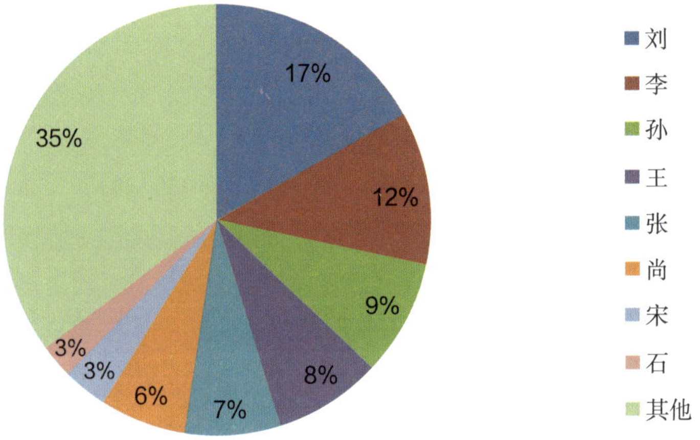

2018 年大卞庄村各姓氏占比示意图

（一）部分姓氏渊源

大卞庄村先民多是从山东省、山西省迁徙来的。李、陈、石姓从山东省苍山县卞庄镇迁来；尚姓从山东省安连县迁来；刘姓分为南刘、北刘、侉刘，南刘从山东省梁山县迁来，北刘和孙姓“维”字辈的从山西省洪洞县迁来。以上家族统随燕王扫北迁徙而来，至今有的已传二十几代。

据村民孙玉贵讲，大卞庄村有 3 家孙姓人家，其家族先民由湖北省迁徙到静海县黄岔再迁到河北省霸县黄台，后到中北斜马庄再到卞家庄村落户；孙姓“耀”字辈家族，1929 年从天津县小稍直口村移来，近代迁入的还有李姓“洪”字辈，是其父辈 1946 年从静海县董庄窠村移来；姚姓的祖先是河北省沧县人；尚姓“建”字辈的祖先是从河北省南宫迁来；史姓的祖先是安徽省涡阳县人；有些姓氏因说法不清，未写入村志。

其他姓氏也有近年繁衍形成的，包括城市疏散户子女，大卞庄村女性与外地户籍男性结婚生育的子女随母亲户口落户在村里。有回族、满族、苗族、朝鲜族、蒙古族等少数民族人口。

（二）部分姓氏家谱简介

李氏远祖的由来　李氏远祖跟随“燕王扫北”来到天津城西“卞家庄”，并在此定居繁衍，相传19代，辈辈单传。后由李成章立太祖，族门开始兴盛，繁衍九门儿孙。至2018年已到第10代“永”字辈的子孙。李氏族人在大卞庄村定居约600年。

李姓家谱后续字为成、有、李兴（单字）、恩、作、德、兴、长、福、永、继、世、光、耀、如、玉、家。

大卞庄村部分村民姓氏字辈排序表

表5

序号	姓氏	姓氏字辈排序
1	刘	永、刘慎（单字）、凤、恩、晓、建、继
2	刘	德、成、山（公）、永、刘立（单字）、希、刘有（单字）、振、文、学、洪、向、玉、福、永、继、世、智、光、冠、汉、兴
3	刘	宝、恩、贺、洪、兴
4	刘	万、文、玉（希）、树
5	刘	永、春、凤、恩、晓
6	刘	起、宝、文、志
7	李	槐、云、元、长（永）
8	李	士、洪、顺
9	李	登、士、景、建
10	张	玉、文（树）、宝（春）、洪、欣
11	张	文、锡、铁、善、国
12	孙	孙健（单字）士、元（洪）、永
13	尚	宝、文、家（恩）、洪、志（士、玉）、向
14	孙	宝、景、耀、志、亚、绍
15	孙	毓、孙林（单字）、振、维、月（跃）、宝
16	孙	宝（万）、毓（玉）、继、云（洪、月）、九、瑞
17	王	德、王堃（单字）、起、金、桂（洪、玉）、子（家）、继

续表 5

序号	姓氏	姓氏字辈排序
18	王	长、守、竟、伟
19	宋	有、起、维、伯、立（德）
20	宋	万、殿、金（冠）、玉（瑞）
21	佟	福、玉、世、国、文、学
22	朱	树、学、善、文、会、泽
23	葛	玉、焕、春、金、红（洪）、云
24	姚	庆、金、贵、姚晨（单字）、子
25	门	承、玉、会、永
26	马	玉、士、起、全
27	许	光、文、树、宏
28	徐	恩、松、志、金、长
29	陈	俊、义、宝
30	倪	景、纵、春、长、志
31	姜	文、伯、宝、立
32	袁	生、景、林、洪、玉、海
33	孟	兴、毓、传、继、广、照、宪、庆、繁、祥
34	年	庆、建、金、玉（福）
35	石	广、振、景、友（洪）、宝、奕、宁
36	兰	金、兴、凤

80 年代始，由于盛行取两个字的名字，没有按家谱排序，大部分家族的辈分出现混乱，重名较多，后又提倡取三个字的姓名。

二、民族

2018 年，全村户籍人口有 4468 人，其中男性 2106 人、女性 2362 人，多为汉族。其中，汉族 4450 人、回族 7 人、满族 5 人、朝鲜族 3 人、蒙古族 2 人、苗族 1 人。汉族人口占总人口的 99.6%。少数民族人口多为女性村民与少数民族男性结婚后生育的子女和男方迁入形成。

第四章　村庄建设

解放前至70年代末，村庄建设变化不大，村域道路等基础设施薄弱。80年代始，村庄建设有了长足发展，实现了自来水入户、管道排污、道路硬化。随着周边道路及桥梁相继建成开通，公交线路及出租车也逐渐增多，大大方便了人们出行。2007年10月，大卞庄村启动平房改造工程。2010年12月，村民还迁至“运通花园”小区。小区水电气暖、宽带网络等公共服务设施配套齐全。村民居住环境得到质的改善，实施了绿化、亮化、硬化等工程。

第一节　村庄基础设施

一、供水

（一）机井水

新中国成立初期，大卞庄村社员一直饮用南运河水，因河水浑浊，挑回家后要倒在水缸里，将白矾搅入水中使泥沙沉淀，之后才能饮用。1965年，村集体在运河边建一座简易的水厂，将河水抽到水池沉淀后再倒入水罐，经过沙石过滤、消毒后，由水点按时供水。

1970年，大卞庄村集体投资在村东园子打一口深180米的水井，并建一座水塔、一个蓄水池。在后街东、西两边各设供水点，定时供水，社员挑到家中直接饮用，结束饮用河水的历史。

1983年，全村铺设自来水管道，引机井水入户，村民不再到供水点挑水，而是到点在家接水储存在水缸里，结束挑水的时代。

2003年，村集体又投资在村北打一口深水井，井壁为钢管，深度588米，可直接与自来水同时供村民饮用，水费大部分由集体承担。

（二）自来水

1985年秋，大卞庄村在西青道和东姜井大堤分别连接两处自来水干管，引入天津市自来水厂直饮水，24小时供水，村民至此喝上甘甜的滦河水。

2011年，村民入住新居，各家安装智能水表，需持卡购买天津市自来水厂自来水饮用。

（三）生产用水

大卞庄村最早使用南运河、子牙河等水源浇灌耕地。60年代，生产队组织社员人工挖掘数个坑、塘蓄水供生产使用；1972年，西郊区开挖东引河，村集体又以东引河为主水源，开挖生产河、中河等河渠，向西四排子耕田引水灌溉；1986年，外环河开挖建成，生产用水又多一个保障。

煤油灯（宋伯鹏提供）

二、供电

（一）生活用电

1956年春节前夕，为实现让群众在电灯底下包饺子的愿望，在“满天红”高级农业生产合作社的安排下，大卞庄村始通电，家家户户安装电灯。社员结束使用蜡烛、煤油灯和自制油灯等照明灯具的历史；后村集体按各家灯头、家用电表、磁卡表等方法收缴电费；2011年，村民入住新居，各户安装智能电表，需持卡购电。

小区 LED 照明路灯

1956年，村后街安装数盏木质灯杆路灯，晚上由李德厚等电工按时开关。宋金生、年金明、杨子波等人先后任电工，负责村民生活用电和维修。80年代，村街道木质路灯改为水泥灯杆，更新为钨丝照明灯。2011年，运通花园小区内安装55盏照明路灯和110盏景观灯，为新型灯杆、灯具，光源使用节能环保LED灯，设定时自动开关，供电配套设备属天津市城西供电局。

（二）生产用电

新中国成立初期，磨面多为人力或使用牲畜作业，石磨碾轧玉米、小麦、高粱等较落后费力。1958年，大卞庄村集体将原后街“同善堂”的房屋改成“磨坊”，购置电力磨面机、碾米机等设备，为社员有偿服务，减轻了群众的劳动负担。葛春秋、李作鹏、石景成、孙跃平等人先后在磨坊工作。1987年，磨坊移到后街东侧原“宋家大院”作业。2007年，因平改拆除，停止粮食加工作业。90年代始，随着人口增长、生活、生产和经济发展的需要，用电量逐

小区景观灯

年递增，村集体陆续安装10余台变压器，供村民生活和农业、工业生产使用。

三、村庄道路

（一）道路

50年代以前，村域道路多为自然形成的乡间小道，皆为土路。连接其他村庄的主要道路是沿南运河的北大道，北大道东起天津市小西关的自来水厂、西至杨柳青，结构为土路。至80年代，社员往来市区或周边村庄，多跨河走“河南大堤”（也称“运河大堤”），大堤路面为石子铺成，质地较硬，能走车辆。

1986年，村集体投资对主要道路进行整修，村域主要街道首次建成沥青路面，总计2500延米。

1994年，大卞庄村委会对通往外环线的路面进行修筑，铺设沥青路面。2001年、2014年先后对该路面进行重修；2016年，村集体投资对运通花园小区外道路进行修筑硬化。

（二）街道、胡同

1991年，村内各街道、胡同开始有了名字。名字有的延续过去的叫法，有的以邻近地标命名。村民户口本、身份证上亦有了准确的户籍住址。村内南北向道路有新建南路、新建北路、运河路、光明路、永昌路等，东西向道路有卞庄后街、十四米大道、建设大街等。

胡同里巷　红亮、红明、红卫、红光、永安、永利、长安、长春、长生、长河、长吉、长泉、长祥、长宁、元善、元庆、元厚、元德、民生、民乐、民主、利民、胜利、光华、幸福、团结、坑边、昆明、大富、宝和、兴隆、兴建、兴旺、兴业、兴胜、铁东、华友、华丽、华昌、华联、华荣、华新、忠义、忠诚、庆德、庆安、庆洋、庆新、安宁、边远、意友、如法、如祥、志坚、志诚、志富、志昌、志强、永安、永川、永利、永平、永庆、两家巷、永旺南、永旺北、吉康里、吉东一条、吉东二条、吉东三条、吉东四条、吉中一条、吉中二条、吉中三条、吉西一条、吉西二条、吉西三条、幸东一条、幸东二条、幸东三条、幸东四条、幸中一条、幸中二条、幸中三条、幸西一条、幸西二条、幸西三条、和平里、河沿里、平安里、平静里、平洋里、二公、发财、四喜、乐善南里、乐善北里、乐寿里、乐安里、荣和南里、荣和北里、荣庆南里、荣庆北里、荣兴南里、荣兴北里、荣吉南里、荣吉北里、

大卞庄后街（2008年李淑起摄）

荣华南里、荣华北里、荣安南里、荣安北里、永成北里、永华北里、永乐北、永乐南、永强北里、永远北里、永远南、大队宿舍。

道路名称　卞庄前街、卞庄后街、新建南路、新建北路、运河路、十四米大道、光明路、光明北路、永昌路、永昌北路、东胜路、建设大街、建国路、建国西街、建国东街、育红北街、育红南街、正义街、如意街、礼义街、仁义街、幸福道、吉祥道、安康道。

四、村庄排水

1986 年，村域修路才始有污水、排水设施，胡同排污管道由村集体负责安装，院内管道由各户自费连接。雨量大时，启动扬水泵向村北排水渠排水。生活在运河沿岸的人家，污水则排到运河里。

2018 年，运通花园小区污水管井、雨水管井等配套设施齐全，严格按照居住面积设计，小区内铺设污水管道约 5000 延米，雨水管道约 5000 延米，有排水泵站 1 座，有大型水泵 6 台，其中 500 瓦 4 台、13 千瓦 2 台，各楼房地下室共有 174 台小型泵，地下车库有 20 余台小型泵；在 2017 年、2018 年两次大暴雨排涝作业中，小区排涝迅速，效果明显。

五、供暖

（一）柴草取暖

新中国成立初期，多数家庭的燃料以烧柴为主。家家垒灶盘火炕，并在立冬前储备好柴草用于烧饭取暖。烧煤做饭的几乎没有，连冬天生炉取暖的户都不多。

（二）燃煤取暖

60 年代，煤球属于计划供应，凭煤本购买。社员多使用自制炉子、铸铁炉子（俗称“洋炉子”）取暖。90 年代，燃煤市场开放，村民有使用蜂窝煤或烟煤、无烟煤等取暖的；部分家庭陆续安装“土暖气”取暖。暖气片最早为铸铁的，后改为钢制、钢铝复合暖气片。90 年代后，油汀电热器、小太阳取暖器出现。

（三）楼房采暖

2011 年，运通花园新居统一配套安装供暖设施。少数家庭把壁挂暖气改为“地热采暖”，简称“地暖”，效果甚好。村民每年按使用面积交纳取暖费，日常业务由天津市津安热电有限公司负责。

六、供气

（一）灌装液化石油气

1983 年，大卞庄村建液化气灌装服务站，石油液化气进入普通家庭，刘善发负责采购和管理，社员带空罐凭煤气供应证购买。不久，市场开放，社员也可到曹庄子村液化气站购买液化气。也有流动商贩串街贩卖液化气。

（二）天然气

2011 年，运通花园新居配套安装天然气管道和智能表，由天津市津燃华润燃气有限公司负责日常业务，村民凭卡购买天然气。

第二节　房屋建筑

解放前，村民住房皆为土坯房。偶有砖房，多为富裕人家或学校、寺庙。鲍家大院和宋家大院及一所私立学校房屋为青砖结构。

一、住宅建筑

（一）土坯房

新中国成立初期，绝大多数村民住的是低矮、老檐出头式土坯房，也有直接从地基垒土坯的房（俗称“落地白”），村民住房非常简陋，砖瓦房极少。里外墙皮均用黄泥巴抹平，外墙皮和房盖每年都要用泥巴抹一遍以防风漏雨，称“泥房”；房顶向两边流水（俗称“两出水”），也有房顶向一边流水的（俗称“一出水”）。

房子一般多建成“连三间”式。坐北朝南为正房，东、西两侧为厢房。门窗为木制，糊纸挡风。屋门有独扇风门的，也有双扇板门的。东、西两间房屋为“里屋”。堂屋两侧靠山墙处各设一锅台供做饭取暖用。里屋靠窗一边各搭一土坯炕，炕上直接铺芦苇席。烟道与锅台相通，灶台做饭，烟火使炕面受热，借以取暖。

80 年代前，多数社员家里仍留有火炕和灶台；90 年代后，随着燃煤、石油液化气的普及，为保持室内清洁，逐渐舍弃了这一几十年的生活方式。

（二）砖瓦房

60 年代初，少数富裕户开始盖“穿靴戴帽”式的房屋。多数社员仍住土坯房。砖座碱（七层或九层砖），土坯垒墙，砖封檐，房上铺瓦；再一种形式是“里生外熟”，墙皮里面用土坯横码，靠外一层用砖砌，用白灰膏勾缝，外观似砖房一样，省却了每年“泥房”之劳。

70 年代始，土坯房逐渐被淘汰。建房条件有所提高，多为砖房。多数为起脊房，少数为平顶房（四孔板或马槽板铺房顶），房顶多铺油毡，铺瓦的少。屋内用粉连纸扎顶子，用白灰膏抹墙，水泥地面。为增加室内亮度，在堂屋两侧山墙留有80厘米见方的窗眼（俗称“婆婆眼”）。土炕、灶台仍沿用。90年代初，“连三间”房屋建筑形式逐渐被淘汰，时兴“两明一暗”外加里侧盖“拐弯”的房屋，也有两侧都盖拐弯房屋的。房屋使用功能更加完善。

“穿靴戴帽”式屋子（2018年李兴成摄）

（三）宅基地发放

60年代后期，社员住宅开始向外扩展，住房格局多为一明两暗三间房，一个院落。外围有建于50年代的村南“王房子”和村北的“铁道部”两处房屋，较为偏远，社员去那儿如同出村。

1976年，唐山大地震波及天津。震后，中共大卞庄村党支部、生产大队根据社员生活实际和所需，发放一大批宅基地。此后于1982年、1986年、1992年、1997年先后发放数批宅基地。

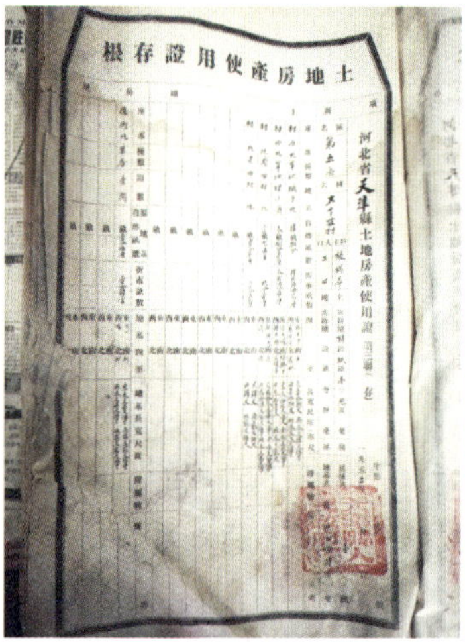

1952年土地房产使用证存根

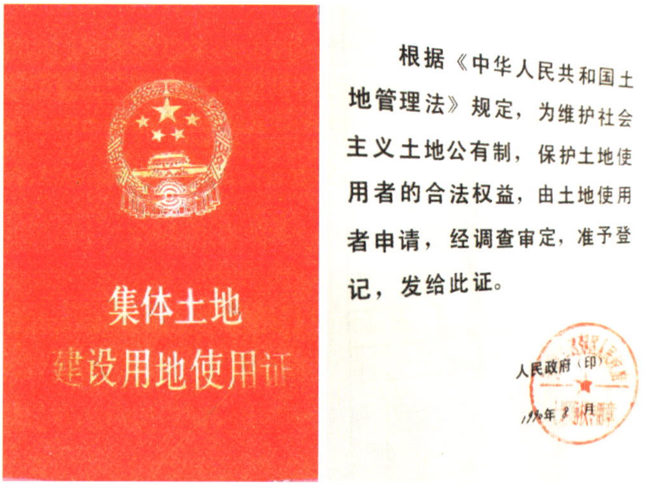

1990年发放的集体土地建设用地使用证

1952 年，河北省天津县人民政府对村民土地房产进行登记造册；1990 年 8 月，村委会向村民首发集体土地建设用地使用证。自此村民房屋权益得到保障。

二、公寓式住宅楼

2015 年，天津市运通伟业资产管理有限公司投资 2.4 亿元，在广乐道下兴地铁站南侧建设 6 万平方米的高层楼宇，楼房为框架结构，分 A、B 双子座，有 4 个单元，地面 4 层为商业设施，上至 21 层为公寓式住宅房屋，房屋面积有 150 平方米、126 平方米、108 平方米、77 平方米、72 平方米，谓之“御河上城”。

三、新住宅楼

2007 年 10 月 23 日，大卞庄村启动平房改造工程。2010 年 12 月，新建小区竣工，村民陆续抓阄还迁入住运通花园楼房。

运通花园小区占地面积 12.7 公顷，总建筑面积 31.88 万平方米（不含地下室）。其中村民住宅楼房 32 栋，建筑面积 25.88 万平方米。楼房为框架结构，板式设计，分别为 18 层、24 层到顶，房型设计有 47 平方米、68 平方米、76.6 平方米、106 平方米、115 平方米两居、115 平方米三居等 6 种房型。

村民张善友抓阄（2010 年李兴成摄）

四、公共建筑

（一）四清库

1964 年，大卞庄大队在综合厂北建一个仓库，存放粮食、稻种、建筑材料等物品，面积约 1500 平方米。社员称为“四清库”，也是大队开大会的公共场所。2007 年年底，因平改被拆除。

村民宋伯来抓阄（2010 年李兴成摄）

（二）“新社员”安居点

1968 年年底，城市知识青年和疏散户陆续到大卞庄村插队落户，为安排好其生活，村集体建设100余间土坯房屋，分配给其居住。他们被称为“新社员”。2007年10月，该片住宅被拆迁。

（三）公建设施

大卞庄村党群服务中心为三层建筑，面积约3000平方米，设党委、村委会、村务监督委员会办公室和财会室，有党员活动室、服务站大厅、农家书屋、警务室、退役军人服务点、少儿快乐营地、文化活动室、计划生育服务站、妇女半边天活动室以及健民卫生所等。

（四）商业设施

2012年，大卞庄村委会投资2500万元，在运通花园小区东侧建成四层附带地下车库的公建商业用房，总计面积7000平方米。2016年，天津市运通伟业资产管理有限公司将广东道御河上城2万平方米公建房屋，出租给天津盛世养老服务中心。

第三节　交通设施

大卞庄村先民自古依南运河畔定居生息，多走水路，村内道路不发达，多为土道。运河北岸有一条北大道，是来往天津、杨柳青的主要道路。80年代始至21世纪初，外环线、西青道快速路等道路和地铁2号线及津同桥、中北立交桥、卞兴桥等交通设施相继在村域建成。

一、公路

（一）村周围省级公路

西青道　1963年，西青道拓修。1983年再次拓宽修筑。西青道跨越红桥、西青两区，是天津西北连接中、外环线东西向的主要干道。

外环线　1986年春动工。1987年10月1日，竣工通车。全长71.34公里，是环城公路，穿越东丽、津南、西青、北辰4个区。西青段北起杨柳青农场，经镇域大卞庄村、西姜井村、大稍直口村、侯台村，东至大任庄村东侧卫津河。路基宽50米，路面宽36米。

京福公路　由北京至福州，1966年开始修建，穿越镇域大梁庄、李楼地界，距大卞庄村5.5公里。

（二）村周围乡村公路

21 世纪始，村域周围公路还有阜盛道、卉锦道、阜锦道（原津杨公路）及中北大道等，均为东西走向。

二、铁路

（一）津浦铁路

始建于清光绪三十四年（1908）的津浦铁路穿越大卞庄村域。1912 年黄河大桥建成后，全线筑成通车。1968 年 9 月，津浦铁路更名为“京沪铁路”。

卞兴站（2018 年胡晓旭摄）

（二）津塘支线

1958 年，天津西站至陈塘庄铁路支线建成通车，以运货为主。该路线为南北走向，穿越大卞庄村域约 2.5 公里。

三、高铁

2008 年 4 月，京沪高架铁路开工，2011 年 6 月 30 日全线正式通车。大卞庄村域沿线有 1.6 公里。

四、地铁

2012 年 7 月 1 日，天津地铁 2 号线西段试运营（西段为曹庄—东南角，东段为天津站—空港经济区）。2013 年 8 月 28 日，全线贯通（后沿线设滨海国际机场）。地铁“卞兴站”坐落在运通花园北侧。

五、桥梁涵洞

（一）南运河桥

解放前，村域南运河段东西沿线 10 公里内没有一座桥梁。50 年代后期，在鲍家大院（老学校）东南运河与李家园村对河处，建成一座简易木质桥；1984 年，木桥损坏。后来大卞庄村委会投资在原址重建一座混凝土井柱结构桥梁，2009 年被拆除。

（二）铁道桥

1958 年，陈塘铁路支线穿越村域，在南运河架设一座铁路钢制桥梁与李家园、东姜井村相通，成为社员上班、上学等出入的主要通道之一。

（三）电碳厂桥

1971 年 8 月，天津电碳厂在村西南运河与西姜井村相邻处，建成一座混凝土井柱式过河桥，名“电碳厂桥”。

（四）卞兴桥

卞兴桥（2017 年李兴成摄）

1972 年，西郊区政府在大卞庄村铁道以西 15 米处开挖东引河，也称“生产河”，并建一座井柱式结构过河桥。2016 年 4 月，该桥重建为涵管桥，名“卞兴桥”。

（五）其他桥梁

1987 年，村域内外环 6 号公路桥、7 号公路桥、津同立交桥、西青道中北立交桥相继建成开通。21 世纪初，村域新增 4 座过河桥，即福姜桥、金水桥、阜锦桥、花卉桥。

（六）涵洞

大卞庄村域有数个涵洞，主要分布在津浦铁路和陈塘铁路支线沿线。现陈塘铁路支线有西青道与陈塘铁路涵洞，小区西北处有一涵洞，西青道北与津浦铁路有五孔桥涵洞。其他涵洞均被掩埋。涵洞用于生产通水、排水和人、车通行。

（七）渡口

最早在后街东靠南运河边建一处码头，称“王家渡口”，摆渡来往市区的渡客。

第四节 运　输

一、人力运输

（一）人力运输工具

独轮小推车

新中国成立前，大卞庄村村民运输工具和运输方式多为人背肩挑和牲畜驮运、船只漕运。富裕人家有木制大车，是主要运输工具。穷人家买不起大车，有的仅有一辆独轮小推车（称“大嘴子车”）。一般载重三四百斤，推起来相当吃力；40年代，又兴起人力拉车，最多载重六七百斤；50年代初，少数村民添置驴和钢丝条小拉车，利用畜力车运输提高效率。

（二）脚力

人力肩挑运输是主要方式。据村民张宝书讲，40年代他的父亲曾挑着重达270余公斤的蔬菜，从村里走到河北区东浮桥（金汤桥）菜市场，其间只有一次歇脚儿，行程近12公里；还有宋维善挑400块青砖上船走跳；也有肩扛100公斤粮食连续走约1.5公里田埂小道倒肩不歇脚的数名村民，可见脚力非常了得！冬季南运河结冰，社员制作的“冰排子”成为运输蔬菜、劈柴等的主要工具。

二、客运

（一）摆渡

60年代前，大卞庄村周围沿南运河十几里内没有桥梁。村内只有一条主要道路后街与西边曹庄子等村相通，是杨柳青、大梁庄等运河以北乡民坐摆渡去市里（俗称“下卫”）的必经之路。村民王桂全先祖王德安最早在南运河边建一处码头，以摆渡为生，称“王家渡口”。后其祖父王起林、叔祖父王起祥等一直传承此业，数十年人们需渡船过河。

1958年，实现人民公社化后，王金堂等人不再经营摆渡。

（二）公交路线

大卞庄村域最早有153路公交车，在村北西青道通过；后增加便民8号（已取消）和669路、824路公交车往返于杨柳青至天津西站。较近的还有31路公交车站，村民需步行前去李家园村乘车。

（三）出租车

1993年始，出租车逐年递增，李德忠、孙继林等村民最早经营出租车，车型为大发面包车，车体为黄色，俗称“黄大发”。

2000年，夏利轿车替代大发车成为出租车主力，“黄大发”由于其较为低端的配置，遭到淘汰；2008年始，夏利出租车被花冠、威志等中档车取代，统一改为国标三发动装置；村民投资意识增强，出租车价格猛增，最高市价一辆为90余万元。2018年，全村有出租车近100辆，从业人员80余人，也有将车外包收租的。

2014年始，滴滴打车、专车、快车、顺风车等出行业务进入人们生活中，有少数村民加入营运。

三、货运

（一）水路

解放前至50年代末，货船为主要运输工具，经常有静海县、杨柳青、独流镇的船只来往南运河。村民宋维新、孙玉江两家有数艘木船用于生计，木船靠人工牵引加风帆行进。有少数人家拥有小船，运输蔬菜或挖污泥等。每年春夏蔬菜旺季开运，蔬菜淡季停运。宋维新负责大卞庄村、小稍直口村的蔬菜承运，运往市区小西关、东浮桥（金汤桥）菜市场。

高级农业生产合作社成立后，木船并社。至70年代初，木船仍在为生产队运输蔬菜、臭泥肥料等。后因南运河水源逐渐减少，夏季枯竭断流，木船不再承担运输工作。

（二）陆路

60年代，各生产队陆续添置胶轮大车，单匹马、骡驾辕，一匹或两匹拉套，往返市区运输蔬菜或外地购买苇子、芦根、化肥、菜种等，为生产队主要运输工具。驾驭大车的人叫“大车把式”。大卞庄村第13生产小队用4400元购买一匹骡马，在周边社队成为新闻。

1969年，村集体购买第一辆手扶拖拉机（俗称“蹦蹦车”），驾驶员有兰凤起、李长春、石明友、刘善芳、年淑香等，成为村队干部外出开会，购买粮种、菜种等的主要交通工具。1972年，大队成立汽车队，以有偿方式为生产队、社员服务。以后又先后添置55拖拉机、东风汽车等运输车辆。

90年代，畜力车逐渐消失，东风、解放、大发箱货等重轻载汽车成为村民主要运输工具。2000年始，运输业态达到高峰，村民购买运输车逐年增加。有小型运输车78辆，大型运输车2辆，客运汽车61辆，其他农用车4辆；2010年，村民购买大型自卸车30余辆，多为斯太尔、华骏、奥龙、北方奔驰等；2018年，刘长林双林车队有运输自卸车19辆。

第五章 农 业

大卞庄村位于天津市西北部，农业生产历史悠久。新中国成立前，土地多为资本家及富家等少数人占有，生产条件极其低下，农作物产量低。新中国成立后，大卞庄村在党的领导下，先后进行土地改革、农业合作化、人民公社化、农村家庭联产承包责任制等农村经济管理体制改革，使农业生产在波折中发展。粮食生产由1963年的1.7万公斤增加到1980年的19.45万公斤。中共十一届三中全会后，社员劳动积极性大大提高，生产力得到发展，粮食及蔬菜种植面积大增。养殖业起步于50年代，90年代养殖专业户增多。2007年始，随着城市化进程加快，村内农业种植业、养殖业终止。

第一节 生产关系

一、土地改革

土地改革前，大卞庄村土地为少数人占有，多为资本家及官僚购买田地建置坟茔，坟地附近的土地也归他们所有。村域内有陈家坟、杨家坟、顾家坟、丁家坟等。偶有因年限久远，坟地主死亡殆尽的田园，看坟人即将田园据为己有。据村里老人讲，村内土地大多为“陈家粮田”，是当时最大的“庄头”，占全村田园的70%；也有村内富户自己购置土地，雇人种植作物。

1949年3月15日，中共天津县委做出《关于四十天农村工作的决定》。大卞庄村农会开展第一次土地革命运动（称之为“四十天运动”），没收地主土地、房屋、牲畜、车辆和所有生产资料，分配给无地、少地的农民使用。4月20日，土改运动结束。

1951年12月19日至1952年1月5日，大卞庄村按曹庄子村的做法，进行第二批土改。1955年，进行土改补课。经过土地改革、土改补课，贫农、雇农占有的土地、农具、牲畜有所增加。

二、农业合作化

（一）互助组

1953年，大卞庄村27户农民自发组织成立两个互助合作组织：一个为“稻田组”，王瑞堂、孙士文为负责人，尚家俊为会计（记工员）；另一个为“农田组”，朱善亭为负责人。

互助组的经营方式一般采用民主管理、等价两利、定期找平补齐的办法；还有的采取按股份分红或确定人力、畜力互换标准，搞好农具和人工换算。互助组有组长和记工员，一起参加劳动，评工记分。

1954 年，大卞庄村有 3 个互助组，户数 14 户，有男 35 人、女 32 人；有园田 22.76 亩，旱田 151 亩；有牲畜 5 头、大车 6 辆、水车 19 辆；有中农 6 人、贫农 7 人。

（二）初级农业生产合作社

初级农业生产合作社（简称初级社），一般是在互助组的基础上发展起来的。

1955 年，在“一化三改”政策指引下，初级农业合作化出现高潮。全村有 90% 以上的村民走上合作化道路，并改称社员。大卞庄村成立 4 个初级社，即先进一社、先进二社、先进三社、先进四社。一社队长为王瑞堂、会计为孙玉春，二社队长为朱善亭、会计为孙耀勇，三社队长为刘凤泉、会计为刘凤雁，四社队长为陈义生、会计为孙玉章。

社员在自愿互利的原则下将土地、大型农具、耕畜等主要生产资料入社，统一经营和使用，按照土地的质量和数量给予适当的土地分红，为“劳七地三”，即劳动力工分分得全年总收入的 70%、入股的土地分得总收入的 30%。其他入社的生产资料也付给一定的报酬。社员根据按劳分工分配的原则取得劳动报酬，产品由合作社统一支配。初级社有一定的公共积累。绝大部分初级社实行土地入股分红，先进一社实行按劳分红。

初级社制定脱产工作人员管理规定，30 户以上的社，规定社长、会计两人为脱产人员。不足 30 户的，社长为脱产人员，会计给予补贴；脱产人员稍高于同等劳力的劳动分红。为保证生产统一时间，各社设立一根高高的旗杆，以红旗的升降作为田间劳动社员上工和收工标志。

1955 年大卞庄村初级社情况表

表 6

社名	入社户数（户）	入社人口（人）			入社劳动力（人）			实际参加劳动的（人）			入社土地（亩）				耕畜（头）	公有耕畜（头）	
		男	女	合计	男	女	合计	男	女	合计	合计	园田	稻田	旱田		数量	占入社
先进一社	126	361	366	727	203	116	319	203	116	319	1677.060	285.910	404.28	986.87	26	26	100%
先进二社	57	145	99	244	77	22	99	77	19	96	614.999	119.379	62.00	433.62	9	9	100%
先进三社	37	78	85	163	41	21	62	41	21	62	439.530	79.750	48.95	310.83	8	8	100%
先进四社	28	67	62	129	41	24	65	41	12	53	271.020	73.760	11.50	185.76	8	8	100%
总 计	248	651	612	1263	362	183	545	362	168	530	3002.609	558.799	526.73	1917.08	51	51	

（三）高级农业生产合作社

高级农业生产合作社（简称高级社），规模较初级社大。1956 年 1 月 17 日，初级社向高级社过渡。大卞庄村与该乡曹庄子村联合成为“满天红高级农业生产合作社”，亦称“联合社”，属集体性质。每人入社要交两份股金，即生产费股金和固定资产股金。土地属集体所有。联合社有 5 个生产队，其中曹庄子村有 3 个生产队，大卞庄村有 2 个生产队，另有 1 个青年队由两个村的男女青年组成。

高级社制定社章，设立管委会和监委会。管委会下设若干职能股。社内统一核算。高级社取消土地入股分红，完全实行按劳分配的原则，即土地所有权、使用权和收获物分配权归集体所有。社员不再以土地分红，而凭参加集体劳动量分配，推行“包工包户、超产奖励”的管理方法。联合社组织青壮劳力大兴农田水利改造建设，从南运河北岸至西青道开挖排水河、排水渠 100 余条，经过两个月的昼夜奋战，使村北的蛤蟆洼万亩土地（曹庄子、大卞庄两个村的土地数）变成示范田，彻底改变蛤蟆洼盐碱地十年九不收的历史。同时将该社的男女劳动力进行合理分配，形成 21 个生产队，其中曹庄子村有 12 个生产队、大卞庄村有 9 个生产队。该社实行“包工包产，超产奖励”的方法。联合社指派刘文汉负责上报蔬菜上市销售计划。分队立账户，社里统一核算。在劳动力管理方面，推行“劳动定额”方法。社员的劳动报酬，要通过其每天的劳动出勤所完成定额情况计算应得劳动工分，作为年终分红的依据。

1956 年满天红高级农业生产合作社组织领导一览表

表 7

姓名	性别	职务	备注
张开富	男	满天红联合社书记	
卢金彪	男	满天红联合社社长	
年建章	男	满天红联合社副书记、管委会委员	
刘凤泉	男	满天红联合社副社长、管委会委员	
贾金荣	女	满天红联合社管委会委员	妇女委员
孙耀勇	男	满天红联合社管委会委员	财务委员
尚家喜	男	稻田队队长	
尚家荣	男	园田队队长	
孙元礼	男	青年队队长	曹庄子、大卞庄青年组成

三、人民公社

（一）组织变革

1958年8月，人民公社成立。12月，大卞庄村并入“红旗人民公社”大稍直口管理区。按照“一大二公”的原则，人民公社组织上实行“政社合一”体制，“工、农、商、学、兵”五位一体，经济上实行“供给制”与“工资制”相结合的分配制度。社员劳动、吃饭均以敲钟为号，统一社员上下工及劳动时间。评定社员3～6元的工资。社员医疗费，由集体全部报销。公社对生产资料、劳力、粮食等实行“平调”（也称“一平二调”），即在人民公社内实行平均主义的供给制，对生产队劳力、财物、土地无偿调拨。

1961年，取消公社管理区和联村核算制，实行公社、生产大队和生产队三级所有，生产队为基本核算单位。村为生产大队，负责村内民政、民兵、治安、文教、卫生等行政事务，队部设队长、副队长、会计、保管等。大卞庄村生产组织调整为16个生产小队，落实评工记分制度，按劳分配；集体食堂取消，恢复家庭生活方式。

1969年，大卞庄村实行“一元化”大联合，采取生产大队核算制，将16个生产小队改编为4个管理区。1971年，生产组织采取“老中青三结合”管理模式，将4个管理区调整为14个生产小队，以生产小队为独立核算单位，按全年工分计算全年收入，年终结算。直到1983年生产小队分队终止。

1961—1982年，各生产小队男劳动力基本工分出一个满勤是10分，女劳动力出一个满勤是8分，1工分一般核算在6～7分钱到2.3角上下浮动。这一时期，社员的劳动工分采取“自报公议”的大寨工分制。在收入分配方面，仍然保留“三级所有”的分配原则。

1983年6月18日，西郊区委决定，将九一九人民公社改为九一九乡。随后各生产小队在中共九一九乡党委、乡政府和大卞庄生产大队的领导下，按政策落实家庭联产承包责任制。按照生产队管辖范围，将全村家庭承包责任户直接过渡到4个管理片，分成若干个村民小组，管理片负责日常服务和生产资料、蔬菜销售等统筹管理。随着市场经济不断完善和需求，各家开始自主种植、管理、交易，自行掌握生产经营自主权。

从互助组、初级社、高级社到人民公社，大卞庄村生产体制多次变革，无论互助组组长，初、高级社社长，还是人民公社时期的生产队队长，都为大卞庄村的农业生产和经济发展做出了贡献。

（二）公共食堂

初期的人民公社大办公共食堂，由各家小灶改为吃公有化的大食堂。同年，大卞庄村生产大队在后街建起一日三餐集体统做统吃的大食堂。社员免费在食堂吃三餐。当时正处在“大跃进”时期，食堂伙食较好，食堂管理员为石景成、孙月明、刘凤彩、佟世荣等。

1960年7月，响应党中央“节粮度荒”决定，实行人口粮食定量供给制，响应“低标准，瓜菜代”号召，社员以瓜菜代替主食。冬闲少吃，农忙多吃，并将大食堂改为数个小食堂。学校食堂，坐落在刘文仁磨坊处，管理员为尚家明、宋殿生；幼儿园食堂，坐落在三社马棚处，管理员为刘玉珍；托儿所食堂，坐落在缝鞋组处，管理员为王恩兰、李德敏。

1959—1961年，从大食堂吃好吃饱，到忍饥挨饿，社员们艰难地度过了这个困难时期。

（三）连队食堂

1959年，大卞庄村将9个生产队改编为大稍直口管理区民兵团第五连、六连、七连、八连，实行组织军事化、行动战斗化、生活集体化，准军事化管理。各连队分别建立食堂：五连在尚家生院内，管理员为葛春和、刘凤彩；六连在孟兆文院内，管理员为刘学智；七连在宋家大院，管理员为孙元礼、李学昆；八连在后街磨坊处，管理员为孙华仁。后领取食品由各家自己解决。食堂取消，恢复家庭生活方式。发放粮本，按人口供应。

四、生产队队长、会计

1961年人民公社时期大卞庄村历任生产小队队长、会计一览表

表8

生产单位	生产队长	会　计
生产一队	刘文科、石景成	石景春
生产二队	佟世英	张铁城
生产三队	孙广维、尚家生、刘凤彩	尚家信、孙广林
生产四队	孙广维、石景成	宋金第
生产五队	孙华才	张宝书、宋瑞谭
生产六队	刘学新	石会友、孙元英
生产七队	陈义生、刘凤红	王玉荣

续表 8

生产单位	生产队长	会 计
生产八队	刘学智	刘文富
生产九队	张铁才	刘金铎
生产十队	刘文甫、葛春举	孙月勇、刘学会
生产十一队	王起成、葛春和	孙月田
生产十二队	孙元礼、王治本	马春刚、刘恩发、刘恩华
生产十三队	刘凤宇	尚家敬
生产十四队	孟广起	刘恩桐
生产十五队	陈义才	孙志强
生产十六队	陈义祥	李德玉、门玉兰

说明：由于生产组织队长更换频繁，资料不全

1969 年“一元化”时期历任生产小队队长、会计一览表

表 9

生产单位	生产队长	会 计
生产一队	孟兆元、刘家柱	尚家俊
生产二队	刘恩桐、石桂友	孙志华
生产三队	左维山	姚桂琴
生产四队	孙广维	孙继增
生产五队	李守先、尚家福	刘洪娟
生产六队	刘恩起	刘富霞
生产七队	葛春祥	刘文富
生产八队	佟世香	刘学礼
生产九队	姜伯永	刘玉山
生产十队	张兴旺	孙桂梅
生产十一队	孙志强	刘玉萍
生产十二队	佟国祥	刘欣娜
生产十三队	李兴让	刘恩桂
生产十四队	刘恩起、孙志江	孙继龙、马全忠

说明：由于生产组织队长更换频繁，资料不全

部分生产队会计合影（前排左起：马全忠、石会友、尚家俊、孙继增、刘恩发、刘学礼；后排左起：刘恩桂、孙志华、刘欣娜、孙洪阳、刘玉山、姚贵琴、刘洪娟、刘玉萍）（刘恩发提供）

五、家庭联产承包责任制

西郊区人民政府土地承包使用证
（李兴成提供）

1983 年后，实行家庭联产承包责任制，也叫“单干”。各生产小队将生产资料、农用工具、牲畜等作价折算分给社员。当时分配土地的方案叫作“三田制”，即责任田、自留田、口粮田。责任田为男性劳动力每人 1.17 亩、女性劳动力每人 0.86 亩，非劳动力每人 0.6 亩；自留田每人 0.02 亩；口粮田稻田每人 0.3 亩，旱田每人 0.4 亩；1988 年、1997 年村委会对村民承包园田、稻田又进行部分调整、划分。

六、土地流转

2007 年 10 月，大卞庄村进行平房改造工程，部分地块进行整理转让，集体土地逐渐减少，村民土地承包也根据发展形势，村集体依法将村民土地使用权收回。农业生产逐渐退出村民生活。适龄村民每月均享受村就业补偿。

第二节 生产条件

一、劳动力

新中国成立前，大卞庄村耕地较少，直接从事农业生产的人口不多。村民从事“看坟地”维持生活的颇多。也有少数人从事看管葡萄园、收粮食、加工粮食、赶大车等短工。也有在村内经商和外出学徒、打杂谋生的劳力。

新中国成立后，从事农业生产的人口和劳动力大大增加。70 年代末，从事种植业生产的劳力一直占劳动力总数的绝大部分；80 年代初，乡村企业迅速发展，第二产业劳动力逐渐增加。出现村民雇用临时工的现象，按包天、包活核算工钱。

1976 年 12 月，大卞庄村有 594 户、3056 人。其中贫下中农人口 2620 人，有贫下中农 528 户。有劳动力 1316 人。有整劳动力 1042 人，其中男劳动力有 547 人、女劳动力有 495 人。

1986 年，大卞庄村总人口 3380 人，户数 903 户；劳动力 2168 人，其中整劳动力 1859 人（男 789 人、女 1070 人），半劳力 309 人（男 160 人、女 149 人）；从事农、林、牧、渔业劳动力合计 1343 人，其中农业 1326 人、林业 10 人、渔业 7 人；从事工业整劳动力合计 429 人，其中乡办工业 62 人、村办工业 344 人、村以下工业 23 人；从事建筑业整劳动力 150 人；从事交通运输业整劳动力 106 人；从事商业、饮食、仓储业整劳动力 46 人；从事教育、文化整劳动力 3 人；从事乡镇经济组织和社务管理劳动力 15 人；从事其他劳动力 76 人。

2018 年，全村农业人口有 3832 人，有整劳力 2300 余人、半劳力 100 余人；其中从事第二产业有 800 余人、第三产业 200 余人、交通运输 120 余人、社区临时工

100 余人、服务业 60 余人、餐饮 50 余人、其他 900 余人。

二、耕地

清末民国初，大卞庄村相对地广人稀，村民多以农耕为主。村东地块为东园子和东荒场，村西有卞家洼、上河沿和西荒场，村北为北荒场、小洼及津浦铁路南北两侧耕地。村内耕地达万余亩，由于地处河流下梢，土地低洼，曾一度积水 30 年不断，人称“三十年不倒淀”。

新中国成立后，经过土地改革，村民分得土地，加上兴建水利设施、农田改造以及平坟开荒，耕地面积不断增加。

1958 年，实行“一平二调”政策，大卞庄村津浦铁路以北及村东的大量耕地划拨给其他村队。

70 年代，按照各大洼的不同地形，改造成统一标准的方格田。在干渠、支渠、毛渠配套的基础上修建机耕道。调整村与村间的“插花”地，李家园村、西姜井村曾在大卞庄村域有土地，后划归大卞庄村。村西“姜井大坑”就是原西姜井村的“插花”地。2018 年，大卞庄村域仍有小稍直口村约 9.6 亩的“插花”地。

1972 年，旱情严重，实行“稻改旱”生产模式，将稻田改为大田种植麦子、豆类等农作物。

1980 年，大卞庄村有耕地面积 2740 亩；1995 年耕地面积 1243 亩；1998 年，蔬菜保护地面积为 1148.3 亩，其中大棚 370 亩、温室 20 亩、中小棚 165 亩；2000 年，有可耕田 1386 亩，其中园田 843 亩、粮田 543 亩（由集体承包）；2001 年，有园田约 1000 亩、大田 470 亩、鱼塘 180 亩、林果 500 亩。

1986 年以后，随着外环线、外环线辅道、西青道、道路绿化等工程征用、转让，大卞庄村耕地面积逐年减少。

2007 年 10 月，大卞庄村进行平房改造和土地整理，村民承包的土地被收回，域内已无耕地。

三、农田水利基础设施

新中国成立前，村内粮田区无法灌溉，只能靠天吃饭。菜田区因濒临南运河，村民浇地多使用杠杆水斗、人工泼斗或担水；50 年代初，在南运河岸边建五六口砖井，建齿轮水车浇灌，多用牲畜拉车或人力进行作业。

大卞庄村域地势低平，地表积水很难自流排出，加上每年降雨极不平衡，经常出现春旱秋涝，甚至连旱连涝。又因地下水位高，径流不畅，土壤盐碱化严重，旱涝、盐碱历来是村内农业生产的主要危害。大卞庄村有两次较大的农田水利建设，目的是开垦稻田，改旱田为稻田，种植大面积的水稻。1939年，日本侵占时期，在津浦铁路以北、子牙河以南这片土地上，挖若干条排涝水渠，并在子牙河边建起较大型的水泵站，由韩国农民耕种水稻，充当日本军粮。随着日本战败，设备被拆毁。第二次是1956年，这次开垦稻田改造的是津浦铁路以南的大片洼地，并引用子牙河水泵站提水浇灌。

60年代，在“农业学大寨”高潮中，大兴农田水利设施，水泵和机井逐渐增多，电力化程度不断提高，浇灌覆盖面加大。各生产小队在抗旱工作中，在多处园田打压把井（浅层4 ~ 5米）供生产用水。

1972年，西郊区开挖东场引河。村集体相继开挖中河、大河主干渠及次支水渠等，在东引河、曹庄家后建成两个大瓦力的扬水站，输送东引河水供稻田、园田浇灌。随着农田排水工程不断完善，村域排涝能力普遍提高。

1986年，外环河修成；90年代，村集体先后挖掘10余个水塘，供村民生产需要，并承包给村民发展水产业；至2007年，大卞庄村依靠域内河、渠、塘等水资源，保障村民生产用水。

外环河大卞庄村段（2014年李兴成摄）

四、农机具

农业最传统、最基本的农具有“耧、犁、耙”三大件。后来发展为电动化、机械化耕播、生产。1980年，大卞庄村农机拥有麦子脱粒机28台、扬场机10台。1983年后，村委会为满足村民生产需要，陆续购买20余台水稻脱谷机（俗称“裸子”）、麦子脱粒机、粮食扬场机等安放在麦场内。

（一）大型器具

耧：主要用于开沟种地，是古代播种用的农具。多为一腿耧，后来发展为两腿耧、三腿耧、四腿耧。主要用于小麦、玉米、高粱、谷子的播种，用牲畜牵引，后面有人把扶着作业。也有用人力牵引的。

犁：有老式犁和七寸犁，是翻土的农具。犁头为铁制，犁身为木制（也有铁制），

耧

犁

耙

多用牲畜牵引用于翻耕水田、旱田。70 年代使用双轮双铧犁，多使用拖拉机、轨拖拉机进行耕地、播种，主要有旋耕犁、镇压器等。

耙：有立耙、平耙，是一种平整表层土壤的农具，耕作深度一般不超过 15 厘米。有疏松土壤、保蓄水分、提高土温等作用。旱田、稻田均可使用。较早人力作业，后多使用牲畜、拖拉机进行平整作业。

（二）其他农用工具

耕作器具：耘耙、钉齿耙、小碌碡、砘子、镐等。

田间管理锄草、松土工具：手锄（锄刀子）、耕锄、大镐、小镐、铁锨、平锨、瓦垄锨、刮铲、铧子、三齿镐、四齿镐、洒耙等。

除虫害工具：喷雾器、喷粉器（喷液体或粉状药物）、水机子等。

灌溉工具：水车、扬水泵、潜水泵、泼斗、压把井等。

收割工具：镰、刀等。

运输器具：扁担、土篮、抬筐、背筐（粪簸）、独轮车、双胶轮手推车、胶轮马车、木船、铁皮船、拖拉机、汽车等。

场院器具：木锨、刮板、三股木杈、四股铁杈、碌碡、簸箕、笸箩、扫帚、笤帚、铁丝筛子、铡刀、玉米脱粒机、麦子脱粒机、稻谷脱粒机、扬场机、风车等。

农产品加工工具：石磨、石碾子、电磨等。

容器：麻袋、尼龙袋、坛、罐、缸、囤、筐、篓、粮仓、仓房等。

丈量工具：皮尺、绳尺、升、斗、石、斛、杆秤、案秤、地秤等。

五、肥料

粮田多施用大粪、圈肥、炕灰等农家肥。除施用农家肥外，化肥的用量渐增。高级农业生产合作社时开始施用硫氨化肥，多数用在农田里。人民公社化以后，施用的化肥主要有氨肥、尿素等。60年代，大力提倡养猪，提出“一亩地一头猪”“一口人一头猪”的口号，一方面可以为城市提供生猪，另一方面可以大量积肥，粮田区得以大量施用农家肥。70年代，生产队派大车或派5 ~ 6人驾驶大车，靠人力到天津市区收集生活垃圾或挖污泥，发酵后施用；生产队除施用氨肥、尿素等化肥外，还购买氨水施用于稻田、麦田、园田内。80年代，出现二铵、复合肥等。90年代始，村民施用的化肥主要有复合肥、尿素、二铵等。农家肥则有大粪、鸡粪、城市垃圾等有机肥料。

第三节 农作物种植

大卞庄村为农业村，先民以耕作种植为主，养殖为辅。

新中国成立后，村民以种植玉米、高粱、小麦、棉花等大田作物为主，豆类小杂粮为辅。因农业生产条件差，农作物一年一季，十年九涝，广种薄收。50年代中期，由于农田地势较洼，不易种植小麦、高粱、玉米，逐渐将大量旱田改为稻田。1972年，因旱情严重，进行大面积“稻改旱”农田改造。

一、粮食种植

（一）规模

1963年，生产大队粮食总产量17384.5公斤。包产任务合计产16836.5公斤，其中缴农业税4013.5公斤、出售国家7850万公斤、分给社员4097公斤（其中薯折粮304.5公斤）、留种子587.5公斤、留饲料288.5公斤；超产部分合计产548公斤，其中出售国家174公斤、分给社员199公斤、留种子175公斤。

1966年8月，大卞庄村春夏播种总面积达1830亩，其中蔬菜种植面积1308亩；夏收作物产量，收获面积277亩，总产量3.04万公斤；其中小麦10亩、产量1726公斤，大麦267亩、产量2.92万公斤；卖给国家2000公斤、预留饲料0.82万公斤、种子0.9万公斤、分给社员1.125万公斤，分配人数2335人。

1975年，大卞庄村第三、四生产队，实现粮食上“纲要”任务。

1980年，夏收农作物播种总面积1734亩，总产量约19.45万公斤，其中集体播种面积 1635 亩，产量约 18.85 万公斤，社员播种面积 98 亩，产量约 0.6 万公斤；其中冬小麦播种面积 933 亩、春大麦播种面积 801 亩。

1990 年，村民种植水稻 440 余亩，产量 34 吨，产值 7 万余元，平均亩产 386 公斤；1995 年，村内粮食种植面积 460 亩，产量 19 万公斤；村民种植玉米、豆类面积较少，多为自家食用。

（二）主要品种

水稻　1955—1970 年，村集体稻田种植面积不断扩大，北至津浦铁路北、南至田地涵洞、东至陈塘支线、西至曹庄家后。稻谷种植为“野地黄金”“野地白金”“野地银芳”等品种，亩产可达 300 ~ 350 公斤，一片片金灿灿的稻田颇为壮观。

1959 年 9 月 19 日，中共中央主席毛泽东视察大卞庄村蛤蟆洼稻田，并给予充分肯定。

1983 年，农村家庭联产承包责任制后，水稻仍为村民主要粮食作物。在津浦铁路与西青道之间有各家的“芽子湫”（专门培育秧苗的田）。经过 45 天培养下地插秧，再到 10 月中旬开始收割；稻谷主要品种有（津）1187、1189、341 等，亩产 350 ~ 400 公斤。大卞庄村种植的稻谷因水好、地肥，而饱满、糯香，加工后的稻米品质白亮、有油性，在该地区很有名气。

高粱　早期主要农作物之一，是村民主食。村域土地多涝，适合高粱生长。当地高粱分为白高粱、红高粱、黏高粱 。1972 年大旱，曾在稻田播种杂交品种“多穗高粱”，但收获甚微。

（三）播种方式

大卞庄村旱田农作物传统播种方式分为垄播、插播两种形式。垄播的有麦子、高粱、玉米、谷子、黍子等。麦子播种行距为 20 寸（1 寸≈ 3.33 厘米）、株距为紧密型；高粱、玉米行距为 12 寸、株距为 8 ~ 10 寸；插播作物主要是水稻，行距为 5 寸、株距为 5 寸，俗称“甩五退五”，每墩 10 ~ 20 棵秧苗。播种秋小麦采取“四密一疏”方法，四密的行距为 6 寸，一疏的行距为 20 寸左右，在这一疏的土背儿上，能套种两行玉米或高粱；播种高粱或玉米时，甩出适当土背儿，可以套种黄豆、绿豆、黑豆等作物。

二、蔬菜种植

（一）种植品种

50 年代，村民种植蔬菜多以自食为主。主要有白菜、萝卜等“粗菜”品种。

60年代至80年代中期，生产队种植的蔬菜品种少，亩数多产量大，多为露地“大路菜”。

80年代初期，家庭联产承包责任制实行后，社员生产的积极性大增，为提高产值效益，全村95%以上的菜农户建蔬菜大棚，少部分建了温室暖窖，露地蔬菜种植则采用塑料薄膜覆盖或扣薄膜小笼以增加湿度和养分。主要种植五叶茄、津研4号黄瓜、双季豆豆角、农科1号辣子、北京大粉西红柿等品种。

90年代，村民在种植传统蔬菜品种的同时，按照市场需求，不断引进新品种。以种植“细菜”为主，新增生菜、油麦菜、香芹、秋葵、小西葫芦、苦瓜、小西红柿、西蓝花、紫绿甘蓝、苋菜等品种；1995年，村民种植蔬菜面积2027亩，总产量663万公斤，总产值534万元；其中白菜350亩，包括中核桃纹品种330亩、小核桃纹品种20亩；品种有津青“9号”150亩、津青“75号”100亩、津青“8号”80亩、津青“55号”20亩。

（二）新品培育

1942年，大卞庄村王璧、王起顺、李士勤、王志信等几家农户，从北京引进茄子、西红柿等蔬菜新品种，开始率先使用阳畦育苗。

同年，村民王金富最早种植引进的茄子品种，成为天津市场的畅销货。最初，北京茄子的顶端呈绿色，经过王金富多年的精心培育，将北京茄子改良至纯黑皮油亮的品种，茄子个大、皮黑油亮、籽少水分低。市场给命名为大卞庄“王家二茛茄子”；又经过菜农几十年的培育，逐渐形成在该地区颇有影响的种植品种，成为大卞庄村的特色产品和各户种植的主要蔬菜之一。

茄子　“二茛茄子”为中熟种，果实呈圆球形、稍扁，表皮紫色，果顶部略浅，有光泽。单果重750克以上，最大果实可达1500克。果肉白色致密细嫩，籽少品优，一般亩产约5000公斤；茄子主茎上的果实称“门茄”，一级侧枝的果实称为“对茄”（也叫二瞪），二级侧枝的果实称为“四面斗”，三级侧枝的果实称为“八面风”，以后侧枝的果实称为“满天星”。因茄子品质好，赞誉度极高，闻名华北、东北等地区。90年代后，东北、河北、华北等省市商贩常到村田间菜地收购茄子。

特产蔬菜“大白菜”

大白菜　主要种植津青“75号”等青麻叶大、小核桃纹系列。分队前，每个生产队都大面积种植，亩产约 7500 公斤。单棵白菜约重 7 公斤，俗称“御河白菜”，以嫩、甜、菜帮薄闻名天津市。

莴笋　80 年代始，村民开始种植莴笋，品种有白笋、青笋，多种植白笋。分春、秋两季种植，春季在春节前将秧苗栽播到塑料大棚内，一般 70 ~ 80 天长成，转年 4 月开始收获，亩产 3000 ~ 4000 公斤；9—10 月秋季栽播，一般种植青笋。

冬瓜　多种植青皮冬瓜，单瓜约重 15 公斤。80 年代初，由村民尚洪忠从怡和村引进品种。

三、花卉种植

解放前，大卞庄村民就有种植花卉的传统，销往天津及杨柳青。

1983 年，实行分田到户后种植花卉的村民较以前增多，刘学海、王守芳等养花专业户，自建花窖暖室、大棚种植牡丹、茉莉花、吊兰、菊花、月季、海棠、长寿花等花卉，并形成一定的产量和品牌，供市民采购。

1986 年，大卞庄村集体在村北建一处占地 10 余亩的花场，李守先任场长，马全忠任会计。主要经营南花品种和盆景，并自繁种植牡丹、月季、串红、瓜叶菊、云竹、麦冬、菊花等花卉。

2005 年，村民种植花卉面积 590 亩，其中暖窖 148 亩、暖棚 324 亩、露地 118 亩。

组团盆景（王东华提供）

大花蕙兰（尚洪云提供）

80 年代始，多数村民庭院种植美人蕉、草茉莉、大丽花（山芋花）、月季等；2012 年，村民居住楼房以种植君子兰、茉莉、杜鹃、牡丹、绿萝、龟背竹及兰花科系列等盆栽、绿植者居多。

第四节　农业科技

一、保护地设施

1956 年，高级农业生产合作社时期，农业生产开始使用阳畦秧苗，主要培育茄子、圆白菜、黄瓜等秧苗。阳畦育苗工作一般由生产队有经验、年岁大的社员管理（俗称“老农”）。

同年，由天津市相关市政单位提供玻璃、木框等材料，在北面小学运河处，建成大卞庄村第一个长 40 米、宽 6 米的蔬菜暖室，当时培育作物主要有黄瓜和其他季节蔬菜。孙士清、张铁亮为管理员。

2002 年，村委会投资 120 万元在外环线西侧建成大卞庄农业科技种植园，种植园占地 56 亩，有 32 栋暖窖，每栋宽 9 米、长 40 米，院落宽 10 米、长 40 米，总面积 800 平方米。主要以种养花卉、蔬菜为主。2011 年秋，种植园因地铁 2 号线征地被拆除。

二、科技队伍

1976 年，大卞庄村成立农业科技队，队长为刘凤林，技术员为张铁城、郭福兴。有孟兆玉、李兴唐、李桂英等队员；建 3 座暖窖，主要育植麦子、稻子、玉米良种及冬瓜、黄瓜菜种和葡萄秧苗等。

1984 年，大卞庄村成立园林队，也称“林业队”，主要业务是秧植培育树苗等。队长为刘学智，技术员为王金富、李景福。冬季利用暖窖种植反季节蔬菜——黄瓜，黄瓜价格每公斤 6.5 元，成为紧俏蔬菜。

2001 年，大卞庄村民陈宝林被西青区农民技术人员职称评定工作领导小组评为农民技师，刘恩群被评为农民技术员。

第五节 养殖业

一、畜禽养殖

（一）小牲畜

猪 饲养生猪历来是村民一项重要的传统养殖业，也是主要收入来源。

新中国成立后，生猪多为当地传统品种。初级农业生产合作社时期引进哈白猪。60年代初，猪的品种逐渐改良。

1960年，大卞庄村集体在荒场建第一座养猪场，场地面积约1000平方米。猪场规模较小，年存栏生猪100头左右；在“一亩地一头猪”“一口人一头猪”口号的鼓励下，除集体猪场外，多数家庭也开始圈养1～2头生猪。70年代，养猪场迁到铁道东边，规模扩大，年存栏生猪约200头，由张宝瑞、李士海、刘善华等人负责管理，并建兽医站，李德太、宋瑞才、尚洪旗、刘玉强等先后任兽医。

计划经济时期，集体或个人饲养的生猪，除自食外，不准个人自由屠宰贩卖，上市必须交售到小稍直口食品收购站。由验收员评级定价，生猪需达到65公斤以上。80年代末，生猪可以自由屠宰销售。

1992年后，养猪专业户增多。王桂敏、刘玉起、刘学龙等村民年养殖生猪均在100～200头。

1998年，随着猪饲料价格的上涨和生活的改善，各家陆续不再养猪；2009年年底，存栏成猪及猪崽约500头的最后一家个人养猪场，因永旺商业建设被拆除。

羊 新中国成立初期，村民养殖羊的较少。70年代，社员养殖羊的渐增，数量均少，为社员自养。主要品种有绵羊（大尾羊）、山羊等。70—90年代，养殖50只羊以上的户有孙玉成、徐松兰、李兴吾等。

（二）大牲畜

新中国成立前，大卞庄村的大牲畜主要有牛、马、驴等，多为当地传统品种，均为役畜，为富户人家自养。50年代实行合作化，大牲畜入社，变为集体饲养。这一时期大牲畜数量渐增，为生产队主要运输生产力；80年代，各生产小队实行家庭联产承包责任制后，社员作价分得生产队的骡、马、驴等牲畜，用于生产，有时为社员运输货物赚取少许费用。1986 年，大卞庄村有大牲畜 128 匹、头，其中马 8 匹、骡子 55 头、驴 65 头。

90 年代后期，随着人们生活水平的提高，村民开始使用汽车、机动三轮车运输，大牲畜数量下降。2016 年年末，最后几匹大牲畜在人们的生活、生产中消失。

（三）禽类

改革开放前，村内养殖的家禽主要有鸡、鸭、鹅、鸽子等，多为社员零星散养，供己食用肉、蛋或观赏。

1990 年，石友元、宋金宝、刘凤水、孙志领、李兴柱等村民，利用原生产队马号或临建房屋养殖蛋鸡。1995 年，全村蛋鸡存栏 3.62 万只，蛋产量 36.2 万公斤，产值 141 万余元，大卞庄村成为天津市商品禽蛋主要供应基地之一。

2000 年，村民自建养鸡场 17 个，养鸡劳动力 35 人，鸡的品种主要有京白系列、伊沙褐等。后因饲料上涨和市场因素，养鸡户逐渐减少。2008 年，大卞庄村最后一家养鸡场被拆除。

二、水产养殖

（一）食用鱼养殖

新中国成立后，随着农田水利的兴建和优质的水源，在村域河、渠、坑塘中，河蟹、草虾、鲫鱼、鲤鱼等野生鱼虾较为常见，且品种多、数量多。

1958 年，随着海河二道闸的建成，南运河上游水源黄河水被阻断，河蟹在村域内逐渐减少直至绝迹。

1986 年，大卞庄村开始养殖白鲢、鲤鱼、鲫鱼等淡水鱼。第一个养鱼池为村集体所有，由佟世香负责管理。第一年渔产大丰收时，每户村民均分到四五条白鲢。

90 年代初，石明友、杨文池、李成志、孙洪光等村民先后承包鱼塘养殖，部分鱼塘是白鲢、鲤鱼、鲫鱼、草鱼等品种混养。

1995 年，大卞庄村养鱼面积达 180 亩，产量 59.4 吨，产值 20 万元；由养鱼户 15 户，渔业人口 38 人，渔业劳动力 15 人，渔船 5 艘。2000 年后，增加水塘面积 213 亩。

部分养鱼户开展新的经营模式——休闲渔业。池塘对外垂钓，即休闲、旅游、饮食、观赏与现代渔业生产的有机结合。养殖户李成志率先在自家鱼塘旁经营农家饭馆，并为食客加工自钓鱼产品。

随着城市化建设进程的加快，至 2018 年大卞庄村只有李子良一户有 12 亩养殖水面。

2006 年大卞庄村淡水养殖生产情况表

表 10

养殖总面积（亩）	总产值（万元）	利润（万元）	养殖总产量（吨）	其中							休闲渔业			
				鲢鱼	鲤鱼	草鱼	良种鲫鱼		南美白对虾		垂钓		观赏鱼	
							套养		主养		池塘		面积（亩）	出池（吨）
							面积（亩）	产量（吨）	面积（亩）	产量（吨）	面积（亩）	产量（吨）		
170	110	63.8	140	30	65	19	130	12	30	14	0	0	15	20

（二）观赏鱼养殖

1998 年，兴起养殖观赏鱼。王桂全、孙云芳、刘洪梅等村民利用暖室和屋舍发展观赏鱼养殖，有孔雀、燕鱼、锦鲤、金龙等上百个品种。杨文池以养殖银龙鱼为主，经常有各地商户前来购买观赏鱼。

三、其他养殖

（一）犬类

村民养柴狗较多，多用作看家护院。90 年代至 2018 年，村民养殖宠物犬渐增，京巴、鹿狗、吉娃娃、金毛、德国青背（俗称“狼狗”）等品种深受人们喜欢。

（二）其他

90 年代初，有村民小规模养殖哈白兔、蝎子、甲鱼、鹌鹑等。年金山、孙志领、刘善敏等村民开始养殖观赏鸟，品种有鹦鹉、红嘴等。至 2018 年，仅有刘善芳一家养殖观赏鸟，有粉珠等品种。

第六节　林　果

大卞庄村历来以农耕为主。由于地势较洼，不利于发展林果经济。

解放前，村民多在屋前屋后种树，不成规模。村域坟地内有“风水林”，但树种单一。50 年代，响应号召，种植“四旁”树，开始大量种植树木。1979 年始，逐年开展植树活动，无经济林木。80 年代末，在外环线西建果园，经济效益一般。

一、果木

新中国成立前，村内无成片果园，村民在村旁、庭院有少量种植。有少数户种植大面积葡萄。

1987年，大卞庄村集体在外环线西侧占地313亩建经济果园，由张桂东、李万全、李子良等村民承包，主要种植苹果树、梨树、桃树。少数村民庭院种植苹果、梨、柿子、葡萄和石榴等果树。1993年，果园种植苹果树167.4亩、桃树81亩、梨树65亩。1997年年底，果园被收回。2011年，运通花园内栽植少量果树，有海棠果、石榴等。

二、林木

1924年5月5日，《益世报》刊登桑蚕讲习所成立。天津劝业所所长邓庆澜，为推广养殖蚕桑，在杨柳青假民五女小学组织蚕桑讲习，科目则以制丝、养蚕、栽桑为主，还开展饲养实习。所用桑叶，由“卞家庄”苗圃供应。

新中国成立前，村内树木皆为自家种植或自然生成。大卞庄村有5棵较有名气的大槐树，分别坐落在薛家、李家、刘家等院落，树冠直径近500平方米，树干直径约1米。70年代以前，随着居住环境的改善大槐树被陆续砍伐；2018年，南运河西岸李德顺房后仍留存2棵树龄100余年的老槐树，为西青区政府保护树木。

50年代初，大卞庄村志德小学学生在老师的组织下，每到春天剪下柳树、杨树等枝条，在学校周边等地扦插枝条搞植树绿化。

70年代始，随着大规模农田基本建设，大卞庄村大力开展“四旁”绿化植树造林活动，在村旁、宅旁、路旁、水旁等栽植杨树、柳树、槐树等树种，并持续至90年代末期。

1980年，大卞庄村人造林地10亩，年末育苗12亩；1986年，年内种植“四旁”树2200棵，合计种植树木2.72万棵；1990年，年内种植“四旁”树1550棵，合计栽植树木3.35万棵。

1991年，大卞庄村被天津市绿化委员会授予“天津市绿化先进单位”称号。

百年大槐树（2019年李兴成摄）

1993年，村内有各类树木2万株，

其中杨树8000株、柳树8000株、榆树4000株；1995年，村内种植树木511亩、1.45万株。植树品种主要是杨树、柳树、榆树、槐树、椿树等，以杨树、柳树居多。榆树因易发病虫害，逐渐被砍伐。

2011年，运通花园小区建成，绿化率达40%。小区按照春、夏、秋、冬四季栽植乔灌树木，品种有银杏树、海棠树、红叶椿、紫叶李、竹子、黄杨、冬青、碧桃等，达到三季有花、四季常绿。

小区绿化（一）（2019年李兴成摄）

小区绿化（二）（2019年李兴成摄）

2015年3月，大卞庄村委会组织20余名后勤工作人员，参加中北镇南水北调管理处周边、外环线西500米绿化带的植树造林活动。

2018年11月，大卞庄村委会加强“四清一绿”“环境卫生大清整”等工作，投资50余万元在村平房区域栽植约6000棵杨树。

第六章　工商业

新中国成立前，大卞庄村以农业为主。60 年代，队办工副业综合加工厂建成。改革开放后，村办企业发展迅速，规模持续扩大，形成以汽车配件为龙头、多门类并存的发展格局。与此同时，第三产业得到发展。特别是进入 21 世纪，第三产业发展领域更加广阔，形成以汽车运输、商贸服务、租赁业为主的第三产业布局，成为大卞庄村集体经济收入的重要支撑。50 年代初，有为数不多的餐饮、百货、个体小商户。改革开放后，个体工商业发展迅速，涉及餐饮、客运、日用百货、花卉等诸多行业，大大增加了村民收入。

第一节　个体企业

一、个体手工业

（一）鞋加工

解放前，张锡平、马士珍、王长友等村民在家加工鞋口，专供天津市老美华等制鞋厂；50 年代，刘文德、刘凤来等社员加入集体劳动，从事绱鞋手工业。后改为个体经营。

（二）瓦工

70 年代至 80 年代后期，社员多从事建筑业，俗称“瓦工”。最初业务是为社员有偿建房，后发展到村外企业、单位施工作业。瓦工尚恩才擅长垒灰条墙，在业内很有名气。

（三）木工

50 年代，宋维奇、孙玉江等擅修木船；孙宝善、刘金元、刘玉祥等木工为社员加工做寿材、门窗、家具等；90 年代始，木工主要业务是房屋装修，家具作业减少。

（四）黑白铁加工

80 年代后期，村民王学江从事打铁营生，定做、修补农用工具等；张善福经营黑白铁加工，制作烟囱、炉子、簸箕、烧水壶等。

（五）电气焊

90 年代初，张善远、葛金发、孙亚林等村民从事电气焊加工作业，生产制作台式电锯和加工庭院大门、房柁等。

（六）裁缝

佟世敏、孙月会、邢春环等村民经营裁缝铺，加工定做床上用品，裁剪制作服装等。

二、私营企业

1988 年 8 月，私营企业津西中北汽车装具厂建成，该厂坐落于村西（原老拖拉机房），负责人为李元贵，有职工 21 人。主要经营汽车配件制造、汽车装具、金属冲压、电气焊加工等。

90 年代起，浙江、福建、四川等外省市流动人口陆续在大卞庄村开办民用家具、办公家具、食品加工等企业。因家具样式时尚、新颖，成为新婚家具的主流。

90 年代至 21 世纪初，大卞庄村私营企业逐年渐增，先后成立了天津市西青区瑞鑫工贸有限公司、天津市西青区亚泰音箱厂、天津市津西永庆五金加工厂、天津市西青区中发汽车配件厂、天津市津西成发天泰机械厂等数十家企业。

2003 年大卞庄村各类私营企业情况表

表 11

企业名称	法人代表	人数（人）	注册资金（万元）	主要产品	企业性质
天津市银座门窗制造有限公司	王贵武	10	300	门窗	私营
天津市飞虹冲压件有限公司	尚洪伟	10	50	汽车配件	私营
天津市李影包装制品有限公司	李建影	8	50	塑料编织品	私营
天津市银座装饰工程有限公司	王贵武	9	200	室内装修	私营
天津西青区兴达不锈钢制品厂	武奎水	11	30	不锈钢制品	私营
天津市津西中北汽车装具厂	李元贵	31	11	汽车座套	私营
天津市德发妇幼保健品厂	柴秀琴	8	10	生活保健品	私营
天津市西青区荣发肉类食品厂	张　明	8	8	酱油酱类	私营
天津市六诺生物净化设备厂	高洪涛	4	10	净化器	私营
天津市津西永利汽车修理厂	尚洪旗	19	23	汽车修理	私营
天津市西青区瑞鑫工贸有限公司	石贵友	12	50	汽车配件	私营
天津市西青区成发汽车配件厂	孙维成	13	20	汽车配件	私营
天津市西青区汇英塑料造粒厂	许　杰	8	60	颗粒塑料制品	私营

续表 11

企业名称	法人代表	人数（人）	注册资金（万元）	主要产品	企业性质
天津市万顺达工贸有限公司	胡　霞	8	50	家具配套附件	私营
天津市西青区明顺塑料厂	李玉凤	4	10	塑料制品	私营
天津市同生工贸有限公司西青公司	王玉姝	10	50	洗涤剂	私营
宏控粉末涂料有限公司	刘凤水	8	50	涂料	私营
天津市外环汽车配件厂	尚洪伟	306	351	汽车配件	私营
天津市西青区亚泰舞台音响工程公司	尚洪专	4	28	音箱	私营
天津市西青区中发汽车配件厂	年金发	13	12	汽车配件	私营
天津市西青区鑫科金属表面处理厂	郭全利	4	5	金属表面处理	私营
天津市西青区思泰纺织配件厂	赵树志	8	6	纺织器材配件	私营
天津市西青区亚泰音箱厂	尚洪图	12	5	音箱	私营
天津市津西永庆五金加工厂	刘恩庆	11	20	金属冲压件	私营

2006 年大卞庄村个体私营企业情况表

表 12

企业个数（家）			从业人数（人）			工业总产值（万元）	销售收入（万元）	利税总额（万元）
小计	私营	个体	小计	私营	个体			
66	25	40	1013	666	347	13204	13291	1019

2018 年，大卞庄村域内部分个体企业在开展专项治理“小散乱污”工作中，因生产条件不符合环保要求，全部迁出村域。

第二节　集体企业

一、队办工副业及加工企业

1963 年，村集体在刀剪厂旁建煤厂，煤球由手工制作。

1966 年，第一个村办工副业企业“大卞庄村综合加工厂”建成，也称“三角组”，以服务农业为主要业务，主要制造和修理大车、玉米脱粒机和门窗三角配件等。

70 年代初，大卞庄村成立打铁组，负责为生产队牲口钉“马掌”、修理农具等。1983 年解散。

1970 年，大卞庄村机动车车队成立，车队坐落在村铁道西，也称“拖拉机房”，先后购置 55 型拖拉机、140 型卡车、推土机等。80 年代，车队改制成天津市津西大卞庄汽车运输队，为集体所有，法定代表人为孙继海，注册资金 11.5 万元。后又相继建立绣花组、毛衣组，并从事皮鞋、餐具抛光等加工副业。加工机绣门帘、枕套和缝制毛衣领等，多为妇女劳动，可在家加工。

1983 年，大卞庄村队办工业产值：五金厂年 12.8 万元、综合加工厂 19.7 万元、装具加工厂 14.7 万元、管道配件厂 20.6 万元。

同年，大卞庄村农工商公司成立大车运输队，10 余名有大车的社员加入运输队。主要为社员有偿运送蔬菜、拉砖、耙地等。

二、企业规模

1984 年，村办企业迅速发展起来。大卞庄村利用地缘优势，与天津市三峰客车有限公司、天津市汽车制造厂、天津市客车桥厂等企业建立业务关系，生产加工汽车配件等。后相继建成大卞庄村永强冲压厂、长城汽车配件厂、环宇汽车配件厂、外环汽车配件厂等企业，形成以汽车配件为龙头、多门类并存的格局。

1990 年，大卞庄村成立工业公司（后改为信诚工业公司），总经理为孙志成，业务员有姚金城、刘学江、尚洪专等。各企业往来核算由工业公司负责，有总会计和出纳员刘富霞等。各企业也相应配备一名出纳员。

村办企业规模较小，有的一个车间就是一个厂子。规模最大的厂子属天津津西外环汽车配件厂，其中有一车间长 130 米、宽 18 米、高 16 米，内安置一台 800 吨液压机，村民称为“大车间”。

主要企业简况

天津津西外环汽车配件厂 坐落于村北外环线东侧，建于 1988 年，投资 200 余万元，占地 7460 平方米，在册职工 200 人，主要生产三峰汽车后桥片、仪字板、车顶盖等配件。有大型设备 800 吨液压机 1 台、天车 1 台、冲床 10 余台、剪板机 2 台。

历任厂长：张强、尚洪伟、陈宝明

天津市津西跃进化工厂 坐落于村南原毛巾一厂东侧，建于 1985 年，占地 3000

余平方米，在册职工 44 人，主要经营无机盐、有机化工原料、颜料染料、太古油、金属润滑剂等。有大型设备 5 台。

历任厂长：刘学明、刘学良、刘学金、靳国令

津西三环机械配件厂　坐落于村北，建于 90 年代初，占地 3000 余平方米，在册职工 105 人，生产包装机壳等配件。有大型设备 6 台。

历任厂长：刘洪庆、孙维来、刘学义

天津市津西长城汽车配件厂　坐落于原村委会西侧，建于 80 年代初，占地 3000 余平方米，在册职工 127 人，主要生产三峰汽车保险杠和电气焊、冲压、金属裁剪等配件。有大型设备剪板机 1 台、液压机 1 台。

历任厂长：孙志成、刘恩明、刘恩来

中大自行车组装厂　坐落于原村委会西侧，建于 1991 年，占地 1200 余平方米，在册职工 60 余人。主要组装斯普瑞克山地自行车、坤式自行车。有大型设备流水线 2 条。

历任厂长：陈宝明、刘志新、年金发

客车三分厂　坐落于村北西青道南侧，建于 90 年代初，占地 3327 平方米，建筑面积 1621 平方米，在册职工 80 人，主要生产三峰汽车底盘等配件。

厂长：年金忠

天津市福旺压铸厂　坐落于村北东引河西侧，建于 1993 年，占地 3000 余平方米，在册职工 60 人，主要生产内燃机化油器配件、金属冲压、机加工、板焊加工等。有大型设备 1.25 压铸机 3 台、裁板机 1 台、3 台冲床、化料炉 1 台。

厂长：李兴起、李德山

天津宏大汽车配件厂　坐落于村北外环线东侧，建于 80 年代中期，占地 2567 平方米，建筑面积 1137 平方米，在册职工 78 人，主要生产汽车配件。有大型设备 10 余台。

历任厂长：姜伯永、孙文江、刘玉亮

天津市津西环宇汽车配件厂　坐落于原村委会东侧，建于 70 年代，占地 2000 平方米，在册职工 120 人。主要加工生产三峰汽车消声器、散热器等配件。有折弯机、焊接机等大型设备 10 余台。

厂长：石桂友

天津津西津海汽车配件厂　坐落于村北西青道南侧，建于 1992 年，占地 2600 余平方米，建筑面积 941 平方米，在册职工 67 人，主要业务为制造、加工汽车配件。有大型设备 7 台。

厂长：石景海

1989 年大卞庄村年产值 100 万元以上村办企业情况表

表 13

企业名称	年末人数（人）	工业总产值（万元）	销售收入（万元）	国家税金（万元）		利润总额（万元）	利润留成（万元）	上缴利润（万元）
				合计	其中：所得税			
天津宏大汽车配件厂	90	536	100	5	1	16	10.5	4.5
综合汽车配件厂	139	154.9	425	8	5	24	13.3	5.7
天津市津西长城汽车配件厂	143	592.8	105	11	8	22	9.8	4.2
永利汽车修理厂	104	131.0	155	12	8	14	4.2	1.8
天津市津西跃进化工厂	105	165.7	110	13	4	8	2.8	1.2
永强冲压厂	120	249.2	245	35	29	59	21.0	9.0

三、行业及产品结构

大卞庄村办企业以汽车配件加工为龙头，多为三峰汽车、雁牌汽车等厂家加工配套汽车消音器、保险杠、底盘、车门等主要汽车器件。汽车产品结构占全村企业的 64%，化工产品、内燃机配件、自行车组装等占 36%。

第三节 商 业

一、个体商业

新中国成立后，大卞庄村有少数的个体商业。商业多集中在村后街经营，有“王家渡口”摆渡；有刘记包子铺（刘仲池）、孙记面茶铺、李记果子铺（李登坛）、李记水铺（李作臣）等餐饮；有刘记（刘凤亭）、张文发小卖铺等商户；也有贩卖针线、布头和剃头、药糖等的流动摊贩。也有村民以脚力担挑贩卖蔬菜、鱼虾和花草为生。50 年代中期，国家对个体商业实行社会主义改造，商户有的公私合营，有的转为代销店，有的停业务农等。

1958 年，在公社化高潮中，商贩多弃商务农。1966 年“文化大革命”开始后，个体商业一片萧条。1978 年 12 月，实行经济体制改革后，个体商业得到恢复和发展。杂货店、早点铺、水果铺等相继产生。

（一）餐饮

尚恩富杂货铺　“聋子”爷经营的杂货铺，是大卞庄村经商较早的小商户之一。店内配有 1 台手摇木制切面机。60 年代至 70 年代初，社员家里炖肉、熬鱼汤等，常拿盆、碗到杂货铺买调料，“聋子”爷会根据各家加工的食物兑好料汁，社员买回家可直接烹饪食用。

王记豆浆坊　1982 年，社员王守德在村南老宅（俗称“王房子”）经营村内第一家豆浆坊，用毛驴拉石磨研磨豆浆和制作豆腐、豆皮。

1983 年始，个体早点铺渐增，陆续有李德宇、石景常、李士新、李士海、王玉秀等村民经营锅巴菜（嘎巴菜）、豆浆、豆腐脑、包子、炸糕、油条等早点。21 世纪始，村民孙广顺经营“卞庄包子铺”，亦有佟国义、张勇、年玉霞等经营煎饼果子、云吞、卷圈等早点；1983 年始，张宝瑞、石红顺两家每天流动销售戗面馒头、糖三角等，成为社员农忙时的主要食品。后山东省、河北省等外来人员陆续在村里开馒头铺，也有经营大饼、烧饼、切面等面食。

李记煎饼　大卞庄村最早卖煎饼果子的是李奶奶，煎饼是素的，绿豆面皮味道非常醇香，配 1 根油条，没有鸡蛋，当时 1 角钱一套；以后有少数村民陆续经营，各家配方不一样，味道也不一样。

佟记煎饼　90 年代初，孙振琴开始经营。2011 年其煎饼果子在原有配方上进行改良，新增黑芝麻、酱料等。每天支两个饼铛，顾客一般摊两个鸡蛋配两根油条或一个果篦。偶有购买者特意定购数套，捎到外省市作为天津特色食品馈赠亲朋好友。

佟记煎饼果子（2018 年李兴成摄）

（二）宠物经营

村民尚士海经营德国牧羊犬、泰迪、杜宾、柯基、博美、巴哥、马犬、金毛、柴犬等宠物犬，也经营金吉拉、虎斑、豹猫、蓝猫等宠物猫。

2015 年，村民杨文池投资 50 万元，在曹庄花卉建成“中北水族馆”，经营各种形状的高档水族箱及水族器材、鱼粮等配套产品，品种有圆柱形、长方形等；有从业人员 12 人。

张玉军在水族馆经营观赏鱼等商品

村民纪根静经营花卉

（三）花卉经营

1998 年，中北镇曹庄花卉市场建成后，村民依靠地缘优势，进行产业转型，经营花卉及其他配套商品，成为村民就业、增收的来源。也有少部分村民到梨园头经营花卉。

1998 年，刘恩群、张绍敏夫妻开始经营花卉和制作花土、花肥等产品，并自种繁殖花木；后移址曹庄花卉市场，开办“晓放鲜花店”，主要经营鲜切花、花篮等产品，是较早经营花卉的村民。王学洋经营各种工艺瓷器、花架、花托、盆托等，达 30 余个品种；经营场地达 200 平方米。孙继强在露天花卉市场经营花木、花土、花盆等系列产品，规模较大，有从业人员 12 人。

2018 年，大卞庄村民经营花卉和相关产业及观赏鱼、鱼缸等商品的商户达 100 余家，从业人员达 200 余人。

（四）其他商业

1985 年秋，大卞庄村民董守琴、孙月珍率先在东姜井村经营一门市部，名为“更新机电产品经营部”，经营彩电、录音机、电风扇、音响等电子产品。同年，宋金生在李家园村客车厂北侧，经营华西五金电料门市部。90 年代末，宋金书在村内经营塑料布、农药农具和菜籽等生产资料。

2011 年，小区内幼儿园、托管班、美容美发、个体诊所、房产中介、超市、快递点等逐年增多。

二、集体商业

（一）大型商业设施

天津红桥建材外环联营经营部　成立于 1985 年，是大卞庄村第一个村集体商业公司，主要经营砂石料、油毡、水泥等建筑材料，有职工 11 名。1988 年经营部扩大规模，改为天津市意合商贸服务公司，主要提供住宿、餐饮、汽车货运、仓储、文化娱乐等服务。

永旺购物中心 2012 年 4 月 28 日，大卞庄村委会下属中北旺有限公司与世界 500 强企业、日本永旺株式会社永旺梦乐城（中国）商业管理有限公司进行合作的永旺购物中心天津（中北店）开业。项目总投资约 10 亿元，建筑面积约 13.2 万平方米。每年租金收入成为村集体主要经济支柱和来源之一。

商业楼宇 2012 年，运通花园建设 7000 平方米配套商业设施。2016 年，紧邻运通花园广乐道南侧的御河上城公建商业设施竣工。天津市运通伟业资产管理有限公司将御河上城 2 万平方米公建房屋对外出租增收。

神龙公建商业设施（2018 年李兴成摄）

御河上城公建商业设施（2018 年李兴成摄）

（二）集贸市场

大卞庄钢材市场 2002 年 8 月，坐落在西青道与外环线立交桥东侧的大卞庄钢材市场第一期建成开业；2003 年 4 月，扩建第二期，加强了市场竞争能力；2005 年，

大卞庄农贸批发市场

大卞庄钢材市场一角

共投入 300 万元进行第三期建设。市场占地总面积 21.3 万平方米，建筑面积 6600 平方米，总投资 820 万元。建有经营用房 80 间，后有 90 余家商户入驻钢材市场，有大小吨位龙门吊起重机械 50 余台，成为华北地区较有影响的市场。该市场的建成使西青道两侧的钢材经营户进市场集中经营，为大卞庄村解决了部分劳动力就业问题。

卞兴农贸市场　村委会投资建设的大卞庄农贸市场（卞兴农贸市场）于 2003 年 6 月 28 日建成。该市场坐落于外环线内侧，与曹庄花卉市场相邻，占地面积 70 余亩，投入资金 600 万元，经营和批发蔬菜、水果、肉类、水产品、鸡鸭、禽蛋、服装、米面油粮及生活用品等。2006 年 8 月，市场改建扩大；2016 年，因发展需要市场被拆除，迁至顺通小区西侧。

三、驻村商业

1955 年，以村民投入股金为资金的供销合作社成立。同年，村民共投入 425 股，股金总额 886 元。社址位于村后街东头，有 3 间土坯房屋，主要经营生活用品、食品等。在供销合作社、信用合作社、农业生产合作社成立初期，村民支持“三大合作社”的建设并投入股金。1956 年，供销社划归西郊区供销社领导，商品逐渐增加，成为综合型商业门市部。70 年代，在原社北面扩建供销社经营部。90 年代初，该供销社关停。

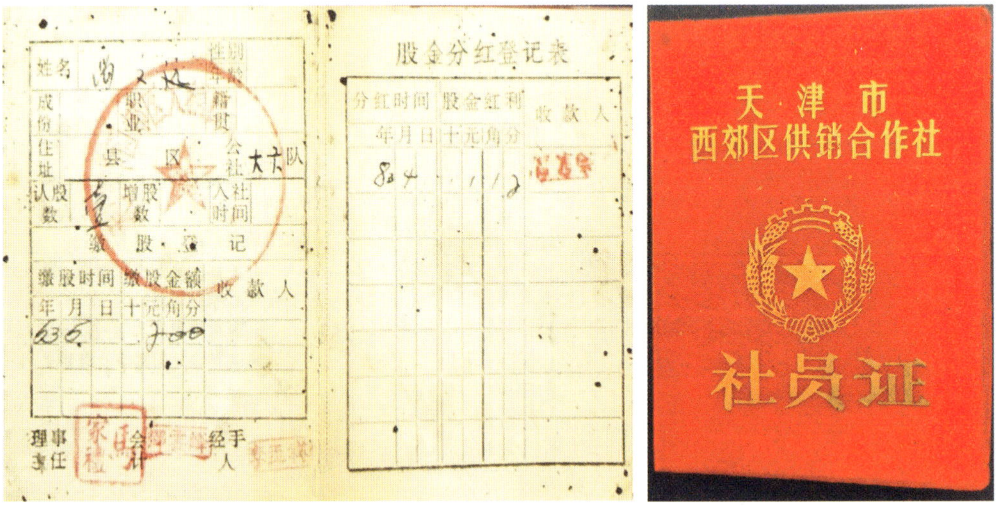

天津市西郊区供销合作社社员证（尚洪海提供）

第四节　服务业

一、宾馆　饭店

（一）宾馆

意合宾馆　1993年建成，总投资500万元，占地面积4369平方米，建筑面积3894平方米；结构为三层楼房，内设客房3000平方米、餐厅320平方米、娱乐厅320平方米、其他设施557平方米。因紧邻西青道、外环线等交通干道，成为区域内条件较好的宾馆之一。

津西信诚旅馆　1997年3月建成，为平房结构，坐落于外环线6号楼南侧，紧邻外环线，占地面积800余平方米，有20余间房屋。1999年，因外环线绿化被拆除。

天津市振华旅馆　系外籍经营者租赁村域房屋经营的一家旅馆，坐落于外环线7号桥东。2017年被拆除。

（二）饭店

1986年，张宝和、姜伯成、年金生等村民在西青道两侧，经营小饭馆。尚家来在村内经营“盛乐餐厅”，经营包子、涮羊肉等。

1988年，意合商贸服务公司下属单位津环饭店建成开业。90年代，个体餐饮经营者增加。永乐饭馆、聚鑫饭馆、红太阳酒店、永平饭店等先后在西青道和外环线支线东侧建成营业。21世纪，洪吉饭馆、祥和饭馆和多家烧烤店、面馆等在村域内经营。

二、仓储物流

60—90年代，天津墨水厂、天津铁路局地铁公司、天津市市政第七建筑公司等3个单位在大卞庄村建大型露天库场。

90年代，随着意合宾馆、钢材市场、农贸市场、信诚旅馆等的发展，为满足货物流通量、停车位和住宿等对物流的要求，石友祥、张善全、刘玉强等村民抢抓机遇率先经营物流配货站。

三、其他服务业

80年代末，租赁业逐渐发展，主要范围有搭棚桌椅用具、餐具、建筑器材和民房出租等。进入21世纪，出现花卉租摆、车辆机械、出租车外租等。村民多出租民房、厂房。

村民家办红白事，多邀请村内厨师帮忙做饭招待客人。90年代，村民生活水平逐渐提高，事主会主动给厨师200 ~ 300元作为酬谢。进入21世纪，厨师按桌收取报酬。

随着城市建设的发展，有近百名村民适应市场需求，经营私家车辆外租。2018年，村内有自卸车25辆、小型货车12辆、大型货车10辆、挖掘机12台、厢式货车6辆、随车吊2辆。租赁车费以小时、公里吨位或台班核算。2018年，挖掘机一个台班（一般工作8小时），最高时为1800 ~ 2000元。

第七章　村党组织

1949 年，大卞庄村成立党支部。2018 年 6 月，中共大卞庄村支部委员会升格为党委建制，下设 3 个党支部。多年来，村党组织在不同历史时期，发挥了战斗堡垒作用。特别是进入 21 世纪后，村党组织积极完善各项规章制度，先后开展“三个代表”重要思想、科学发展观、党的群众路线教育实践活动、“学党章党规、学系列讲话，做合格党员”、习近平新时代中国特色社会主义思想等学习教育。村党组织的组织建设、作风建设得到加强和提高，党群、干群关系融洽。

第一节　党组织沿革

一、沿革

（一）党支部建制

解放初期，天津县分为 13 个行政区，大卞庄村属第五区管辖。在区委的领导下，建立农会。而后，又从农会中发展张振铭、王瑞堂、孙士文等 3 名中国共产党党员，并成立以张振铭任支部书记，王瑞堂、孙士文任支部委员的中共大卞庄村党组织（当时党组织处于保密时期）。自此，大卞庄村开始有了能代表劳动人民利益的领导班子。

1949—1950 年，张振铭任中共大卞庄村支部书记。

1951 年至 1953 年 6 月，年建章任中共大卞庄村支部书记。

1953 年 6 月至 1954 年 4 月，年建章任中共曹庄子乡支部书记。

1954 年 5 月至 1958 年 3 月，张开富任中共曹庄子乡支部书记，年建章任副书记。

1958 年 4 月至 1960 年，年建章任中共大卞庄村支部书记，贾金荣任副书记，王治本、刘凤泉任委员。

1960—1961 年，王治本任中共大卞庄村支部书记。

1961—1966 年，石振忠任中共大卞庄村支部书记，王贵任副书记，刘恩洪任副书记兼宣传委员，尚家荣任生产委员，葛春和任治保委员，刘希兰任妇联委员，宋瑞潭任组织委员。

1970 年 9 月，石振忠任大卞庄村革委会主任、中共大卞庄村支部书记，孙元礼、贾金荣任革委会副主任、支部副书记。刘学新任革委会核心组成员兼生产委员，刘恩洪任革委会核心组成员兼宣传委员，宋金波任组织委员、武装委员兼民兵副营长，刘希兰任妇联委员。

1973 年 3 月 13 日，石振忠任中共大卞庄村支部书记，孙元礼、贾金荣任副书记，刘学新任生产委员，刘恩洪任宣传委员，宋金波任武装委员，刘希兰任妇女委员。

1974 年 4 月，经中共九一九人民公社委员会批准，孙元礼任中共大卞庄村支部书记，石振忠、刘学新、刘凤泉任副书记，贾金荣、刘恩洪、宋金波、孙维成、王桂和任支部委员。

1979 年 12 月，大卞庄村党支部进行改选。经中共九一九人民公社委员会批准，孙元礼任中共大卞庄村支部书记，刘学新任副书记，刘恩洪、王桂和、张砚凤任支部委员。

1983 年 1 月 26 日，经中共九一九人民公社委员会批准，刘学新代理中共大卞庄村支部书记（兼大队长），增补刘恩洪为支部副书记。

是年 4 月 2 日，经中共九一九人民公社委员会批准，刘学新任中共大卞庄村支部书记，刘恩洪任支部副书记兼组织委员，王桂和任生产委员，张砚凤任宣传委员；10 月 18 日，增补刘凤泉为支部副书记。

1984 年 7 月 10 日，经中共九一九人民公社委员会批准，孙维成增补为中共大卞庄村支部委员兼村联合社社长。

1985 年 7 月，经中共中北斜乡委员会批准，刘学新任中共大卞庄村支部书记，孙维成任支部副书记，刘恩洪、张砚凤任支部委员。

1987 年，孙维成任中共大卞庄村支部书记。

1988 年 7 月 8 日，经中共中北斜乡委员会批准，孙维成任中共大卞庄村支部书记，张砚凤任支部组织委员，刘恩洪任支部宣传委员，孙志成任支部委员。

1990 年，经中共中北斜乡委员会批准，刘恩洪、张砚凤任中共大卞庄村支部副书记。

1995 年，经中共中北斜乡委员会批准，刘晓勇任中共大卞庄村支部委员。

1997 年 1 月 10 日，中共大卞庄村支部委员会调整班子工作，经中共中北斜乡委员会研究决定，因张砚凤病重，村党务工作由乡党委指定人员负责。

1999 年 5 月 15 日，经中共中北镇委员会决定，姜树林任中共大卞庄村支部书记，李兴成任支部党务委员，刘晓勇任支部委员。

2000年12月17日，经党员大会选举，李兴成、张善友当选中共大卞庄村支部委员。

2003年4月12日，中共大卞庄村支部委员会进行换届选举，经党员民主选举，李兴成、张善友、高金奎、宋立芝当选支部委员；经支委会表决，李兴成当选副书记。

2006年5月11日，中共大卞庄村支部委员会进行换届选举，经党员民主选举，李兴成、宋立芝、张善友、高金奎当选支部委员；经支委会表决，李兴成当选副书记。

2007年3月23日，经中共中北镇委员会批准，尚玉明任中共大卞庄村支部委员、副书记。

是年10月9日，经大卞庄村党员大会选举，增补尚玉明为中共大卞庄村支部委员；10日，经支委会表决，尚玉明任支部副书记。

2012年7月10日，中共大卞庄村支部委员会进行换届选举，经党员、村民代表推选，党员民主选举，李兴成、宋立芝、尚玉明、高金奎当选支部委员；经支部委员会表决，宋玉春当选支部书记，李兴成、高金奎当选支部副书记。

2015年3月17日，中共大卞庄村支部委员会进行换届选举，经党员、村民代表推选，党员民主选举，李兴成、宋立芝、宋玉春、尚玉明、高金奎当选支部委员；经支部委员会表决，李兴成、高金奎当选支部副书记。

（二）党委建制

2018年6月13日，中共大卞庄村支部委员会升格为党委建制，并进行换届选举。经党员、村民代表“两推一选”，李兴成、宋立芝、孟宪仑、高金奎当选中共大卞庄村第一届委员会委员；经委员会投票选举，李兴成当选党委副书记。

是年8月19日，中共大卞庄村委员会第一支部、第二支部、第三支部召开党员大会，选举新一届支部委员会，经党员民主选举产生各支部委员会。李兴成当选第一支部书记，李弋、宋媛当选支部委员；宋立芝当选第二支部书记，王竟永、李淑艳当选支部委员；孟宪仑当选第三支部书记，刘帅、尚洪云当选支部委员。

二、历任书记任职情况

1949—2018 年大卞庄村历任党组织书记一览表

表 14

党组织名称	姓名	性别	出生年月	任职起止时间
党支部	张振铭	男	1928.6	1949—1950
党支部	年建章	男	1914.7	1951—1953.6
曹庄子乡党支部	年建章	男	1914.7	1953.6—1954.4
曹庄子乡党支部	张开富	男		1954.5—1958.3
党支部	年建章	男	1914.7	1958.4—1960
党支部	王治本	男	1930	1960—1961
党支部	石振忠	男	1926.1	1961—1966.9
党支部	石振忠	男	1926.1	1971.2—1974
党支部	孙元礼	男	1931.1	1975—1982
党支部	刘学新	男	1931.6	1983—1987
党支部	孙维成	男	1950.8	1987—1999.1
党支部	姜树林	男	1945.8	1999.1—2000.11
党支部	刘凤玉	男	1958.10	2000.11—2006.9
党支部	宋玉春	男	1955.1	2006.10—2018.6
党　委	宋玉春	男	1955.1	2018.6—

说明：刘凤玉 2008 年 9 月 3 日被开除党籍。宋玉春 2023 年 8 月被开除党籍。

第二节　党务工作

一、党员队伍建设

（一）发展党员

在革命战争时期，孙士明、陈义生、葛春秋等村民光荣地加入中国共产党。崔均、王贵、刘长华等为革命军人，后因婚姻关系将党组织关系转入大卞庄村。

新中国成立后，大卞庄村青年积极投入党领导的土地改革、农业合作化运动中，为巩固新生政权而忘我工作，不断提高政治觉悟。50 年代，被党组织发展为党员的有王治本、石振忠、葛春和等 20 多人；60 年代，有刘学新、刘恩洪、张砚凤等 20 多人加入中国共产党；70 年代，孙继海、李兴起、刘恩双等一大批入伍军人，在部队加入党组织。退伍回村后，为村党组织补充新鲜血液和力量；在农村经济体制改革、经济建设和维护社会稳定过程中，又有一大批文化水平高、素质优秀的村民加入党的队伍中。

孟宪仑进行入党宣誓（2015 年刘帅摄）

1973 年，中共大卞庄村支部有正式党员 62 人，其中女性 19 人、男性 43 人；1979 年，有党员 69 人，其中正式党员 66 人、预备党员 3 人，男性 52 人、女性 17 人。1945—1949 年入党的有 3 人、1950—1965 年入党的有 20 人、1966—1976 年入党的有 43 人、1976 年后入党的有 3 人。

自 21 世纪初至 2018 年，陆续发展王竟永、张善良、刘晓勇、李淑艳、尚玉彬、刘帅、刘瑾、杨玉莹等 17 名党员，其中中专、大专、本科文化程度者居多。

（二）党员结构

2018 年 12 月，中共中北镇大卞庄村委员会有 5 人组成，其中大专文化程度 4 人、中专 1 人。下设 3 个党支部。共有党员 121 人，其中男性 93 人、女性 28 人。2018 年年底，健在年龄最大的党员 91 岁，最小的党员 22 岁，党龄最长的 69 年，党龄最短的只有 1 个月。

党员队伍年龄结构　35 岁（含 35 岁）以下的党员 19 人，约占 16%；36 ~ 59 岁的党员 38 人，约占 31%；60 岁以上的党员 64 人，约占 53%。

党员队伍文化结构　大学本、专科学历的党员 25 人，占 20.7%；高中、中专学历的党员 19 人，占 15.7%；初中及以下学历的党员 77 人，占 63.6%。

党员队伍就业状况　在岗党员 39 人，约占 32%；退休党员 68 人，约占 57%；灵活就业党员 14 人，约占 11%。

2018年大卞庄村党委第一支部党员一览表

表15

序号	姓名	性别	民族	出生日期	入党时间	学历	备注
1	贾金荣	女	汉	1929.6.18	1949.1.21	小学	退休
2	吕元华	男	汉	1946.1.8	1965.8.26	初中	退休
3	孟广起	男	汉	1938.12.23	1966.5.1	小学	退休
4	张淑芬	女	汉	1943.3.9	1966.6.14	小学	退休
5	门玉兰	女	汉	1945.10.8	1966.7.5	初中	退休
6	宋金波	男	汉	1943.3.3	1971.8.15	初中	退休
7	陈万星	女	汉	1948.11.22	1971.10.8	初中	退休
8	李兴起	男	汉	1952.2.3	1973.8.14	初中	退休
9	石景和	男	汉	1954.9.7	1974.11.28	初中	退休
10	宋玉起	男	汉	1953.8.18	1975.5.22	初中	退休
11	刘希友	男	汉	1954.5.10	1975.7.6	初中	退休
12	许建设	男	汉	1952.1.3	1975.12.4	小学	退休
13	石贵友	男	汉	1945.8.20	1979.7.15	初中	退休
14	张桂成	男	汉	1959.5.1	1981.4.25	高中	灵活就业
15	李长海	男	汉	1957.7.2	1985.4.25	大专	退休
16	孙志成	男	汉	1950.2.5	1986.1.24	初中	退休
17	陈宝太	男	汉	1962.12.10	1986.7.4	初中	灵活就业
18	徐国庆	男	汉	1965.11.27	1987.4.10	高中	灵活就业
19	孙洪书	男	汉	1950.12.24	1988.4.15	初中	退休
20	尚士江	男	汉	1972.12.18	1997.7.15	高中	灵活就业
21	李兴成	男	汉	1970.7.31	1994.7.15	大专	党委副书记
22	刘晓勇	男	汉	1973.7.7	1994.7.15	高中	私营企业
23	韩永强	男	汉	1974.2.3	1994.9.3	初中	灵活就业
24	石友会	男	汉	1953.1.4	1994.11.19	初中	退休
25	刘贺开	男	汉	1973.11.27	1995.8.17	初中	灵活就业
26	陈宝明	男	汉	1954.2.15	1996.12.16	小学	退休
27	刘洪岭	男	汉	1978.11.5	1999.9.15	初中	灵活就业

续表 15

序号	姓名	性别	民族	出生日期	入党时间	学历	备注
28	王家驹	男	汉	1981.2.15	2001.9.7	初中	灵活就业
29	孙淑敏	女	汉	1965.8.3	2001.10.15	大专	退休
30	尚志行	男	汉	1984.7.7	2003.10.20	初中	企业职工
31	许淑爱	女	汉	1970.3.19	2005.11.16	大专	村劳服专职
32	胡晓旭	男	汉	1991.1.26	2010.11.10	初中	企业职工
33	李　弋	男	汉	1990.10.2	2012.9.16	初中	支部委员
34	宋　媛	女	汉	1991.10.19	2014.5.28	本科	支部委员
35	郭嘉荣	女	汉	1994.11.14	2015.12.14	大专	企业职工
36	刘彤彤	男	汉	1990.9.11	2016.7.15	中专	企业职工
37	杨玉莹	女	汉	1988.10.13	2018.12.18	本科	社区工作者

说明：以入党时间先后排序

2018 年大卞庄村党委第二支部党员一览表

表 16

序号	姓名	性别	民族	出生日期	入党时间	学历	备注
1	马德友	男	汉	1938.10.9	1958.12.10	初中	退休
2	孟兆华	男	汉	1937.3.16	1958.12.10	小学	退休
3	张铁义	男	汉	1927.10.22	1958.12.15	小学	退休
4	王金才	男	汉	1939.8.23	1966.7.5	小学	退休
5	倪春芳	女	汉	1941.8.12	1966.7.26	初中	退休
6	常玉月	女	汉	1947.7.16	1970.8.30	小学	退休
7	宋金第	男	汉	1929.12.9	1971.5.27	小学	退休
8	门玉祥	男	汉	1940.12.30	1971.5.27	小学	退休
9	刘恩发	男	汉	1947.2.20	1971.5.27	初中	退休
10	孙继海	男	汉	1953.11.21	1976.2.28	初中	退休
11	宋瑞友	男	汉	1955.7.8	1978.5.6	大专	退休
12	李元厚	男	汉	1954.10.21	1978.5.14	小学	退休
13	赵胜利	男	汉	1957.5.9	1979.12.19	初中	退休
14	孟兆春	男	汉	1970.2.1	1990.12.8	初中	灵活就业

续表 16

序号	姓名	性别	民族	出生日期	入党时间	学历	备注
15	孙文波	男	汉	1956.11.5	1992.6.15	初中	退休
16	袁云芝	女	汉	1949.7.5	1992.7.15	大专	退休
17	张　勇	男	汉	1973.7.10	1994.7.15	初中	灵活就业
18	张善友	男	汉	1975.5.22	1995.3.28	大专	村委后勤
19	宋立芝	女	汉	1974.3.25	1995.11.15	大专	党委委员
20	徐金亮	男	汉	1976.11.3	1997.10.17	初中	村委后勤
21	刘树东	男	汉	1979.10.20	1998.11.26	初中	灵活就业
22	尚建民	男	汉	1948.2.11	1998.12.16	中专	退休
23	石洪海	男	汉	1979.1.13	1999.8.20	初中	灵活就业
24	高金奎	男	汉	1964.3.12	2001.10.15	大专	党委委员
25	王竟永	男	汉	1975.1.21	2003.4.15	中专	支部委员
26	贺中凡	女	汉	1960.10.10	2004.12.25	大专	退休
27	刘恩福	男	汉	1957.6.27	2005.9.13	初中	退休
28	姚　磊	男	汉	1986.11.10	2007.6.5	中专	灵活就业
29	肖　湘	男	汉	1987.5.28	2009.6.15	本科	律师
30	刘晓勇	男	汉	1982.12.4	2009.8.16	大专	企业职工
31	王俊君	女	汉	1990.11.3	2012.6.20	本科	公司员工
32	李淑艳	女	汉	1980.10.8	2012.11.21	中专	支部委员
33	张善良	男	汉	1975.3.22	2013.11.15	初中	村委后勤
34	汪　盛	男	汉	1992.12.23	2014.6.20	大专	交通协警
35	李美雪	女	汉	1996.1.14	2016.11.30	大专	公司员工
36	刘　瑾	女	汉	1989.9.27	2017.11.15	大专	物业管理员

说明：以入党时间先后排序

2018 年大卞庄村党委第三支部党员一览表

表 17

序号	姓名	性别	民族	出生日期	入党时间	学历	备注
1	孙玉贵	男	汉	1933.8.3	1956.6.15	初中	退休
2	张春明	男	汉	1936.10.1	1958.12.29	小学	退休

续表 17

序号	姓名	性别	民族	出生日期	入党时间	学历	备注
3	刘希兰	女	汉	1943.3.21	1966.5.1	小学	退休
4	宋金生	男	汉	1942.6.10	1966.5.1	小学	退休
5	刘恩洪	男	汉	1942.1.29	1966.5.1	初中	退休
6	刘贵华	男	汉	1941.3.17	1966.5.1	小学	退休
7	李秀华	女	汉	1948.7.10	1966.8.15	小学	退休
8	尚家义	男	汉	1944.5.15	1969.4.18	小学	退休
9	王桂和	男	汉	1945.9.30	1966.5.1	初中	退休
10	宋瑞谭	女	汉	1943.10.23	1966.5.11	中专	退休
11	左维山	男	汉	1941.1.20	1966.5.1	小学	退休
12	刘学新	男	汉	1931.6.18	1966.7.5	初中	退休
13	徐志萍	女	汉	1946.4.24	1966.7.26	小学	退休
14	闫玉萍	女	汉	1949.7.14	1972.7.15	初中	退休
15	刘恩双	男	汉	1952.2.6	1974.5.21	小学	退休
16	石华友	男	汉	1953.1.19	1974.6.18	中专	退休
17	宋瑞江	男	汉	1951.11.3	1974.7.15	初中	退休
18	郭玉柱	男	汉	1953.11.16	1974.8.17	小学	退休
19	尚洪亮	男	汉	1952.10.18	1976.1.24	初中	退休
20	孙文江	男	汉	1952.6.24	1976.2.14	小学	退休
21	年金忠	男	汉	1954.2.9	1976.5.29	小学	退休
22	尚洪祥	男	汉	1955.2.11	1977.5.20	大专	退休
23	杨子波	男	汉	1955.8.17	1979.6.19	初中	退休
24	杨文池	男	汉	1955.3.3	1979.7.15	初中	退休
25	尚洪志	男	汉	1960.7.5	1979.9.28	初中	灵活就业
26	孙奎利	男	汉	1946.6.16	1984.8.5	初中	退休
27	孙文海	男	汉	1957.3.18	1986.1.21	高中	退休
28	姜伯永	男	汉	1945.12.30	1986.1.21	初中	退休
29	石景海	男	汉	1946.6.27	1986.1.21	初中	退休
30	李德茂	男	汉	1949.12.4	1986.6.15	初中	退休

续表 17

序号	姓名	性别	民族	出生日期	入党时间	学历	备注
31	尚家强	男	汉	1959.2.8	1989.9.25	小学	村委后勤
32	刘恩明	男	汉	1952.1.20	1992.6.15	小学	退休
33	尚玉明	男	汉	1973.9.27	1992.12.30	中专	村委后勤
34	杨宝荣	女	汉	1957.12.9	1994.11.22	初中	退休
35	尚洪云	女	汉	1975.11.5	1995.11.15	初中	灵活就业
36	尚洪雨	男	汉	1977.7.4	1999.12.15	初中	灵活就业
37	马　森	男	汉	1978.8.6	2001.9.16	高中	企业员工
38	孙云伟	男	汉	1976.5.19	2003.4.15	初中	村委后勤
39	刘恩健	男	汉	1984.11.3	2005.10.15	本科	企业员工
40	张　冬	男	汉	1965.10.7	2007.6.15	初中	灵活就业
41	宋立杰	男	汉	1979.1.20	2009.8.16	本科	企业员工
42	宋立燕	女	汉	1982.3.22	2010.11.17	中专	企业员工
43	宋　彪	男	汉	1990.6.30	2011.5.25	本科	企业员工
44	尚玉彬	男	汉	1984.1.9	2014.11.15	中专	灵活就业
45	孟宪仑	男	汉	1983.11.21	2015.11.15	中专	党委委员
46	刘　帅	女	汉	1987.7.12	2016.11.15	本科	村委委员

说明：以入党时间先后排序

2018 年前大卞庄村已故党员一览表

表 18

序号	姓名	性别	民族	出生时间	入党时间
1	刘凤云	男	汉	1911.3	1958.12
2	朱善亭	男	汉	1912.8	1954
3	年建章	男	汉	1914.7	1950
4	孙士明	男	汉	1915.4	1946.10
5	王起成	男	汉	1917.6	1958
6	刘凤彩	男	汉	1921.2	1958.12
7	葛春秋	男	汉	1922.1	1946

续表 18

序号	姓名	性别	民族	出生时间	入党时间
8	葛春和	男	汉	1923.4	1954.12
9	陈义生	男	汉	1924.6	1949
10	姚金铸	男	汉	1924.12	1953.4
11	崔　均	男	汉	1925.3	1948.5
12	石振忠	男	汉	1926.1	1958.12
13	刘学智	男	汉	1926.5	1958.12
14	王治本	男	汉	1926.10	1955.5
15	刘　举	男	汉	1926	1958
16	孙华仁	男	汉	1927.6	1971.5
17	尚家荣	男	汉	1927.10	1956
18	姜伯清	男	汉	1928.5	1955.2
19	张振铭	男	汉	1928.6	1949.2
20	刘凤泉	男	汉	1927.6	1955.7
21	倪春先	男	汉	1929.7	1950.4
22	王　贵	男	汉	1929.11	1945.11
23	孙耀勇	男	汉	1930.9	1958.1
24	李兴让	男	汉	1931.3	1950.2
25	李德海	男	汉	1932.10	1966.6
26	张景昌	男	汉	1931.12	1958.12
27	刘文科	男	汉	1932.10	1957.9
28	许文新	男	汉	1933.6	1966
29	袁世林	男	汉	1934.12	1966.9
30	刘凤阳	男	汉	1934.6	1958.12
31	张春普	男	汉	1935.1	1966.7
32	刘长华	男	汉	1936.3	1956
33	李守先	男	汉	1936.7	1980.7
34	刘善华	女	汉	1939.10	1958.12.28
35	宫凤珍	女	汉	1940.2	1958.12

续表 18

序号	姓名	性别	民族	出生时间	入党时间
36	李德贤	男	汉	1941.8	1962.4
37	张景玉	女	汉	1942.4	1966
38	张砚凤	女	汉	1943.5	1966.7
39	刘学会	女	汉	1945.7	1966.6
40	徐景凤	女	汉	1945.8	1966.5
41	年金山	男	汉	1948.11	1972.1
42	张宝全	男	汉	1950.5	1974.1

说明：由于资料不全，可能有遗漏

二、政治教育活动

（一）整党

1986 年 3 月，中共大卞庄村支委会开展整党教育学习，进一步加强共产主义理想教育和贯彻党的政策学习，做到整党生产两不误、两促进。班子成员分别在党员大会带头剖析班子及个人存在的不正之风，总结自身在思想上、行为上存在的问题和不足，并制定整改措施。每名党员撰写书面材料，开展批评与自我批评，逐一制定整改措施。

（二）学习“三个代表”重要思想

2001 年 3 月 28 日，中共大卞庄村支委会成立“三个代表”重要思想学习教育活动领导小组。4 月 26 日，召开党员“三个代表”重要思想学习教育动员大会，中共西青区委督查组组长冯作琴、中北镇领导赵春跃参加大会，村党支部主要领导做动员讲话。9 月 18 日，大卞庄村召开党员大会，开展“三个代表”重要思想学习教育活动总结。

2002 年 1 月，大卞庄村开展村级“三个代表”重要思想学习教育活动“回访复查”工作。班子成员按照“六必访”要求，对党员、村民代表、普通群众、种植（养殖）户企业职工和个体户、困难户及日常意见比较多的群众进行回访。

（三）“保持共产党员先进性”教育

2005 年 12 月 12 日，大卞庄村党组织召开保持共产党员先进性教育活动动员大会，部署学习方案。会上要求党员认真落实市委和区委的决策部署，确保先进性教育活动取得扎扎实实的成效；保证学习效果和覆盖面，采取多种形式征求党员和群众意见，着力解决群众最关心的重点问题，解决党组织和党员队伍中存在的突出问题，开展扶贫济困送温暖实践活动。

（四）学习科学发展观

2009 年 9 月 20 日，大卞庄村党组织召开深入学习实践科学发展观活动大会。村党支部书记做动员讲话，指出开展学习实践活动有利于更加自觉地坚持科学发展观为指导，增强党性、提高能力、改进作风，密切联系群众。11 月 22 日，中共大卞庄村支委会召开学习实践科学发展观活动专题组织生活会。

（五）“两学一做”学习教育

2016 年 5 月 22 日，大卞庄村党组织召开“学党章党规、学系列讲话，做合格党员”学习教育动员会。村党支部书记做动员讲话，包村领导、中共中北镇党委书记林小琳讲话并提出学习要求。中北镇“两学一做”学习教育村级指导组组长、镇人大副主席张志海，镇党委委员、党办主任高勇，指导组第一小组组长、镇工会副主席于永梅，包村指导员姜金龙参加动员会。

6 月 12 日至 11 月 15 日，大卞庄村组织党员先后开展“讲政治、有信念，做政治合格的明白人”“讲规矩、有纪律，做纪律合格的明白人”“讲道德、有品行，做品德合格的明白人”“讲奉献、有作为，做发挥作用合格的明白人”专题讨论会。

2017 年 5 月 21 日，中共大卞庄村党组织负责人在党员大会上做“学党章党规、学系列讲话，做合格党员”学习教育常态化制度化动员讲话。

三、学习实践

（一）学习传达

1989 年 6 月 10 日，大卞庄村召开党员大会，传达关于组建“双卫队”的工作要求，“双卫队”的职责是保护市民安全和维护村内稳定，要求党员始终同党中央保持高度一致，维护党的统一领导。

1999 年 7 月 22 日早晨，大卞庄村召开党员紧急会，传达相关通知。党员一致拥护上级的决定，坚决抵制邪教活动。

2001 年 7 月 8 日，中共大卞庄村支委会成员学习中共中央总书记江泽民在庆祝中国共产党成立 80 周年大会上的讲话精神。

同年 11 月 15 日，大卞庄村召开党员大会，学习中共十五届六中全会精神，加强和改进党的作风建设。

2009 年 3 月 28 日，大卞庄村组织党员学习贯彻区委组织部《关于进一步深化党员承诺制的意见》的通知，抓好“共性承诺、岗位承诺、实事承诺”。

2015年3月17日，大卞庄村党组织深入开展“三问三讲三争做”专题教育活动，部署实施方案，学习党章、习近平总书记系列重要讲话精神，引导党员树立正确的世界观、人生观、价值观。

2016年5月22日，组织党员开展“手抄党章100天”活动，提高党员学习党章、遵守党章、维护党章的党性意识。

2017年5月31日，中共大卞庄村支委会成员学习中共中央总书记习近平在天津视察工作时提出的“三个着力”要求，着力提高发展质量和效益、着力保障和改善民生、着力加强和改善党的领导。

6月10日，大卞庄村组织党员开展关于增强“四个意识”，坚决维护和捍卫习近平总书记的核心地位专题学习讨论。

11月7日，组织党员、村民代表开展学习贯彻中共十七大会议精神。中北镇党委书记赵春跃，中北镇党委副书记赵文月、高政等镇领导参加。

2018年5月15日，组织党员学习换届选举宣传提纲及召开换届选举专题组织生活会。重点学习“九不能”“十严禁”“五个一律”“八个不准”等规定，全面推行村党组织书记和村民委员会主任“一肩挑”。

10月16日，大卞庄村组织50余名党员参加中北镇2018年党员教育轮训班学习。

（二）实践活动

2005年8月，组织党员、村民代表到河北省平山县西柏坡红色教育基地参观学习。

2014年，大卞庄村组织党员到天津周邓纪念馆、平津战役纪念馆参观学习。

2007年3月，大卞庄村“两委”班子成员开展进百姓门、知百姓情、解百姓忧、暖百姓心“四个百”主题实践活动。

2008年3月16日，大卞庄村组织党员部署“我是党员、我承诺”主题活动。要求党员在平改工作中，积极发挥党员先锋模范作用，带头拆迁，支持村内工作。

同年5月，大卞庄村组织党员为支援四川汶川大地震救灾工作捐款8500元，其中党员刘恩明个人交纳1000元特殊党费。

张春明（左一）、尚洪亮（左二）等党员参观周邓纪念馆（2014年李兴成摄）

2008 年大卞庄村党员交纳特殊党费一览表

表 19　　　　单位：元

姓　名	金 额	姓　名	金 额	姓 名	金 额
尚家强	50	石洪海	100	尚洪云	50
王竟永	50	左维山	50	闫玉萍	50
孙继海	100	尚洪雨	50	倪春芳	50
贾金荣	100	宋立芝	200	李兴成	200
李兴起	100	孟兆春	100	孙淑敏	200
孙文海	100	刘恩明	1000	徐志萍	50
张　勇	200	孟兆华	100	尚玉明	200
刘桂华	100	姜伯永	10	马德友	60
许淑爱	200	刘学新	100	尚洪亮	50
尚洪志	50	王家驹	10	葛春和	50
刘恩发	50	李德贤	100	石景海	50
尚士江	100	许建设	50	李秀华	50
年金忠	100	石景和	50	张淑芬	20
刘凤泉	100	吕元华	150	常玉月	50
高金奎	200	陈万星	150	张铁义	50
尚志行	50	孙志成	100	刘恩健	50
袁世林	50	马　森	50	张桂成	100
刘善华	50	孙云伟	50	宋金第	100
门玉祥	100	徐国庆	50	徐金亮	50
宋金波	100	刘学会	100	袁云芝	200
宋金生	100	宋瑞谭	100	刘恩洪	200
门玉兰	100	刘希友	50	刘晓勇	200
杨子波	100	刘希兰	50	总　计	8500元
张善友	500	杨文池	300		

说明：排名不分先后

2015 年 4 月 5 日，大卞庄村组织党员到曹庄烈士陵园扫墓，缅怀革命先烈。

2016 年 11 月 19 日，大卞庄村组织党员一行 40 余人，到天津博物馆参观“永远的长征——纪念红军长征胜利 80 周年”及家风耀中华等事迹展出。

2018 年 9 月 30 日，大卞庄村党组织开展“万名党员当先锋、建设美丽新西青”主题实践活动誓师大会。有 50 余名党员和预备党员、入党积极分子签订从我做起承诺书，并开展清除小广告、捡拾白色垃圾等实践活动。

是年 10 月 22 日，大卞庄村党组织开展“不忘初心、牢记使命”主题教育特色党日活动，组织党员 50 余人到宝坻区尔王庄镇冯家庄村党史馆参观学习。

宋金生、宋金波、孙淑敏、袁云芝等党员参观学习（2018 年李兴成摄）

是日，大卞庄村组织党员到中北镇新城市中心参观，镇招商办主任任振怀讲解中北镇发展规划，党员对中北镇“一轴、两园、三区、四带”发展规划和村集体经济发展充满信心。

四、工作要略

（一）主要活动

1969 年 8 月 9 日，孙维成、刘恩英、门玉祥、王桂和、刘凤阳、陈义生、李德凤、张宝珠、袁云芝等出席九一九人民公社“活学活用毛泽东思想”经验交流大会。

1969 年 9 月，大卞庄村开展庆祝毛主席视察大卞庄村“蛤蟆洼”稻田 10 周年活动。

1977 年 9 月，中共九一九公社党委组织各村队负责人与曾受毛主席接见的中共九一九公社党委委员贾金荣、中共大卞庄村支部委员刘凤泉等到大卞庄村“蛤蟆洼”毛主席视察处，缅怀毛主席，追思毛主席视察“蛤蟆洼”18 周年。

1979年12月，大卞庄村党支部组织党员在大卞庄村小学开展学习活动，并合影留念。

津西大卞庄全体党员留念（刘恩发提供）

1982年，中共大卞庄村原支部书记、大队长孙元礼病故。党支部、生产大队成立治丧小组，在后街“磨坊”台处，为其举行追悼会。

2007年11月7日，大卞庄村召开党员、村民代表平房改造推动会，中共中北镇党委书记赵春跃，中共中北镇党委副书记赵文月、高政及区建委、区规划局、区水利局、区司法局、区房管局等领导参加。赵春跃介绍当前发展趋势和平改形势，要求党员、村民代表服从发展大局，讲纪律、做表率，支持村里平改工作。

（二）工作实施

1997年4月，经中共大卞庄村支部委员会、大卞庄村委会研究决定，将村民种植的稻田由村集体收回统一管理耕种。

2003年4月25日，大卞庄村召开“两委”班子会议，成立预防“非典”领导小组，要求加强宣传力度，建立信息网络，开展卫生消毒等工作。

2016年8月15日，大卞庄村党员签写缴纳党费情况承诺书，并补缴党费。全村有113名党员补缴2008年4月至2016年6月的党费，共计3.4万元。

2018年9月，大卞庄村综合服务站进行改造提升，更名为中北镇大卞庄村党群服务中心。中心以“红色元素”为主题，发挥红色引航作用，增强了党组织的核心力、引领力，凝聚了党员群众，服务了群众。

党建园地文化墙

（三）组织工作

1997年6月，孙志成因病辞去中共大卞庄村支部委员职务。

1999年5月15日，大

卞庄村召开党员大会，中北镇党委书记李德光，镇党委副书记、镇长高秀冬，镇党委副书记赵文月参加。赵文月通报中共中北镇委员会同意孙维成辞去支部书记职务的决定，同意免去孟兆元的支部委员职务。

2006 年 9 月 25 日，大卞庄村召开党员大会，为保障村内各项工作顺利开展，镇党委指派由马苏清任组长，曹玉侠、曹玉忠等为成员的工作组到大卞庄村协助开展工作。

2010 年 11 月，中北镇镇派大学生村官、中共大卞庄村支部书记助理宋立到大卞庄村报到；2013 年 7 月，镇派大学生村官、中共大卞庄村支部书记助理肖乐到大卞庄村报到；2017 年 7 月，中北镇镇派农村专职党务工作者宋媛到大卞庄村报到。

五、荣誉

（一）集体荣誉

1981 年 5 月，中共大卞庄村支部委员会被中共中北斜乡委员会授予“先进党支部”称号。

2016 年 4 月，大卞庄村代表队在中北镇学习《中国共产党廉洁自律准则》知识竞赛中，获集体二等奖。

（二）个人荣誉

1976 年 10 月，中共大卞庄村支部书记孙元礼被评为西郊区抗震救灾先进个人，并出席西郊区表彰大会；支部副书记石景和支部委员刘恩洪、张砚凤和宫凤珍（妇联委员）、张振铭（瓦工队负责人）等出席九一九人民公社表彰会。

2003 年 6 月，李兴成等认真实践“三个代表”重要思想，在推进中北镇率先基本实现现代化和抗击非典型肺炎斗争中，发挥先锋模范作用，被中共中北镇委员会评为优秀共产党员。

1975—2011 年大卞庄村部分年份获评优秀党员、优秀党务工作者一览表

表 20

年份	获奖人员	获奖称号	授予单位
1975	张砚凤、王桂和、葛春秋	优秀共产党员	九一九公社
1975	张砚凤、王桂和	优秀共产党员	西郊区
1977	刘恩洪、张砚凤、宫凤珍、王金才、徐景凤	优秀共产党员	九一九公社

续表 20

年份	获奖人员	获奖称号	授予单位
1977	张砚凤、宫凤珍	优秀共产党员	西郊区
1981	王治本、张砚凤、刘恩洪、陈义生、左维山	优秀共产党员	九一九公社
1981	张砚凤	优秀共产党员	西郊区
1982	刘学新、刘恩洪、王桂和、张砚凤、王治本	优秀共产党员	西郊区
1983	张砚凤、刘学新、刘恩洪、王治本、王桂和	优秀共产党员	九一九乡
1983	张砚凤	优秀共产党员	西郊区
1984	张砚凤、葛春和、刘学智、李元厚、李兴起	优秀共产党员	中北斜乡
1985	张砚凤、刘学智、李兴起、孙文江	优秀共产党员	中北斜乡
1985	张砚凤	优秀共产党员	西郊区
1986	张砚凤、王桂和、石桂友、孟广起、石振忠	优秀共产党员	中北斜乡
1989	张砚凤、石桂友、石振忠、徐景凤	优秀共产党员	中北斜乡
1989	张砚凤	优秀共产党员	西郊区
1994	张砚凤、刘恩洪、石振忠、刘希兰	优秀共产党员	中北斜乡
1994	张砚凤	优秀党务工作者	中北斜乡
1996	石振忠、刘希兰、刘恩洪、张砚凤	优秀共产党员	中北斜乡
1997	刘希兰	优秀共产党员	中北镇
1999	李兴成、张善友	优秀共产党员	中北镇
2001	石振忠、李兴成、孙继海、李兴成、高金奎	优秀共产党员	中北镇
2003	李兴成	优秀共产党员	中北镇
2005	李兴成、宋立芝	优秀共产党员	中北镇
2007	李兴成、高金奎	优秀共产党员	中北镇
2011	李兴成、孙淑敏 、高金奎、宋立芝、刘希兰	优秀共产党员	中北镇

第三节　党代表名录

党代表是党员选举产生的具有广泛代表性和先进性的党员，基层党代表是与基层党组织和党员群众联系最紧密的党的基层骨干分子，起着桥梁与纽带作用，也是上级方针、政策的宣传员。

1988—2016 年大卞庄村乡、镇党代表一览表

表 21

姓名	性别	民族	当选年月	当选代表
刘学新	男	汉	1988.1	中北斜乡第四次党代会代表
张砚凤	女	汉	1988.1	中北斜乡第四次党代会代表
石华友	男	汉	1988.1	中北斜乡第四次党代会代表
李兴起	男	汉	1988.1	中北斜乡第四次党代会代表
孙维成	男	汉	1988.1	中北斜乡第七次党代会代表
张砚凤	女	汉	1996.12	中北斜乡第七次党代会代表
刘晓勇	男	汉	1996.12	中北斜乡第七次党代会代表
姜树林	男	汉	1999.11	中北镇第八次党代会代表
李兴成	男	汉	1999.11	中北镇第八次党代会代表
刘希兰	女	汉	1999.11	中北镇第八次党代会代表
李兴成	男	汉	2001.12	中北镇第九次党代会代表
宋立芝	女	汉	2001.12	中北镇第九次党代会代表
李兴成	男	汉	2006.8	中北镇第十次党代会代表
宋立芝	女	汉	2006.8	中北镇第十次党代会代表

续表 21

姓名	性别	民族	当选年月	当选代表
宋金波	男	汉	2006.8	中北镇第十次党代会代表
李兴成	男	汉	2011.7	中北镇第十一次党代会代表
高金奎	男	汉	2011.7	中北镇第十一次党代会代表
孙淑敏	女	汉	2011.7	中北镇第十一次党代会代表
李兴成	男	汉	2016.7	中北镇第十二次党代会代表
宋立芝	女	汉	2016.7	中北镇第十二次党代会代表
王竟永	男	汉	2016.7	中北镇第十二次党代会代表

1986—2016 年大卞庄村区党代表一览表

表 22

姓名	性别	民族	当选年月	当选代表
张砚凤	女	汉	1986.7	西郊区第四次党代会代表

第四节　精神文明建设

80 年代始，多户家庭和多名个人被评选为“文明家庭”“五好家庭”“五好个人”“遵纪守法”户等，也有数十人在生产劳动中被评为“先进个人”“先进生产者”等；90 年代以来，大卞庄村积极组织为 1998 年特大洪水、汶川大地震等受灾地区捐衣、捐款等。

一、文明创建

（一）文明村创建

2010 年 7 月，大卞庄村成立创建文明村“十个一”领导小组，村主要负责人任组长，负责创建全面工作，副组长高金奎协助具体工作，副组长李兴成负责创建工作的落实和具体实施，成员尚玉明负责小区环境卫生、管理服务，孙淑敏负责妇女半边天家园活动的开展，李顺义负责技防网、警务室建设，宋立芝负责宣传工作。

2011 年，村民还迁小区后，中共大卞庄村支委会重视“文明村”建设，按照要求建立“十个一”工程，即一个超前的建设规划、一个村民学校、一个中心花园、一个文体活动站、一个综合服务站、一个宣传橱窗、一个警务室、一个技防网、一个村级广播电视站、一套完整规范的垃圾清运设施。

2012 年 11 月，西青区文明办联合区财政局、区市容园林委等单位组成验收小组，对 2012 年度文明村“十个一”创建申报单位进行检查验收，大卞庄村顺利通过考核。

2015 年 9 月，大卞庄村被中共中北镇委员会、中北镇政府评为“文明村”。

（二）文明城区创建

2015 年 5 月 11 日，大卞庄村委会传达贯彻西青区创建文明城区（简称“创文”）动员会精神，努力营造宣传氛围，践行社会主义核心价值观，做到户户知晓、家家参与。

2017 年 3 月，大卞庄村开展“清脏治乱”拆违专项治理活动，对钢材市场、西青道南老年周转房等私搭乱盖的建筑物进行拆除。累计拆违面积约 10 万平方米，清运渣土及垃圾约 6 万立方米。

为做好西青区创建文明城区迎检工作，大卞庄村文化综合服务中心、农家书屋（图书室）、文化活动室免费开放；加强环境卫生治理，清理小广告、堆杂物等；张贴制作 600 余幅宣传图画和 6000 余件宣传品。

2018 年，大卞庄村巩固创文成果，建立长效管理机制，完善管理制度，努力提

西青区文明办领导到大卞庄村农家书屋开展验收工作（2012 年李淑起摄）

志愿者向村民发放宣传材料（2018 年刘帅摄）

高人文素质、环境治理、文化活动和开展志愿等活动。

二、文明评选

自 80 年代起，大卞庄村评选出数十户乡镇级、区级“五好家庭”、多名“五好个人”和数百户“遵纪守法户”，为精神文明建设奠定良好基础，社会效益显著。

（一）五好家庭、五好个人

1982—1993 年大卞庄村获评五好家庭、五好个人一览表

表 23

年份	姓名	性别	荣誉称号	授予单位
1982	贾金荣	女	五好家庭	九一九乡
1982	孟广珍	女	五好家庭	九一九乡
1982	石友凤	女	五好个人	九一九乡
1983	贾金荣	女	五好家庭	九一九乡
1983	孙桂香	女	五好家庭	九一九乡
1983	邹凤荣	女	五好家庭	九一九乡
1983	石友凤	女	五好个人	九一九乡
1983	李秀华	女	五好个人	九一九乡
1983	杜文芝	女	五好个人	九一九乡
1984	李德广	男	五好家庭	中北斜乡
1984	宋兴武	男	五好家庭	中北斜乡
1984	张宝瑞	男	五好个人	中北斜乡
1984	孙月新	男	五好个人	中北斜乡
1984	杜文芝	女	五好个人	中北斜乡
1984	孟广才	男	五好个人	中北斜乡
1984	李德广	男	五好个人	中北斜乡
1984	刘　凯	男	五好个人	中北斜乡
1984	赵文芬	女	五好个人	中北斜乡

续表 23

年份	姓名	性别	荣誉称号	授予单位
1984	刘文早	男	五好个人	中北斜乡
1986	尚家泰	男	五好家庭	西郊区
1990	左维华	女	五好家庭	中北斜乡
1990	孟广才	男	幸福老人先进个人	中北斜乡老龄委
1993	孙桂香	女	文明家庭	西青区

（二）文明户、村民、标兵

1999 年大卞庄村获评文明家庭户、村民、标兵一览表

表 24

姓名	性别	荣誉称号	授予单位
孙继海	男	文明家庭户	中共中北镇党委 中北镇政府
李兴成	男	文明家庭户	中共中北镇党委 中北镇政府
刘学安	男	文明家庭户	中共中北镇党委 中北镇政府
刘凤彩	男	文明家庭户	中共中北镇党委 中北镇政府
葛春祥	男	文明家庭户	中共中北镇党委 中北镇政府
刘希友	男	文明家庭户	中共中北镇党委 中北镇政府
孙广林	男	文明职工	中共中北镇党委 中北镇政府
孙志龙	男	文明职工	中共中北镇党委 中北镇政府
李兴松	男	文明职工	中共中北镇党委 中北镇政府
张善友	男	文明青年	中共中北镇党委 中北镇政府
刘晓芝	女	文明青年	中共中北镇党委 中北镇政府
孙云生	男	文明村民	中共中北镇党委 中北镇政府
李淑荣	女	文明村民	中共中北镇党委 中北镇政府
石桂友	男	文明村民	中共中北镇党委 中北镇政府
佟国义	男	文明村民	中共中北镇党委 中北镇政府
左维华	女	文明村民	中共中北镇党委 中北镇政府

续表 24

姓名	性别	荣誉称号	授予单位
马全来	男	文明村民（标兵）	中共中北镇党委 中北镇政府
宋伯来	男	文明村民	中共中北镇党委 中北镇政府
尚洪专	男	文明科技示范户	中共中北镇党委 中北镇政府
刘凤强	男	文明科技示范户	中共中北镇党委 中北镇政府
李洪明	男	文明科技示范户	中共中北镇党委 中北镇政府
宋维善	男	文明科技示范户（标兵）	中共中北镇党委 中北镇政府
姜伯永	男	文明个体工商户	中共中北镇党委 中北镇政府

1999—2017 年大卞庄村获评文明个体工商户、村民、标兵一览表

表 25

年份	姓名	性别	荣誉称号	授予单位
1999	佟国良	男	文明个体工商户	中共中北镇党委 中北镇政府
1999	尚家树	男	文明个体工商户	中共中北镇党委 中北镇政府
1999	马德志	男	文明个体工商户	中共中北镇党委 中北镇政府
1999	李元贵	男	文明个体工商户	中共中北镇党委 中北镇政府
1999	尚洪进	男	文明个体工商户	中共中北镇党委 中北镇政府
2000	尚家树	男	文明村民	中共中北镇党委 中北镇政府
2000	左维华	女	文明村民	中共中北镇党委 中北镇政府
2000	宋立芝	女	文明村民	中共中北镇党委 中北镇政府
2000	李兴珍	女	文明村民	中共中北镇党委 中北镇政府
2000	佟国义	男	文明村民	中共中北镇党委 中北镇政府
2000	宋桂梅	女	文明村民	中共中北镇党委 中北镇政府
2011	刘学忠	男	最美家庭	中共中北镇党委 中北镇政府
2011	孙云国	男	见义勇为标兵	中共中北镇党委 中北镇政府
2013	刘长芬	女	文明家庭标兵户	中共中北镇党委 中北镇政府
2013	年淑英	女	孝老爱亲之星	中共中北镇党委 中北镇政府
2017	曾秀红	女	西青区最美家庭	中共西青区委宣传部 西青区文明办　西青区妇联

（三）最美军人

2018年11月10日，大卞庄村退伍军人、天津银座集团董事长王贵武，被中共中央宣传部、退役军人事务部授予“最美退役军人”称号。

三、慈善服务

（一）慈善募捐

1996年，河北省遭受严重自然灾害。大卞庄村共产党员、广大群众主动响应捐赠活动，为受灾群众捐赠衣被5550件。

1998年8月，大卞庄村民积极响应党的号召，踊跃为长江流域及东北松花江一带发生特大洪涝灾害的灾区群众捐赠毛衣500件、棉衣130件、单衣2500件；村委会为贫困地区捐款5万元；村民个人捐款9795元；天津银座集团捐款10万元；村妇联组织村妇女为灾区群众捐款10795元，捐赠衣服2436件。2005年，村委会为慈善事业捐款5000元。

2008年5月，大卞庄村集体企业和村民为四川汶川大地震灾区捐款4万元和200件棉衣；村党支部组织共产党员为支援四川汶川大地震救灾工作，交纳特殊党费8500元。

2015年3月，大卞庄村妇联开展庆“三八”妇女节活动，以弘扬雷锋精神“传递爱心、点燃梦想”为主题，组织妇女为中华少年儿童慈善救助基金会西部儿童救助基金会“早安宝贝”项目捐款8911元。

2016年6月，由党支部副书记李兴成提倡，党员、群众自发组成的运通花园爱心志愿服务队成立。2016—2018年，志愿者先后为甘肃省西和县西和四中、西和县长道小学困难学生捐款1.64万元。

孙淑敏主持捐款活动（2015年李兴成摄）

2016—2017 年运通花园爱心志愿者捐款一览表

表 26　　　　　　单位：元

姓名	2016年捐款	2017年捐款	姓名	2016年捐款	2017年捐款
孙　红	200	300	孙云珍	200	108
刘向荣	200	200	张洪喜	200	124
兰凤泉	200	510	袁云芝	200	100
李成平	200	200	朱文领	200	
尚洪光	200	236	刘贺芬	200	80
尚俊红	200	200	王纪茹	200	
李玉红	200	200	王宝辉	100	
张连海	200	5	纪根静	200	105
孟宪仑	200	230	朱会雨	100	
尚玉明	200	300	尚洪海	200	
孙淑敏	200	200	刘晓勇（小）	200	
杨文池	2000		杨金凯	200	
年亚文	200	10	袁　媛	100	
刘志丽	200		宋立芝	200	200
孙云飞	200	200	张善良	200	200
刘玉柱	100		王玉柱	200	288
宋　立	200		李兴成	300	200
杨玉莹	100	100	胡晓旭	200	
刘　帅	200	320			
尚玉彬	200		高金奎		200
宋立燕	200	100	许淑爱		100
任老师	200		宋　媛		100
孙淑芳	100		石秀萍		187
纪根莲	200	110	刘晓勇		200
尚洪云	200	200	张善友		200
刘　瑾	100	100	王竟全	100	

续表 26

姓名	2016年捐款	2017年捐款	姓名	2016年捐款	2017年捐款
马雄伟	200		尚家强		200
姚　磊	100		李景利		200
袁忠林	200		孙亚南		100
王竟永	200		王　勇		200
刘　芳	200	100	许连强		15
刘胜敏	200	22	刁玉兰		25
尚洪图	400	200	孙亚军		5
纪根发	200	270	星空台球城		1044.90

说明：排名不分先后

（二）志愿者服务

2015 年 9 月，运通花园志愿服务队被中共中北镇委员会、中北镇人民政府授予“优秀志愿服务队”称号。

2016 年 6 月，大卞庄村党员、群众自发组成的运通花园“爱心志愿服务队”成立，有志愿者 70 余人。2018 年，有 30 余名党员到社区报到，被编入志愿服务队，认领环境卫生、学生关怀服务、政策法规宣传等服务岗位。

志愿者向村民发放宣传材料（2019 年刘帅摄）

高金奎参加志愿服务活动（2018 年刘帅摄）

四、尊老敬老

尊老、敬老、爱老、助老是中华民族的传统美德。中共大卞庄村委员会、大卞庄村委会秉承这一传统美德，关心、关怀老年村民的生活。为让老人生活越来越好、越来越幸福，享受新时代的发展成果，连续 6 年提高老人退休金，由 2012 年每人每月的 300 元上调到 2018 年的 1200 元，并相继开展为 85 岁以上老人送生日蛋糕、送花篮、送去祝福活动，为 80 岁以上老人增加 200 元居家养老补贴金，为 75 岁以上老党员送春节慰问，为 60 岁以上村民免费查体，党群服务中心为老人代办居家养老、退休补贴、养老、医疗保险等服务。

刘文书，1918 年 9 月出生，生前曾在天津市河东区副食店工作，育有三儿一女，家庭成员有近 30 人。老人一生与世无争，不吸烟、不喝酒、不玩牌，喜爱看报纸、看书。刘文书与儿子刘学利、儿媳曾秀红共同生活近 30 年，儿女孝顺，家庭和睦，使老人尽享天伦之乐，颐养天年。

曾秀红家庭获“西青区最美家庭”称号

2012 年 10 月，曾秀红获评西青区“百名孝星”；2017 年 5 月、7 月，其家庭被中共西青区委宣传部、西青区文明办、西青区妇联和中北镇党委、政府先后授予西青区“最美家庭”和中北镇“最美家庭”称号。

第八章　村政组织

1949 年至 1983 年 10 月，大卞庄村村政组织最早称村公所，之后是生产大队、革委会、管委会；1983 年 10 月起至今改称“村民委员会”。其间有 40 余人担任过村级行政组织主要负责人。改革开放后，大卞庄村先后被授予“天津市小康村”“宽裕型小康村”“市级卫生村”等称号。

第一节　历史沿革

一、组织沿革

（一）村公所

1949 年 9 月，大卞庄村建立村级人民行政组织村公所。王瑞堂为首任大卞庄村村长。

1953 年 7 月至 1958 年 9 月，大卞庄由互助组发展到初级社，由初级社发展到高级社，由高级社发展到人民公社。 这一时期村级行政组织为农业社。农业社“一把手”为社长或主任。

（二）生产大队

1961 年实行公社、生产大队和生产队三级所有，生产队为基本核算单位，按劳分配的制度。取消公社管理区和联村核算制。刘学智任生产大队长，负责管理村级生产及行政（工作）事务。

（三）革命委员会

1966 年“文化大革命”开始，生产大队改为管委会；1968 年，大队管委会改为革命委员会，简称“革委会”。石振忠任革委会主任，实行党政合一的“一元化”领导，统揽全村的党政财文及生产大权。

（四）管委会

1980 年 12 月，大卞庄村革委会改为管理委员会，刘学新任生产大队长，刘凤泉、王桂和、张砚凤、孙维成任副大队长，石会友、佟世英、佟世香、王治本任管委会委员。

1984 年 7 月 17 日，经中共九一九乡委员会同意，孙维成任大卞庄村联合社社长。

（五）村委会

1983 年，废除了革命委员会的“一元化”领导体制。成立村委会，推选刘恩洪任第一届大卞庄村民委员会主任。至 2018 年，已产生 10 届村民委员会。

二、历届村组织正职任职一览表

1949—2018 年大卞庄村历任村（队）长、村委会主任一览表

表 27

姓 名	性别	任职时间	职 务
王瑞堂	男	1949.9—1950	村长
孙士文	男	1951—1953.6	村长
郭德祥	男	1953.7—1957.6	曹庄子乡乡长
郭荣弟	男	1958.4—1958.9	大稍直口乡人民委员会主任
刘学智	男	1961—1963	生产大队长
尚家荣	男	1964—1966.9	生产大队长
孙元礼	男	1966.9—1974	生产大队长
刘学新	男	1975—1982.12	生产大队长
石振忠	男	1968.3—1971.2	革委会主任
刘恩洪	男	1983—1984	村委会主任
孙维成	男	1984—1989.1	村委会主任
刘恩洪	男	1989.1—1996.9	村委会主任
尚洪伟	男	1999.4—1999.10	第四届村委会主任
刘凤玉	男	2003.5—2006.5	第五届村委会主任
		2006.5—2006.9	第六届村委会主任
高金奎	男	2012.9—2015.7	第八届村委会主任
		2015.7—2018.7	第九届村委会主任
宋玉春	男	2018.7—	第十届村委会主任

第二节 村务工作

一、村民自治

村民自治，就是广大群众直接行使民主权利，依法办理自己的事情，创造自己的

幸福生活，实行自我管理、自我教育、自我服务的一项基本社会政治制度。村民自治的核心内容是“四个民主”，即民主选举、民主决策、民主管理、民主监督。村民委员会办理该村的公共事务和公益事业，向村民会议和村民代表会议负责，向人民政府反映村民的意见、要求和提出建议。

（一）民主选举

1999 年 4 月 24 日，大卞庄村第四届村民委员会进行换届选举，经过提名、选举，尚洪伟当选村委会主任。

同年 5 月 12 日，李兴成、李洪群、尚洪江当选大卞庄村第四届村民委员会副主任，刘晓勇、孙淑敏、张善友当选村委会委员。

2003 年 5 月 20 日，大卞庄村第五届村民委员会进行换届选举，经过选举，孙淑敏、李顺义、高金奎等当选村委会委员。

2006 年 5 月 27 日，大卞庄村第六届村民委员会进行换届选举，经过选举，孙淑敏、李顺义、高金奎等当选村委会委员。

2012 年 9 月 11 日，大卞庄村第八届村民委员会进行换届选举，经过选举，高金奎当选村委会主任，孙淑敏、李顺义当选村委会委员。

2015 年 7 月 28 日，大卞庄村第九届村民委员会进行换届选举，经过选举，高金奎当选村委会主任，李顺义、宋立芝当选村委会委员。

2018 年 7 月 22 日，大卞庄村第十届村民委员会进行换届选举，经过提名、选举，高金奎当选村委会副主任、刘帅当选村委会委员。

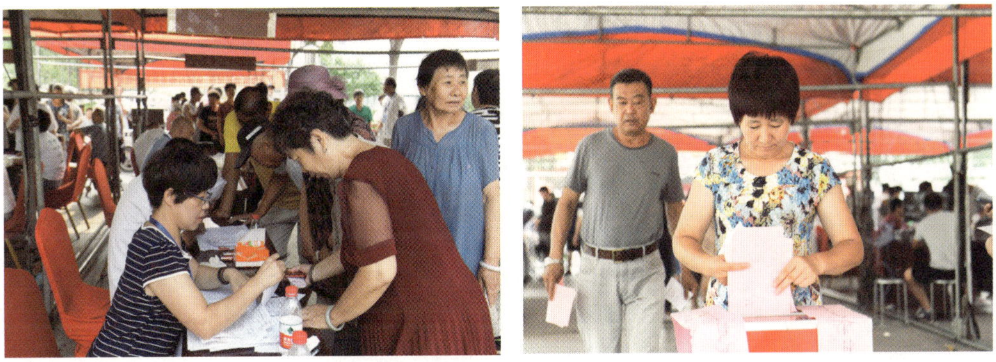

选民参加选举投票（2018 年李淑起摄）

（二）村民代表

1999 年 6 月，根据《中华人民共和国村民委员会组织法》的有关规定，选举产生大卞庄村第四届村民代表。至 2018 年，已产生第五届、第六届、第八届、第九届、第十届村民代表。村民代表享有权利和义务，代表村民的利益，代表村民行使民主权利。村民代表的任期与村民委员会的任期相同。村民代表可以连选连任。

村民代表参加村庄建设会议（2007 年李兴成摄）

2007 年 10 月，大卞庄村实施平房改造，村民代表在动员拆迁、建设发展和制定拆迁政策等工作中，积极建言献策，履职尽责，发挥了重要作用和表率作用。

2018 年 10 月 22 日，组织部分村民代表到中北镇新城市中心参观学习，中北镇政府经济发展办公室（招商办）主任任震怀、村主要负责人分别介绍了中北镇“一轴、两园、三区、四带”发展规划和村集体经济发展、村内拆违、修筑路网等重点工作情况。

大卞庄村第十届村民代表一览表

表 28

序号	姓　名	性别	出生日期	政治面貌	任职起止时间
1	高金奎	男	1964.3.12	党员	2018.8—2023.8
2	李兴成	男	1970.7.31	党员	2018.8—2023.8
3	宋立芝	女	1974.3.25	党员	2018.8—2023.8
4	孟宪仑	男	1983.11.21	党员	2018.8—2023.8
5	刘　帅	女	1987.1.12	党员	2018.8—2023.8
6	孙淑敏	女	1965.8.3	党员	2018.8—2023.8
7	尚玉明	男	1973.9.27	党员	2018.8—2023.8
8	李淑艳	女	1980.10.8	党员	2018.8—2023.8
9	张善良	男	1975.3.22	党员	2018.8—2023.8
10	王竟永	男	1975.1.21	党员	2018.8—2023.8
11	尚洪志	男	1960.7.5	党员	2018.8—2023.8
12	刘恩发	男	1947.2.20	党员	2018.8—2023.8
13	杨子波	男	1955.8.17	党员	2018.8—2023.8

续表 28

序号	姓　名	性别	出生日期	政治面貌	任职起止时间
14	尚家强	男	1959.2.8	党员	2018.8—2023.8
15	尚洪云	女	1975.11.5	党员	2018.8—2023.8
16	李兴起	男	1952.2.3	党员	2018.8—2023.8
17	孙云伟	男	1976.5.19	党员	2018.8—2023.8
18	孙文波	男	1956.11.5	党员	2018.8—2023.8
19	张桂成	男	1959.5.1	党员	2018.8—2023.8
20	年金忠	男	1954.2.9	党员	2018.8—2023.8
21	石华友	男	1953.1.19	党员	2018.8—2023.8
22	刘希友	男	1954.5.10	党员	2018.8—2023.8
23	尚洪亮	男	1952.10.18	党员	2018.8—2023.8
24	宋　媛	女	1991.10.9	党员	2018.8—2023.8
25	李　弋	男	1990.10.2	党员	2018.8—2023.8
26	刘彤彤	男	1990.9.11	党员	2018.8—2023.8
27	佟国义	男	1953.9.8	群众	2018.8—2023.8
28	崔胜利	男	1953.9.8	群众	2018.8—2023.8
29	刘恩霞	女	1968.9.24	群众	2018.8—2023.8
30	姚桂来	男	1962.11.24	群众	2018.8—2023.8
31	刘家菊	女	1963.8.20	群众	2018.8—2023.8
32	于国琴	女	1969.4.1	群众	2018.8—2023.8
33	尚洪旗	男	1958.9.20	群众	2018.8—2023.8
34	李洪群	男	1954.4.11	群众	2018.8—2023.8
35	张洪顺	男	1967.10.11	群众	2018.8—2023.8
36	刘金城	男	1947.5.6	群众	2018.8—2023.8
37	李德春	男	1967.2.4	群众	2018.8—2023.8
38	石友元	男	1949.10.11	群众	2018.8—2023.8
39	宋玉强	男	1959.5.5	群众	2018.8—2023.8

续表 28

序号	姓　名	性别	出生日期	政治面貌	任职起止时间
40	孙云会	女	1964.10.14	群众	2018.8—2023.8
41	王春英	女	1966.5.2	群众	2018.8—2023.8
42	李兴亮	男	1950.2.3	群众	2018.8—2023.8
43	陈玉红	女	1955.11.23	群众	2018.8—2023.8
44	刘洪娟	女	1953.6.7	群众	2018.8—2023.8
45	刘金刚	男	1954.9.29	群众	2018.8—2023.8
46	刘和平	女	1960.1.24	群众	2018.8—2023.8
47	王玉娟	女	1963.11.9	群众	2018.8—2023.8
48	范秀梅	女	1970.4.1	群众	2018.8—2023.8
49	尚会娟	女	1979.4.20	群众	2018.8—2023.8
50	李德中	男	1955.11.30	群众	2018.8—2023.8
51	李洪芝	女	1957.12.26	群众	2018.8—2023.8
52	年金全	男	1965.12.19	群众	2018.8—2023.8
53	刘玉柱	男	1985.8.4	群众	2018.8—2023.8

说明：排名不分先后

（三）民主决策

2014 年，大卞庄村委会按照中北镇“三资”管理中心工作要求，在重大事项、重大建设、资产支出等工作事项中，坚决执行“六步决策法”，实行请款、报告、预算等民主决策制度，按照西青区村级权力清单（四十五条范本试行）开展各项工作，村民代表在村庄建设、经济建设、生态文明建设等方面，积极履行村民代表的权利、职责和监督作用。

（四）民主监督

村务监督委员会　主要职责是对村务决策、村务公开、村集体“三资”管理、村工程建设项目、民计民生落实、惠农政策措施落实的情况及其他依法需要监督的事项进行监督。

2012 年，在中共大卞庄村支部的领导下，经村民代表会议推选，大卞庄村成立首届村务监督委员会，由 5 人组成，李兴成当选主任。

2015 年 9 月，大卞庄召开村民代表会选举第九届村务监督委员会，李兴成当选主任，刘恩发、闫玉萍、杨子波、佟国义当选委员。

2018 年，经村民代表选举，李兴成、刘恩发、杨子波、佟国义、张桂成等当选大卞庄村第十届村务监督委员会委员，李兴成任主任。

村务公开　1998 年 11 月，全国人大常委会通过的《中华人民共和国村民委员会组织法》中，对村民委员会实行村务公开制度作出规定。中共大卞庄村委员会、村委会、村务监督委员会积极贯彻执行村务公开制度，即每半年进行一次公开、年终进行一次全年的党务、村务、财务公开，重大事项随时公开，以召开党员、村民代表会议和张贴宣传栏公布形式为主，保证村民知情权，自觉接受村民的监督。

李兴成主持村务公开大会（2016 年张善良摄）

党员、村民代表参加村务公开大会（2016 年张善良摄）

二、民主法治建设

（一）社会治安综合治理

治安保卫委员会　简称“治保会”。是群众性的治安保卫组织，在基层政府领导和公安机关业务指导下进行工作，是党和政府动员组织群众维护社会治安的队伍。

新中国成立后，村内治安由民兵小队负责，刘凤成任治保主任。治保会组织在保护村民生产、财产安全和维护治安稳定等方面发挥重要作用。

1949—2018 年，大卞庄村先后有刘凤成、倪春先、朱善亭、葛春和、王竟永等历任治保会主任。

50 年代至 2018 年，大津县第五区公安员张文远，西郊（青）区公安民警（片警）李光友、王邦德、周玉强、段树伟、吴大海、王俊、王扬、王金钊等先后负责管理大卞庄村户籍、治安等工作。

1989 年，大卞庄村成立治安巡逻队（双卫队），负责村内治安和暂住人口的日常管理。

2001 年 2 月 13 日，大卞庄村“两委”班子成员，部署关于加强监控措施工作，加强村域内综合治理工作。

同年 11 月 27 日，天津市综治办领导丁有成、中共西青区委政法委副书记辛培起及中共中北镇党委副书记赵文月、政法委副书记龙万兴和中北派出所所长刘洪庆、中北镇综治办主任沈大伙等市、区、镇综治办领导到大卞庄村进行考察验收。

2004 年 4 月，李顺义被中北镇党委、镇政府评为“2003 年度优秀治保主任”，大卞庄村巡逻队被评为“优秀巡逻队”。

2016 年，为加强小区治安工作长效机制，村委会投资安装 120 余个监控摄像头。

2018 年 10 月，治保会配合公安机关开展非法集资、扫黑除恶、禁放烟花爆竹、禁毒、网络诈骗等法治宣传活动，并入户签订家庭治安责任书。

调解委员会 简称“调委会”，在化解民事纠纷方面发挥作用。50 年代，朱善庭任调委会主任；1989—2018 年，李兴成、王竟永等先后任大卞庄村调委会主任。

（二）普法

利用广播、板报、宣传栏等宣传工具，向村民普及《中华人民共和国宪法》《中华人民共和国婚姻法》《中华人民共和国交通道路安全法》《中华人民共和国民法典》等法律知识。

2015 年 6 月，组织村民开展主题为“平安建设、综合治理”、“六五”普法的教育宣讲活动。聘请专业律师讲座，讲解《中华人民共和国劳动法》《中华人民共和国人民调解法》《中华人民共和国治安管理处罚条例》等法律法规。

2018 年 3 月，大卞庄村组织村民参加普法学习活动，驻村法律顾问吴杰律师以“防

民警王金钊参加社区普法宣传（2019 年孟宪仑摄）

张善良等参加交通安全宣传活动（2019 年刘帅摄）

范非法集资、高利贷”“防范电信诈骗”为主题为村民宣讲。

三、优属助困

（一）优属

2004年8月5日，大卞庄村成立村级双拥领导小组，村“两委”委员任小组成员。王竞永任信息联络员。

2018年，大卞庄村委会成立退役军人服务站，专职孟宪仑负责日常服务工作。为退伍军人家庭挂“光荣之家”荣军牌；村委会给现役军人发放优抚金。

为增强现役军人、退伍军人和军属的荣誉感、自豪感，大卞庄村委会发扬拥军优属的光荣传统，每到春节前夕，为军属先后发放对联、挂历、红灯笼、食用油等节日慰问品。该传统已坚持40余年。

（二）助困

低保家庭　2018年年底，大卞庄村有低保家庭15户，其中农困13户、居困2户，多为残疾或因病致贫、因病返贫的村民。村委会始终坚持为民、惠民、便民的工作宗旨，帮扶困难群众，为低保家庭做好申请、复审、慰问等各项服务工作。低保户实行动态管理，每季度复审一次。

退伍军人李弋领取慰问品（2019年李兴成摄）

残疾工作　90年代，大卞庄村委会加强残疾人工作，设残疾专职1人，建立帮扶对象和残疾人康复站。至2018年12月底，全村有175名残疾人办理残疾证，其中肢残125人、智残19人、精神残12人、盲残7人、听力残11人、言语残1人；有一级重度残疾人11人、二级重度残疾人59人。

2000—2018年，大卞庄村委会每年春节前夕为持残疾证村民发放粮、油等慰问品或补贴金。

四、人大代表

“人民选我当代表，我当代表为人民。”人大代表应当代表人民的权益和意志，依法行使代表职权，积极履行代表义务，充分发挥代表作用。人大代表是广大人民群众依法选举产生，是参与国家事务的使者，代表着人民行使当家做主的权利。

2018 年，大卞庄村建立基层人大代表工作站。不断拓宽代表履职渠道，着力提升代表履职能力，充分发挥人大代表主体作用，加强人大代表与群众的密切联系。西青区人大代表于国琴、中北镇人大代表李兴成、高金奎、刘家菊参加驻点，接待辖区选民，收集社情民意。

（一）镇级人大代表

1980—2016 年大卞庄村历届乡镇人大代表一览表

表 29

姓名	性别	民族	出生年月	当选年月	当选代表
孙元礼	男	汉	1931.1	1980.4	九一九公社第八届人大代表
张砚凤	女	汉	1943.5	1980.4	九一九公社第八届人大代表
宫凤珍	女	汉	1940.2	1980.4	九一九公社第八届人大代表
刘学新	男	汉	1931.6	1984.3	九一九乡第九届人大代表
孙文海	男	汉	1957.3	1984.3	九一九乡第九届人大代表
王桂和	男	汉	1945.9	1984.3	九一九乡第九届人大代表
姜伯永	男	汉	1945.12	1984.3	九一九乡第九届人大代表
孟兆玉	男	汉	1945.9	1984.3	九一九乡第九届人大代表
刘恩洪	男	汉	1942.1	1984.3	九一九乡第九届人大代表
佟国祥	男	汉	1950.12	1984.3	九一九乡第九届人大代表
张砚凤	女	汉	1943.5	1987.3	中北斜乡第十届人大代表
刘希兰	女	汉	1943.3	1987.3	中北斜乡第十届人大代表
佟国祥	男	汉	1950.12	1987.3	中北斜乡第十届人大代表
宫凤珍	女	汉	1940.2	1987.3	中北斜乡第十届人大代表
刘恩洪	男	汉	1942.1	1990.2	中北斜乡第十一届人大代表
孙志成	男	汉	1950.2	1990.2	中北斜乡第十一届人大代表
张砚凤	女	汉	1943.5	1990.2	中北斜乡第十一届人大代表
佟国祥	男	汉	1950.12	1990.2	中北斜乡第十一届人大代表
张砚凤	女	汉	1943.5	1996.1	中北斜乡第十三届人大代表
李兴成	男	汉	1970.7	2002	中北镇第十五届人大代表
高金奎	男	汉	1964.3	2002	中北镇第十五届人大代表
佟国义	男	汉	1953.9	2006	中北镇第十五届人大代表
李兴成	男	汉	1970.7	2006	中北镇第十六届人大代表

续表 29

姓名	性别	民族	出生年月	当选年月	当选代表
佟国义	男	汉	1953.9	2006	中北镇第十六届人大代表
刘家菊	女	汉	1963.8	2006	中北镇第十六届人大代表
佟国义	男	汉	1953.9	2014	中北镇第十七届人大代表
刘家菊	女	汉	1963.8	2014	中北镇第十七届人大代表
高金奎	男	汉	1964.3	2016.11	中北镇第十八届人大代表
李兴成	男	汉	1970.7	2016.11	中北镇第十八届人大代表
刘家菊	女	汉	1963.8	2016.11	中北镇第十八届人大代表

（二）区级人大代表

张砚凤，女，1986 年当选西郊区第四届人民代表大会代表；王敏，女，2011 年当选西青区第十六届人民代表大会代表；于国琴，女，2016 年当选西青区第十七届人民代表大会代表。

第三节　施政要略

一、发展决策

（一）农业建设

1983 年，大卞庄村开始实行家庭联产承包责任制，生产小队解散，各户按人口、年龄、户口性质分得园田、旱田、自留地和生产资料。

1997 年 4 月 11 日，大卞庄村委会将村民分散种植稻地统一收回管理；10 月，大卞庄村农业公司按照发放标准，为村民发放稻谷，农业人口每人 25 公斤，每公斤收费 0.8 元。

（二）经济建设

1997 年 2 月，村委会投资在村北 14 米大道建数十间门脸房，建小型市场。

2000 年 4 月 24 日，中北镇下发文件，中共中北镇委员会、中北镇政府决定大卞庄村进行清产、核资、审计、评估等工作，并成立大卞庄村资产清算委员会。主任为赵春跃，副主任为罗德奎、仁纪涛、陈玉珍、白俊鹏，成员有辛福兰、姜树林、马苏清及包村干部、包村民警等。下设资产清算委员会办公室，主任为陈玉珍，副主任为沈大伙、曹玉侠，法律顾问为郭庆、肖玉平，设财务组、资产组、债权债务组、综合组。

是年 11 月 11 日，经村民代表会决议，同意大卞庄村集体企业进行整体改制，同意以已有企业经营者为主进行产权制度改革。

2001 年 11 月 17 日，大卞庄村召开“两委”班子扩大会议，讨论决定征用外环线东 6 号桥至 7 号桥之间的土地，建设农贸市场、宠物市场、钢材市场；11 月 26 日，村民代表会决议，同意村集体外环线以东土地建设大型钢材市场。

2008 年 12 月 28 日，村民代表大会通过关于加快大卞庄村经济发展开发永旺等项目的决议。决定委托中北镇人民政府和中共大卞庄村支部、大卞庄村委会利用村已有土地，广泛招商，本着振兴集体富裕村民的原则，盘活现有土地。按照全镇整体规划，安排永旺等开发项目。

2015 年 7 月 25 日，大卞庄村召开村民代表会，表决通过关于由村委会投资成立运通伟业资产管理有限公司的决定。

（三）民生

2005 年 1 月 5 日，经村民代表决议，将村民退休费由原来的 50 元上调到每人每月 100 元，将男性退休村民的年龄由 65 周岁下调到 60 周岁。

2008 年 5 月，大卞庄村为 18 周岁至男性村民 60 周岁前、女性 50 周岁前的拆迁村民首发村民就业补偿金，每人每月 260 元（后上调为 300 元），直至退休。

是年 6 月，大卞庄村委会为拆迁的残疾村民，每人每月发放 200 元生活补助费。

2018 年 1 月 27 日，村民代表会通过提高村民福利待遇等决议，退休费每人每月上调 200 元，达到 1200 元；对 62 名 80 岁以上的老人每人每月再增加 200 元居家养老补贴金，每人每月可享受 1400 元；提高全村村民春节补助金（包括口粮款），每人每年上调 500 元，达到 1000 元。

（四）村庄建设

1992 年 4 月，大卞庄村安装闭路电视，村民交初装费 150 元，引网线入户；1997 年 4 月，加装有线电视广播网。

2006 年 12 月 28 日，大卞庄村召开村民代表会，通过《大卞庄村旧村改造实施方案》。

2008 年 6 月 8 日，大卞庄村还迁楼房在新建房址举行奠基仪式，西青区、中北镇主要领导及各委办局、各村的领导参加。

2017 年 3—5 月，大卞庄村开展“四清一绿”、高铁沿线“清脏治乱”和“小散乱污”企业专项治理工作，对村域内外的所有违章建筑、私搭乱盖房屋进行拆除。

2018 年 9 月 8 日，中北镇党委组织新当选的“一肩挑”党组织书记、村主任和各科室负责人观摩团，到大卞庄村平房区待改造现场，了解长期制约村经济发展的重要问题和关键环节。

是年 9 月 13 日，中共西青区委书记李清、区农委主任时迎春、区总工会副主席龙万兴以及中北镇等主要领导到大卞庄村就交通路网建设工作进行现场指导办公。

（五）农村产权制度改革

2018 年 2 月 10 日，大卞庄村召开村民代表会，表决通过村委会成立村集体农村产权制度改革工作小组，并成立三个专项小组，分别为清产核资专项工作组、成员资格认定专项工作组、文秘专项工作组。

同日，通过关于大卞庄村农村集体产权制度改革确认人员资格时间基准日的决议，大卞庄村农村集体产权制度改革时间点为 2018 年 2 月 28 日 24 点，此时间点以前死亡的、以后出生的、以后户籍迁入的不再具有村集体经济组织成员身份确认条件，不能参与村集体产权制度改革。

2018 年 9 月 3 日，原大卞庄村农村集体产权制度改革小组成员因工作变换，部分成员被调整。村主要负责人高金奎为组长、副组长，成员有李兴成、宋立芝、孟宪仑、刘帅、尚玉明、李顺义、李淑艳、刘恩发、佟国义、宋媛、杨子波、刘恩起、张善良、刘家菊、吕元华、王竟永、范秀梅、刘瑾。

二、组织工作

1988 年 3 月，经中北斜乡政府批准，刘学新任大卞庄村农工商联合公司经理。

1997 年 1 月，因张砚凤身体原因，大卞庄村计生妇联工作由刘希兰暂时负责；5 月，佟国祥辞去大卞庄村委会副主任职务；6 月，孙志成辞去大卞庄村委会副主任职务。

1999 年 3 月，大卞庄村成立选举委员会，中共中北镇党委委员赵文月任主任，镇人大副主席闫富敏任副主任，委员有贾金荣、刘学新、石振忠、刘凤泉、刘希兰、王金香、王治礼。

是年 5 月，李洪群辞去大卞庄村委会副主任职务。

2000 年 4 月 18 日，经村民代表大会表决，同意尚洪伟辞去大卞庄村委会主任职务的请求；12 月，尚洪江辞去大卞庄村委会副主任职务。

2008—2014 年，中北镇派大学生村官、村委会主任助理许宏伟，市派大学生村官村委会主任助理宋立，综治办主任助理刘恩璐及刘帅、鲍艳红、杨玉莹、刘瑾（镇派物业管理员）先后到大卞庄村报到。

三、出河工

1950 年，大卞庄村公所派数十名村民到天津县第二区刘快庄参加河流治理工程。

1963—1965 年，大卞庄村各生产小队出工，由尚家荣、孙元礼带队先后参加独流碱河筑堤防汛工程、北大港北围堤筑堤工程等。

1969 年冬季，大卞庄村革委会主任石振忠和大队干部孙元礼、刘学新代工，参加西郊区沙窝河工，按连、排分段定责。

1970 年冬季，大队长孙元礼、副大队长刘学新带工，参加南运河中北斜段清淤工程。16 个生产小队各分一段。大队建食堂。男性住中北中学教室，女性住民房，也可回家。

1974 年，大卞庄村民兵连长宋金波带工，组织青年民兵参加大港水库东围堤筑堤工程。民兵以行军方式步行 47 公里到达目的地，公社按村分段进行施工加固。

1975—1977 年，由孙元礼、石景和、刘学新代工，组织社员先后参加大港水库南围堤和西郊区鸭淀水库一、二期筑堤工程。1976 年 11 月 15 日 21 时 53 分，遇宁河地震，部分社员坐拖拉机或步行回家。公社建食堂。

1982 年 5 月，由刘学新带工，大卞庄村组织 40 余名社员参加天津市引滦入津输水工程。工程实现机械化作业，工作效率显著提高。

四、荣誉

（一）个人荣誉

1976 年 10 月，大卞庄村孙元礼、宫凤珍、张振铭、刘恩洪、张砚凤、孙维成、石景和、刘文普、胡玉良等党员、群众，被中共九一九人民公社党委、政府授予抗震救灾先进个人称号，并出席公社表彰大会。

1976 年，大卞庄村各生产队有数十名社员，在参加西郊区鸭淀水库工程作业中劳动积极，表现突出，受到表彰。

1976 年大卞庄村鸭淀水库建设先进个人一览表

表 30

序号	姓　名	性别	序号	姓　名	性别	序号	姓　名	性别
1	刘志新	男	5	李洪明	男	9	孙继田	男
2	李景太	男	6	孙志水	男	10	尚洪彬	男
3	姜伯成	男	7	许树发	男	11	孙月刚	男
4	孙广建	男	8	尚洪路	男	12	刘志华	女

续表 30

序号	姓　名	性别	序号	姓　名	性别	序号	姓　名	性别
13	尚洪龙	男	25	李兴唐	男	37	李兴强	男
14	佟国生	男	26	孟兆明	男	38	陈宝利	男
15	刘宝田	男	27	李兴玉	男	39	孙伟林	男
16	李兴杰	男	28	刘学强	男	40	郭玉良	男
17	李洪海	男	29	孙继芳	男	41	刘学雨	男
18	王桂文	男	30	刘恩起	女	42	朱文洋	男
19	许富强	男	31	李德山	男	43	刘恩兰	女
20	刘善起	男	32	张宝树	男	44	尚洪忠	男
21	孙文海	男	33	石贵友	男	45	王金才	男
22	孙志江	男	34	刘恩荣	男	46	刘文胜	男
23	孙云生	男	35	孙继起	男			
24	宋伯刚	男	36	孙福安	男			

说明：排名不分先后

1978 年，大卞庄村张祝珍、王学英、刘学元、刘汉凤、刘凤章、刘贵华、石景龙、孟广起、李士海、李兴旺、刘文普、尚士继、宋金义、张淑芬、左维山、朱善贤、尚洪进、王金才、孙华才、刘学和、尚洪来、葛金永、佟世香、王学芬、石友祥、孙玉祥、陈宝明、王学洋、刘凤德、胡玉良、张景昌、孟广才、张宝树、石桂友、刘凤林、李兴强、刘贺苓、姜伯永、朱文池、马起和、李兴亮等社员，被九一九人民公社政府授予“生产标兵”称号。

大卞庄村社员王桂和，在 1978 年、1979 年连续被西郊区政府授予区级“先进生产者”称号。

1979 年 12 月 31 日，大卞庄村朱文池、马全路、尚洪路、李兴礼、刘学元、石华友、尚洪来、孙维来等社员，被九一九人民公社政府授予“先进生产者”称号。

1982 年，大卞庄村社员佟世香、葛春祥被西郊区政府授予“先进生产者”称号 。

1990 年，大卞庄村刘恩洪、石桂友、佟世香、王桂和等村民，被中北斜乡党委、政府授予 1989 年度“先进个人”称号。

（二）集体荣誉

1991 年，大卞庄村被天津市绿化委员会授予“天津市绿化先进单位”称号。

1994 年 3 月，大卞庄村被中共天津市委农村工作委员会、天津市农村工作委员会授予“天津市小康村”称号。

2004 年 3 月，大卞庄村被中共天津市委农村工作委员会、天津市农村工作委员会授予“宽裕型小康村”称号。

2007 年 3 月，大卞庄村委会在全国第二次农业普查工作中，被西青区第二次农业普查领导小组评为“先进集体”。

2012 年 5 月，大卞庄村被天津市爱国卫生运动委员会授予“市级卫生村”称号。

2014 年 6 月，大卞庄村被天津市妇联、天津市农委、天津市文明办授予“千村美院”创建村称号。

2015 年 9 月，大卞庄村被中共中北镇委员会、中北镇政府评为“文明村”。

大卞庄村被中共天津市农委、天津市农委评为“天津市小康村”

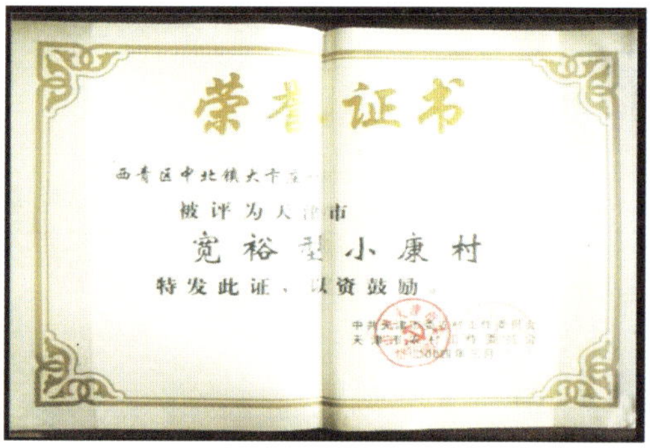

大卞庄村被中共天津市农委、天津市农委评为“宽裕型小康村”

五、其他工作

1986 年 10 月，大卞庄村民在“四清库”处集中照相，办理第一代居民身份证。

2017 年 4 月 15 日，大卞庄村启动“村村建档修志”工作，成立“村村建档修志”工程领导小组。

2018 年 11 月 27 日，大卞庄村志编纂委员会成员与村班子成员，部分党员、村民代表召开《大卞庄村志》初审会，并表决通过村志初审。

第九章　群团组织

1949年年初，大卞庄村成立农民协会组织。50年代，成立妇联组织和青年团组织。1999年11月，大卞庄村选举产生第一届工会委员会。多年来，群团组织紧紧围绕党的中心工作，在党建和村务工作中发挥了党和政府联系人民群众的桥梁和纽带作用。

第一节　党委组织

一、组织

（一）沿革

1949年1月15日，天津解放后，大卞庄村建立新民主主义青年团组织。在中共天津县第五区工委领导下，开展抗美援朝、土地改革、镇压反革命等活动；1958年，为共青团西郊区大稍直口乡大卞庄村委员会；1996年，为共青团九一九公社大卞庄村委员会；1997—2018年，为共青团中北镇大卞庄村委员会。

（二）团员发展

50年代初，大卞庄村有青年团员30余人；2018年，佟世敏、刘贵生、刘学海、李景和、左维华等50年代初的老团员已到耄耋之年。

1986年，大卞庄村有共青团员88人，其中女团员64人。

2018年，有注册共青团员17人。

（三）民主选举

1976年，大卞庄村选举新一届共青团支部，刘凤龙当选共青团大卞庄村支部书记，李德中、姚桂敏当选副书记，刘学义、刘恩敏、尚洪江、孙桂梅、韩新碧、刘学香当选委员。

2015年8月31日，宋立当选共青团大卞庄村支部书记，刘帅、杨玉莹当选委员。

2018年9月8日，经团员代表选举，刘帅当选共青团大卞庄村支部书记，宋媛、李宸皓当选委员。

（四）历届共青团组织书记

1949—2018 年大卞庄村历届共青团组织书记一览表

表 31

姓名	性别	出生时间	政治面貌	任职时间	备注
李兴让	男	1932.3	党员	1949—1953	
刘凤雁	男	1939	党员	1953—1955	
佟世敏	女	1933.12	群众	1955—1961	
尚家华	男	1935.2	群众	1961—1962	
孙维敏	女	1937.8	群众	1962—1963	
刘恩洪	男	1942.1	党员	1964.1—1966.5	
李元敏	女	1950.4	群众	1966.5—1975	
刘凤龙	男	1958.5	党员	1976—1978	
孙文海	男	1957.3	党员	1979—1989	
孟兆元	男	1949.11	群众	1989—1991	
尚洪花	女	1972.2	群众	1991—1992	
刘晓勇	男	1973.7	党员	1993—2000	
宋立芝	女	1974.3	党员	2000—2015.8	
宋　立	男	1986.8	党员	2015.8—2017.5	
刘　帅	女	1987.1	党员	2017.5—2018.9	代理
				2018.9—	

二、主要活动

50—60 年代，大卞庄村青年团员孙耀勇、李元清、李德义、刘学新等在文体活动中发挥骨干作用，以歌剧、评剧等节目形式宣传党的政策方针、新婚姻法等。

1981 年 5 月，大卞庄村团支部组织共青团员参加植树造林活动，先后组织 140 余人次参加，年内共种植树木 4700 余棵。

1982 年，共青团员孙文海、于力、孙淑芬、张桂成、孙金香等先后出席共青团九一九公社第六届代表大会。

1984—1989 年，共青团员孙文海、孙淑敏、王春英、陈红俊等先后出席共青团中北斜乡第七届至第九届团代会。

1994 年，大卞庄村团支部开展“两个一”活动，即加强自身建设和帮扶青年“两个目标”。

2002 年 5 月，组织团员学习中共中央总书记江泽民在建团 80 周年大会上的重要讲话精神。

2002 年，组织共青团员开展“学雷锋、送温暖”活动，为生活困难群众捐款 150 元，并到孤老户王文英家做卫生、整理房屋等。

2003 年 5 月，数名团员参加中北镇团委组织的外环线植树活动。

同年 8 月，大卞庄村团支部组织共青团员开展学习贯彻共青团第十五次全国代表大会精神，并参观“三五八十”展览馆。

是年，在抗击“非典”工作中，大卞庄村共青团员、青年积极参加抗击“非典”志愿队伍，向村民发放防“非典”知识手册、宣传材料和入户喷洒消毒液等。

2004 年 4 月，大卞庄村共青团员孙云伟、孙永海出席共青团中北镇委员会纪念五四运动 82 周年大会；5 月，团支部书记宋立芝出席共青团西青区第十一次代表大会。

2015 年 4 月，大卞庄村团支部开展 2015 年“幸福新西青　‘青春手牵手’圆梦助学”活动。

2018 年 10 月 22 日，大卞庄村团支部组织部分共青团员到宝坻区冯家庄村党史馆参观学习。

2018 年，大卞庄村团员到冯家庄党史馆参观学习（2018 年李兴成摄）

三、荣誉

（一）集体荣誉

1954 年夏，大卞庄村新民主主义青年团组织佟世敏、左维华、刘学海等团员，参加子牙河防汛抢险任务。团员们不顾危险、勇于挑战大自然的精神，受到天津市委的通报表扬，《天津日报》、天津广播电台登载和广播了大卞庄村团员的防汛抢险事迹。

1976 年 10 月 18 日，刘恩洪代表大卞庄村团支部出席西郊抗震救灾“先进集体”表彰大会。

1981 年 5 月，大卞庄村团支部被共青团西郊区委员会授予“造林先进团支部”称号。

1995 年 5 月，大卞庄村团支部被共青团中北斜乡委员会评为 1994 年度“优秀团支部”。

2001—2004 年，组织团员代表先后在中北镇团知识、消防知识、青年综合知识、主题教育知识竞赛中，获第二名、第三名。

2005 年，组织团员参加中北镇举办的“五四青年节”系列活动，乒乓球比赛获得第二名；插花比赛获得第二、第三名；推送歌曲《校园早晨》参加西青区大舞台“银行之夏”文艺演出。

刘瑾、杨玉莹、刘帅参加竞赛活动

2010 年 5 月，大卞庄村共青团代表队刘帅、杨玉莹、刘瑾在中北镇团委举办的“创文明交通城市、做文明交通人”知识竞赛中获优秀组织奖。

（二）个人荣誉

1981—2006 年大卞庄村共青团员获得的荣誉一览表

表 32

年度	姓名	性别	获得荣誉称号	授予单位
1981	孙文海	男	绿化祖国突击手	西郊区团委、农林局

续表 32

年度	姓名	性别	获得荣誉称号	授予单位
1982	孙文海	男	优秀团干部、新长征突击手	中北斜乡团委
1982	陈宝利	男	新长征突击手	中北斜乡团委
1983	孙金香	女	优秀共青团员	西郊区团委
1983	刘学元	男	优秀共青团员	西郊区团委
1984	宋玉强	男	优秀共青团员	西郊区团委
1986	孙淑敏	女	优秀共青团员	中北斜乡团委
1986	王春英	女	优秀共青团员	中北斜乡团委
1986	王玉敏	女	优秀共青团员	中北斜乡团委
1990	孙淑敏	女	优秀共青团员	中北斜乡团委
1990	陈洪玲	女	优秀共青团员	中北斜乡团委
1990	孙文新	男	学雷锋积极分子	中北斜乡团委
1995	刘晓勇	男	优秀团干部	中北斜乡团委
1995	宋立芝	女	优秀共青团员	中北斜乡团委
2002	宋立芝	女	五四优秀团干部	中北斜镇团委
2004	孙云伟	男	优秀共青团员	中北镇团委
2004	孙永海	男	优秀共青团员	中北镇团委
2004	宋立芝	女	西青区文明好青年	共青团西青区委员会 西青区科学技术委员会 西青区农业经济委员会 西青区精神文明建设委员会办公室
2006	宋立杰	男	西青区优秀团员	共青团西青区委员会

第二节　妇联组织

新中国成立后，大卞庄村妇联组织积极配合党的中心工作，发动妇女宣传男女平等、婚姻自由，提倡男女同工同酬，号召妇女参加互助合作等。广大妇女积极参加社会主义新农村的建设，参加扫盲班、生产队劳动、挖渠开荒，同男劳力一样不怕苦、不怕累，充分发挥“半边天”作用，为大卞庄村社会发展贡献力量。中共十一届三中全会后，妇联积极履行保护妇女和儿童合法权益的职责，在精神文明建设和参与家庭纠纷调解等方面成绩显著。

一、组织

（一）沿革

50 年代，大卞庄村隶属天津县第五区，建立妇代会。1957 年，中华全国民主妇女联合会改称妇女联合会，简称妇联。至 2016 年为大卞庄村妇代会；2016 年始，为中北镇大卞庄村妇女联合会执行委员会。

妇代会　50—90 年代，鞠秀荣、刘会芹、贾金荣、刘希兰、张砚凤先后任妇女主任，负责妇女工作。

50 年代初，大卞庄村建立妇女组织，鞠秀荣担任第一任妇代会主任，并当选区妇女代表，村民们亲切地称她为“鞠代表”。

1976 年，选举新一届妇代会组织，张砚凤任妇代会主任，刘希兰任副主任，倪春芳、宫凤珍、刘善华、王学英、王金红任委员。

1997—1998 年，刘希兰代理妇联主任，刘善华、宫凤珍、倪春芳、尚洪云、孙淑敏、高银霞、尚洪云、宋立芝等任委员。

1999—2015 年，大卞庄村调整妇代会组织，村委会委员孙淑敏兼妇联主任，委员宋立芝、高银霞、刘长义、刘希兰、刘善华、宫凤珍、尚洪云、尚洪花、范秀梅。

2015 年 8 月 14 日，大卞庄村第八届妇女代表会进行换届选举，宋立芝、刘帅、李淑艳、许淑爱、尚会娟、范秀梅当选委员，宋立芝当选妇代会主任。

执委会　2016 年 12 月 14 日，大卞庄村召开第一次妇女代表会，经民主选举，刘帅、刘瑾、刘家菊、李淑艳、宋立芝、许淑爱、杨玉莹、尚会娟、范秀梅当选执行委员会委员。宋立芝当选第一届执委会主席。

2018 年 9 月 8 日，大卞庄村召开第二次妇女代表会，进行换届选举。经民主选举，刘帅、刘瑾、李淑艳、宋立芝、杨玉莹、尚洪云、尚会娟、范秀梅当选执行委员会委员。宋立芝当选第二届执委会主席，刘帅当选执委会专职副主席。

（二）历届村妇女组织主任

1949—2018 年大卞庄村历任妇女主任、执委会主席一览表

表 33

姓名	性别	出生时间	政治面貌	任职时间	备注
鞠秀荣	女	1921	群众	1949—1953	妇代会
刘会芹	女	1926	群众	1954—1955	妇代会
贾金荣	女	1929.6	党员	1956—1965	妇代会
刘希兰	女	1943.3	党员	1965—1975	妇代会
张砚凤	女	1943.5	党员	1976—1996	妇代会
刘希兰	女	1943.3	党员	1997—1998	妇代会（代理）
孙淑敏	女	1965.8	党员	1999—2015.8	妇代会
宋立芝	女	1974.3	党员	2015.8—2016.12	妇代会
				2016.12—2018.9	第一届执委会
				2018.9—2018.12	第二届执委会

二、主要活动

1983 年，大卞庄村妇代会成员许淑荣、刘善华、倪春芳、刘希兰、王学英、张砚凤、门玉兰等出席九一九乡第四届妇代会。

1996—1999 年，先后组织妇女开展为河北省困难地区捐赠衣服、“三书”工程、批判邪教等活动。

2008 年 5 月，大卞庄村妇联组织妇女开展“心系灾区儿童·奉献爱心真情”募捐活动。

2014 年 7 月，大卞庄村妇联组织妇女群众参加西青区妇联在运通花园举办的“农村妇女争创美丽楼栋·美丽庭院”宣讲咨询暨有毒有害物有奖回收活动，西青区妇联、中北镇政府、天津大学等领导参加活动。

村民参加宣讲活动（2014 年李兴成摄）

2015 年 7 月，为丰富妇女业余生活，村妇联组织 30 余名妇女参加手工编织培训，学习编织珠子工艺葫芦、金鱼、苹果、白菜、花瓶和绢花制作等手工制品。

学员参加手工编织培训（2013 年姜哲摄）

学员展示编织作品（2013 年姜哲摄）

2017 年 5 月，大卞庄村妇联与中北镇妇联联合开展“5·14”母亲节暨“5·15”国际家庭日包粽子活动。各村、社区妇女干部参加。

2018 年 3 月 8 日，村妇联组织 20 余名妇女举行庆“三八”趣味比赛活动，包括跳绳、踢毽、呼啦圈、绑腿跑等。

2018 年 9 月 21 日，大卞庄村妇联和天津市家合婚姻家庭咨询交流服务中心联合为村民进行公益讲座。由张爱华主讲，题目是《天津市推进文明和谐婚姻家庭建设》和《幸福婚姻的建设和经营》。

三、巾帼风采

（一）集体荣誉

大卞庄村在建设新农村时期，有一大批妇女劳动在生产第一线，贾金荣、刘玉珍、刘善华、张砚凤、宫凤珍等先后任生产队妇女队长。

1980 年，九一九人民公社政府授予大卞庄村妇代会“三八红旗集体”称号。

2004 年 10 月，大卞庄村妇代会在创建学习型组织活动中，被中北镇妇联评为“学习型妇女组织”。

（二）个人荣誉

1980—1997 年大卞庄村妇女获得的荣誉一览表

表 34

年度	姓名	性别	获得荣誉称号	授予单位
1980	贾金荣	女	三八红旗手	九一九人民公社
1980	宫凤珍	女	三八红旗手	九一九人民公社

续表 34

年度	姓名	性别	获得荣誉称号	授予单位
1984	袁淑珍	女	三八红旗手	西郊区政府、中北斜乡政府
1984	佟世敏	女	三八红旗手	西郊区政府、中北斜乡政府
1984	顾洪丽	女	三八红旗手	中北斜乡政府
1986	李德金	女	三八红旗手	中北斜乡政府
1991	张砚凤	女	1989—1990年度三八红旗手	西郊区妇联
1993	王翠荣	女	养殖女能手	中北斜乡政府
1995	刘凤敏	女	养殖女能手	中北斜乡政府
1995	孙桂敏	女	养殖女能手	中北斜乡政府
1996	王秀荣	女	养殖女能手	中北斜乡政府
1996	贾金荣	女	养殖女能手	中北斜乡政府
1997	石景芳	女	三八红旗手、种植女能手	中北斜乡政府
1997	王世兰	女	三八红旗手、种植女能手	中北斜乡政府
1997	尚洪芳	女	三八红旗手、种植女能手	中北斜乡政府
1997	孙广芬	女	三八红旗手、种植女能手	中北斜乡政府
1997	杨翠芳	女	三八红旗手、种植女能手	中北斜乡政府
1997	张绍敏	女	三八红旗手、种植女能手	中北斜乡政府
1997	王学霞	女	三八红旗手、养殖女能手	中北斜乡政府

四、妇女素质结构

50 年代，大卞庄村妇女多为家庭妇女，学历普遍不高，文盲半文盲较多，部分妇女通过参加文化扫盲活动，识字率渐增。《中华人民共和国婚姻法》公布实行，是保护妇女和子女合法权益的新民主主义婚姻制度，妇女地位有了历史性的提高，妇女和男劳动力同工同酬。60—70 年代，有 20 余名妇女加入党组织，成为村庄建设发展的骨干力量；80 年代始，女性上高中、大学的逐年增加，毕业后在各条战线上发挥“半边天”作用；进入 21 世纪，妇女多到第三产业就业。2018 年 12 月，大卞庄村有女性共产党员 28 人、村民代表 19 人。

1996 年，大卞庄村有女性 1177 人，其中企业工作 445 人、种植 247 人、养殖 22 人、三产服务 159 人、其他 304 人；文化程度小学 431 人、初中 707 人、高中 39 人。

2001 年，大卞庄村总户数 1178 户，有女性 1356 人，其中初中 808 人、高中 65 人、大中专24人、本科3人，下岗再就业35人、务农328人、企业127人、其他就业80人。

2018年，大卞庄村农业户数1400户，女性2051人，其中初中300余人、中专高中280余人、大专本科240余人，企业400人、个体经商300人、其他1300余人。

第三节 工会组织

工会是代表职工合法权益的群众团体。其主要职能是维护职工的合法权益和民主权利；动员和组织职工积极参加建设和改革，完成经济和社会发展任务；代表和组织职工参与国家和社会事务的管理，参与企业、事业和机关的民主管理；教育职工不断提高思想道德素质和科学文化素质，建设有理想、有道德、有文化、有纪律的职工队伍。

一、组织

1999年11月，大卞庄村选举第一届工会委员会，李兴成当选工会主席；2003年5月18日，工会代表大会进行第二届选举，李兴成、宋立芝、王子刚当选工会委员，李兴成当选工会主席。

2008年9月，大卞庄村成立由村委会、工会方、职工代表组成的基层劳动争议调解委员会，高金奎担任调委会主任，委员为李兴成、尚洪志。

2013年6月13日，大卞庄村工会第三届代表大会，进行换届选举，李兴成当选副主席，宋立芝当选委员。

2015年8月30日，大卞庄村工会第四届代表大会，进行换届选举，李兴成当选副主席，宋立芝当选委员。

2018年9月8日，大卞庄村召开工会第五届代表大会，进行换届选举，王竞永、刘帅、李兴成、宋立芝、孟宪仑、高金奎当选第五届工会委员。经新一届委员会选举，李兴成当选副主席兼经费委员会主任，宋立芝当选女工委主任。

二、主要活动

多年来，大卞庄村积极参加中北镇总工会组织的各项活动，在参加“两个文明”建设百题知识竞答等竞赛、演讲比赛中，多次获得好成绩。

2005 年 1 月，大卞庄村组织工会成员单位向海啸受难地区捐款 4705 元。

2016 年 6 月，大卞庄村村民刘芳、尚会娟等在参加中北镇总工会和中北镇劳动保障服务中心举办的第四届职业技能大赛——中式面点师比赛中获优秀奖。

2018 年 9 月 28 日，大卞庄村工会委员刘帅在参加 2018 年度中北镇“不忘初心担当作为·点赞新时代的奋斗者”演讲比赛中获三等奖，大卞庄村工会获得优秀组织奖。

李兴成上台领取“优秀组织奖”（2018 年李淑起摄）

刘帅参加演讲比赛（2018 年李淑起摄）

2018 年 11 月，组织工会委员学习《关于学习宣传贯彻习近平总书记重要讲话精神完成好中国工会十七大目标任务的通知》以及《中国工会第十七次全国代表大会上的报告》《习近平总书记同全总新一届领导班子成员集体谈话时的重要讲话》等文件精神。

三、工作要略

2003 年 11 月，大卞庄村工会与西青区瑞鑫工贸有限公司、西青区成发汽车配件厂、天津市汇英塑料造粒厂、西青区明顺塑料厂、天津市同声工贸有限公司西青分公司、天津市正虹冲压件有限公司、西青区恩泰纺织配件厂、西青区亚泰音箱厂等 8 家企业，签订工资集体协商协议书，保障职工权益。

2015—2017 年，大卞庄村工会落实中北镇总工会工作部署，开展困难工会干部摸底调查，为在职员工办理工会会员服务卡进行劳动关系状况和职工不稳定因素摸底排查等工作。

2017 年 9 月，李兴成当选中北镇工会第四次代表大会代表。

同年 12 月 8 日，大卞庄村工会落实镇总工会转发区总工会印发的《西青区总工会关于组织全区工会系统开展治理拖欠农民工工资专项行动的通知》，并开展自查工作。

2018 年，大卞庄村工会为 100 余名职工办理会员卡。

第四节 协 会

一、农民协会

1949 年年初，大卞庄村成立农民协会，或称“农协”，简称“农会”。王瑞堂为首任农会主席。1949 年，农会在中共天津县委工作队的领导下，开展对地主面对面的斗争，即“打土豪分田地”的第一次民主革命运动（或称“四十天运动”），带领张锡盛等农户去子牙河南岸与大地主裕盛斗争，分得部分土地和生产资料等。

通过土地改革，推倒了压在农民头上的封建主义大山，广大贫雇农分得土地，翻身当家做主人。土地改革后，农协完成了它的历史使命。

二、贫下中农协会

贫下中农协会，简称“贫协”，是 1965 年至 1966 年“四清”运动期间的群众团体，是“四清”运动中帮助村干部“上楼”“下楼”的力量。在干部“洗手洗澡”和生产管理方面起到助手作用。刘贵华任大卞庄村贫协主席。1966 年 10 月，“四清”工作队分团撤走；1968 年 2 月，大卞庄村革命委员会成立后，贫协曾派贫下中农宣传队管理学校；1976 年，新一届贫协组织成立，刘学新任主任，姜伯清任副主任，李德顺、佟世香、朱善福、张宝瑞任委员；1978 年 12 月，中共十一届三中全会召开后，我国进入社会主义现代化经济建设时期，实行改革开放以来，贫下中农协会组织逐渐消失。

第十章　军　事

解放前，大卞庄村民在保家卫国中做出积极贡献。特别是在新中国成立后至2018年，村中青年踊跃参军入伍，其中多人参加过抗美援朝战争、对越自卫反击战。村中民兵在维护社会治安、农业生产、抗震救灾、护秋、水利工程改造等工作中发挥重要作用。

第一节　驻军　战事

一、驻兵

1950年，中国人民解放军某部驻扎村内，村民把多余的房屋让给解放军官兵住宿，体现军民鱼水情。

1956年、1977年，解放军部队两次到村西园田进行军用电缆挖埋作业，并安排在社员家中寄宿。

2011年始，中共大卞庄村党组织加强与驻地武警天津总队执勤第四支队八中队的官兵建立军民联系，每年八一建军节到来之际，率队到驻地慰问武警官兵。

二、战事

1948年冬，平津战役即将开始之际，驻防天津的国民党军队以“扫清城防射界，以免共军借以袭扰津市”为借口，实施大规模的所谓“并村”计划，扩大无人区域，自三元村以西沿南运河一路烧房，消除障碍物。村民佟世贵正在该部队当兵，经他苦劝，大卞庄村只有少部分村民房屋被烧毁。

1948年年底，天津解放前夕，组织村民去破坏大堤、挖沟、设路障，与国民党军队形成拉锯战。大卞庄村因为临近杨柳青镇前线指挥部，驻有解放军部队比较安全。村民为避开战事，扶老携幼，纷纷转移到村西大梁庄、杨柳青一带解放区临时居住，也称为“逃返”。1949年1月15日，天津解放，村民们陆续还家重建家园，开始正常生活。

三、防御

60年代末至70年代，上级军事部门在大卞庄村域陈塘铁路支线东侧，修筑2个军用碉堡备战。2018 年该碉堡仍保留。

第二节　兵役　民兵

一、兵员征集

（一）募兵

1933 年，国民党政府颁布兵役法，实行征兵制。每次征兵前，以保为单位抽签，中签者出人当兵，不愿应征可雇人顶替。如果既不愿意应征又无钱雇人顶替，只好四处躲藏。后改为按人丁、地亩摊派兵额，未应征者缴纳钱粮付给应征者，有些乡长、保长借机搜刮钱粮，有时甚至直接抓捕青壮年当兵。当时大卞庄村青年被抓壮丁有数十名，少部分后来被策反加入人民解放军队伍。

（二）志愿兵

抗日战争及解放战争时期，人民武装如天津县大队、区小队等，吸收志愿者入伍，以补充兵源，属志愿兵。

新中国成立初期，继续实行志愿兵役制。经过自愿报名，体检合格、政审合格方能入伍。刘凤雁、李德福分别成为村内首批公安志愿兵、抗美援朝志愿兵。

李德福革命军人证明书
（李兴珍提供）

刘凤雁革命军人证明书

（三）义务兵

1955 年，国家公布《中华人民共和国兵役法（修正草案）》和 1984 年《中华人民共和国兵役法》，实行义务兵役制，每年征兵一次，征集对象为 18 ~ 22 周岁

1972 年大卞庄村大队欢送新兵合影（前排左起：尚淑芬、李元敏、刘学新、孙元礼、宋金波、刘恩发、石景喜；中排左起：刘春利、刘希友、孙继海、刘善福、陈宝林、葛金锁；后排左起：尚洪亮、刘学柱、年金忠、郭玉柱、石景和）（刘恩发提供）

的公民。独生子、唯一劳动者可以不征。新中国成立后至 2018 年 9 月，大卞庄村先后有多人参军入伍。70 年代初，马德仁、石华友、石友会、李兴起、许建设等 11 人入伍到海军；尚兴亮、年金忠、陈岁林、孙继海、刘希友等 11 人入伍到陆军，并参加唐山大地震抗震抢险工作；1983 年，靳国令作为家庭独男参军入伍。

（四）现行兵役制度

1998 年《中华人民共和国兵役法》规定，义务兵服兵役的年限为 2 年。根据《征兵工作条例》第 25 条规定：依法可以缓征的正在全日制高等学校就学的学生，本人自愿应征并且符合条件的，可以批准服现役，原就读学校应当按照有关规定保留其学籍，退伍后准其复学。大卞庄村朱慧勇、孙云竹等在校大学生先后应征服兵役。

二、民兵

（一）组织

新中国成立前，大卞庄村成立村民自卫队，也称“护村队”，有李凤来、刘春祥、朱学荣等队员，在抵御土匪、保护家园等方面发挥作用。

1953 年，大卞庄村成立民兵联防小队。队长为张振铭，队员有王先鹏、朱善福、李德福等，主要负责护村护秋、防火防盗、打更巡逻等任务。

1958 年，大卞庄村成立民兵连，王贵任连长。连长由具有军事常识、素质的退伍军人担任。主要负责民兵训练、应急抢险、征兵宣传、保护庄稼及配合公安部门维护社会治安等。

1976 年 7 月 28 日，唐山发生大地震，为避免人员伤害，社员被要求全部临时转移到户外居住，所有胡同口被封死，不准人员进入。为保护群众的财产安全，民兵担任治安巡逻任务。

1980 年 12 月，民兵连所有枪支弹药被中北斜乡武装部收回。

中北镇设民兵营，下设 25 个连。2001 年 3 月 26 日，由中国人民解放军西青区人民武装部部长方秋明、政委刘念胜下达命令，任命李兴成为西青区中北镇民兵营八连连长、张善友为八连副连长、宋立芝为八连副指导员。

2018 年 3 月，中北镇武装部下达命令组建民兵组织。大卞庄村将孙云伟、徐金亮、李弋等退伍军人编入中北镇普通民兵五连，冯斌任连长，王竟永任指导员，尚玉明任 1 排排长，张勇任 2 排排长，刘贺开任 3 排排长。

（二）历届民兵组织领导

1950—2018 年大卞庄村历任民兵连（副）长、指（副）导员一览表

表 35

姓名	性别	出生年月	政治面貌	任职时间	职 务
张振铭	男	1928.6	党员	1950—1952	民兵队长
王　贵	男	1929.11	党员	1958— 1962	民兵连长
张宝树	男	1938.2	党员	1962—1970.9	民兵连长
宋金波	男	1943.3	党员	1970.9—1975.10	民兵连长
孟兆元	男	1949.11	群众	1975—1976	民兵连长
石景和	男	1954.9	党员	1976—1983.3	民兵连长
孙元礼	男	1931.1	党员	1976—1983.3	指导员
刘恩双	男	1952.2	党员	1976—1983.3	民兵副连长
刘希友	男	1954.5	党员	1976— 1983.3	民兵副连长
刘恩洪	男	1942.1	党员	1976—1983.3	副指导员
张桂红	女	1956.9	群众	1976—1983.3	副指导员
孟兆元	男	1949.11	群众	1983.3—1989	民兵连长

续表 35

姓名	性别	出生年月	政治面貌	任职时间	职 务
刘凤玉	男	1958.10	群众	1989—1990.10	民兵连长
孟兆元	男	1949.11	群众	1990.10—1992	民兵连长
孙维成	男	1950.8	群众	1990.10—1992	指导员
尚洪花	女	1972.2	群众	1990.10—1992	民兵副连长
刘恩洪	男	1942.1	党员	1990.10—1992	副指导员
李兴成	男	1970.7	党员	1992—1996	民兵连长
张 勇	男	1973.7	党员	1996—1999	民兵连长
李兴成	男	1970.7	党员	1999—2004	民兵连长
王竟永	男	1975.1	党员	2004— 2018	民兵连长

（三）荣誉

1951 年 5 月 10 日，大卞庄村民兵刘凤成被华北河北军区评为“护路模范”。

刘凤成“护路模范”奖状（刘恩江提供）

1960 年 10 月，津西人民公社大稍直口管理区民兵团副团长王贵在五好运动中被天津市南开区津西人民公社武装部评为“五好民兵干部”。

三、预备役

预备役，全称为中国人民解放军预备役部队。是指国家平时以退役军人、民兵为基础、现役军人为骨干组建起来的战时能够迅速转化为现役部队的武装力量。大卞村有退伍军人被编制在预备役队伍。

1996年，在中北斜乡二次创业、争创一流活动中，李兴成获得“先进预备役军人”称号。2004 年，李兴成被任命为西青区中北镇预备役六排排长，授予预备役少尉军衔。

四、荣立战功

1976—2017 年荣立三等功以上战功个人一览表

表 36

序号	姓名	性别	民族	政治面貌	所在部队军种	军功等级	荣立时间
1	李德来	男	汉	群众	空军地勤	三等功	1976.12
2	孟兆春	男	汉	党员	陆军	三等功	1991.11
3	张善友	男	汉	党员	陆军	三等功	1995.12
4	刘彤彤	男	汉	党员	陆军	三等功	2017.11

说明：按授奖时间排名

五、优秀士兵（官）

李德来立“三等功”的喜报

刘彤彤立“三等功”的奖章

1996—2019 年荣获优秀士兵、优秀士官奖章个人一览表

表 37

序号	姓名	性别	民族	政治面貌	所在部队军种	获得荣誉	荣立时间
1	孙云伟	男	汉	党员	武警	优秀士兵	1996.11
2	石洪海	男	汉	党员	空军地勤	优秀士兵	1999.12
3	孟宪仑	男	汉	党员	陆军	优秀士兵	2003.11

续表 37

序号	姓名	性别	民族	政治面貌	所在部队军种	获得荣誉	荣立时间
4	姚　磊	男	汉	党员	陆军	优秀士兵	2006.11
5	姚　磊	男	汉	党员	陆军	优秀士兵	2009.11
6	李　弋	男	汉	党员	空军地勤	优秀士兵	2014.12 2015.11
7	刘彤彤	男	汉	党员	陆军	优秀士官	2015.12 2016.12
8	葛洪帅	男	汉	党员	海军	优秀义务兵	2016.12
9	刘向斌	男	汉	党员	海军	优秀士官	2017.10
10	李福津	男	汉	团员	武警	优秀义务兵	2017.12
11	刘　林	男	汉	团员	海军	优秀士官	2017.12
12	宋昕哲	男	汉	党员	海军	优秀士官	2019.12

孟宪仑的“优秀士兵”奖章

李弋的“优秀士官”奖章

李福津的“优秀义务兵”奖章

六、其他荣誉

李凤丽的对越自卫反击战的奖章

孟宪仑的“首次载人航天飞行”的奖章

石洪海的“建国50周年阅兵纪念”章

第十一章　村民生活

新中国成立后，村民生活上能解决温饱问题。社会主义建设时期，生产队的统一分配成为社员的主要收入来源，生活水平逐渐提高。改革开放后，村民的物质和精神文化生活水平大幅提高。特别是进入 21 世纪，村民的收入来源由以家庭经营为主，发展到以工资性收入、租赁收入、经营性收入为主。集体的发展红利越来越多地惠及每个村民。消费水平逐渐提高，消费心理日臻成熟，消费结构进一步合理。生活方式更加积极、文明、向上，整体生活质量稳步上升，幸福指数越来越高。

第一节　家庭收入

一、生产队收入

生产队时，一般工分核算较低，男劳力每天为 10.5 分、女劳力为 8 分，年最高分可达到 4000 余分；社员每月可预支 5 元，有孩子多劳力少的家庭，平时支钱多，劳动一年连口粮钱都挣不够，还欠生产队的，称为“透支户”。80 年代，生产队一般工分核算为 0.15 元，最低为 0.10 元，最高为 0.20 元。

二、工资收入

新中国成立后，村民入社，技术工人、店员等加入公私合营单位，工资收入相对稳定，解决温饱问题，收入高的家庭生活较富裕。

80 年代后期，村办企业迅速发展，集体经济效益逐年递增，部分村民到企业上班，收入提高，工资月均收入约 120 元。2000 年，村办企业经济效益下滑，村民多外出就业。2018 年，村民工资收入主要来源于第二、三产业，个人月均收入 2500 ~ 3000 元。

三、租赁收入

80 年代，大卞庄村民逐渐发展租赁业，主要是餐具用品、建筑器材、房屋、厂房、汽车机械等。21 世纪始，出现花卉租摆、出租车外租等模式。多房屋租赁。2018 年，全村有 889 户村民租赁房屋，68 平方米的房屋，每月可租赁 1500 元，装修较好的可达 1700 元。出租车外包每月可收入约 4000 元。

四、经营收入

新中国成立前，村民以贩卖蔬菜、鱼虾、打长短工等为主要经营性收入；也有经营货物运输（船、大车）、杂货铺、米面加工、饮食等行业的；多为劳苦大众营生，收入较低，有的是日挣日花，勉强生活。

改革开放以来，个体工商业逐年增加，呈现出多种经营模式。大卞庄村农业生产态势较好，以茄子、莴笋、大白菜等蔬菜为主要产品。2000 年，村民种植茄子平均每亩收入达 6000 ~ 7000 元，成为村民主要收入来源。

2018 年，部分村民经营日用百货、蔬菜食品、餐饮、运输、电商和观赏鱼、花卉相关产业等行业。

五、福利收入

2018 年，村民福利收入主要有退休金、就业补偿金、节日补助等。村民退休金每人每月为 1200 元，80 周岁以上的村民每人每月为 1400 元，并分别在中秋节、春节每人再享受 300 元补助。18 周岁至退休前的村民每人每月领取就业补偿金 300 元。全村农业人口每人年终享受 1000 元春节（含口粮款）补助金。

第二节　生活消费

一、消费结构

80 年代初期，家庭消费主要有饮食、衣着、住房等生活消费。家庭消费包括家庭经营费用支出，购置生产性固定资产等支出。90 年代，家庭经营费用支出逐年增加。21 世纪始，随着家庭收入不断增加，村民消费支出逐年增加。村民消费观念从 80 年代的温饱型消费逐步转入享受型理性消费。生活消费方式出现贷款消费、银联卡（商联卡）消费、网上购物消费、拼团消费等消费新潮。2018 年，村民生活消费位居第一，家庭经营费用消费占第二位，其他是借贷性支出。

二、饮食

（一）主食

新中国成立前，少数富裕村民能过上温饱生活，大多数村民过着半年糠菜半年粮的生活。特别是日本侵占时期，杂和面、豆饼（做牲畜饲料用的）、麸子等成为主要食品。一般村民家没有余粮存放，大多穷苦的村民日挣日花，甚至有的家无米下锅，煮野菜、菜叶充饥。不少村民过年连饺子、捞面都吃不上。

50年代至80年代初，社员正餐主食以玉米面、高粱米、小米为主，面粉较少，大米更是稀有之物。70年代，生产小队派人出车外购红薯，社员多用玉米换红薯当口粮；为改变一些花样，有的把玉米面或高粱面做成发面饽饽或做发糕（丝糕），用细高粱米轧饸饹（一种面条）；也有用少许白面做皮，里面裹上玉米面烙成大饼（俗称“金仁儿饼”），也做白面、玉米面和成的两掺馒头；包饺子、吃纯白面馒头或饼的很少，只有逢年过节、待客会友、生病调养时才能吃上面粉，做顿白面馒头、饺子等。

1983年，实行家庭联产承包责任制后，小麦和水稻种植面积不断扩大，家家有余粮，白面、大米渐成主食。90年代末，大米、白面占村民主食比例达90%以上。饮食结构有了质的变化，家家已由过去的温饱型转向营养型和保健型。人们常以吃玉米面（棒子面）为“换口味”，吃红薯为“零食”。

21世纪，肯德基、麦当劳、必胜客等洋快餐逐渐成为“90后”“00后”青少年的主食之一。

（二）副食

蔬菜　生产队分队前，社员冬季主要食用大白菜、旱萝卜、土豆、倭瓜等蔬菜。大白菜为自冬至初春当家菜，每家在立冬前挖菜窖储存大白菜。夏季品种较多，有黄瓜、茄子、圆白菜、西红柿等蔬菜。

1983年分队单干后，各家自产的蔬菜品种渐多。冬天不再是大白菜、土豆、旱萝卜“老三样”；90年代后，随着集贸市场的建成和南菜北种，“细菜”供应逐步实现“四季青”；进入21世纪，村民冬季能买到黄瓜、西红柿等蔬菜，一般家庭不再冬储大白菜。

肉食禽蛋　改革开放前，实行计划经济定量供应，肉、鲜蛋（鸡蛋）凭副食本和肉票购买。禽蛋多为社员自家养殖家禽供给食用。70年代末，社员吃猪肉一般多是自养自宰，除自留外，其余的卖给他人。人们买猪肉都选择肥一点的肉食用，提炼大油渣替代食用油。

80 年代后期，各类副食品全部敞开供应，猪肉、羊肉、牛肉、鸡蛋应有尽有，供销两旺。人们多数购买瘦肉型猪肉，肥肉很少有人问津。21 世纪始，鸡、鸭和各种肉类成为村民日常餐桌普通的食材。

水产品　70 年代，村内无淡水养殖，常有社员捕捉到野生鱼虾食用。有时因舍不得用油煎烹而弃之。泥鳅、甲鱼很少有人食用。偶尔为改善伙食，到市区购买“橡皮鱼”“明太鱼”等较便宜的海鱼。只有逢年过节才能吃到带鱼、鲤鱼等；80 年代后期，淡水养殖户逐年增加，品种有鲤鱼、鲫鱼、鲢鱼等。麻蛤、皮皮虾等出现在市场。

21 世纪始，随着村民生活水平的提高，海参、鲍鱼、扇贝、鲽鱼、虾和螃蟹等海产品常常摆上村民餐桌。

奶品　70 年代至 80 年代初，奶品匮乏，其品种主要为奶粉及鲜奶。食用人群仅限于母乳不足的婴幼儿和需要滋补调养的病人和老人。80 年代初，村民刘文璞养殖 10 余只山羊，贩卖羊奶。90 年代，少数人开始订购鲜牛奶或奶粉。

21 世纪始，各种包装奶品琳琅满目，村民饮用奶品需求渐增，多喜爱奶茶、纯牛奶、豆奶和君乐宝、养乐多等乳酸菌饮品等。

干鲜果品　70 年代，干鲜果品供应不足，品种不多，多为苹果、橘子等。因购买力低下，仅儿童、老人或病人食用少量水果，其他人群消费甚微。山楂、苹果、橘子、桃等水果罐头属高消费品，为招待客人佳品；花生、瓜子多为生产队自产自供，分给社员食用。90 年代至 21 世纪始，村民干鲜果品消费逐年增加，品种较前丰富。一年四季供应不断，除花生、瓜子等传统的干炒食品外，南方和进口干鲜果品开心果、杏仁及各种果脯等成为村民消费的新宠。水果消费季节，除北方的苹果、梨、枣等水果外，南方的柚子、火龙果、榴梿、香蕉及进口的车厘子、红提等应有尽有。过去只有皇帝和达官贵人们才围着炉子吃西瓜，现在普通村民冬天也可以吃西瓜。

饮品　新中国成立后初期，盛夏时节，村民消暑解热，主要喝生水或凉白开。60 年代始，冰棍出现，成为大人、小孩夏日里最爱吃的食品。最早有小豆、红果冰棍，时价为 3 分一根。后又有牛奶、巧克力冰棍和棒棒冰等。90 年代始，各种品牌的雪糕、冰激凌等消暑食品陆续出现。

70 年代，社员一般日常多饮用散装白酒、啤酒，还需凭票购买。只有婚丧嫁娶、逢年过节、待客会友才饮瓶装酒。80 年代，瓶装系列白酒、啤酒和山海关汽水、橘子汁等进入村民生活中。麦乳精是一种速溶性含乳营养固体饮料，多儿童、老人或病人饮用。藕粉也是主要饮品之一。90 年代，各种品牌白酒、啤酒、红酒等名目繁多，可口可乐、雪碧等饮料取代传统汽水。21 世纪始，红茶、绿茶、汇源果汁和红酒、咖啡等成为村民的常用饮品。各中档白酒成为村民办婚庆、寿诞的常备酒。

烟茶　早期村民多吸旱烟，有烟斗、旱烟袋等烟具。50—70 年代，多数社员抽每袋 1.5 角的烟叶。盒装香烟只有待客会友、逢年过节才拿出来款待亲朋。80—90 年代，“恒大”“大前门”“战斗”“大港”“墨菊”等牌子的普通香烟成为村民日常消费品。“石林”“红塔山”“云烟”等高级香烟只有重要场合才供客人用。“三五”“希尔顿”等外国香烟出现。21 世纪始，村民办红事由 10 元一包的香烟已改成 20 元的玉溪香烟或高级的中华香烟。白事多用 7 元一包的红塔山香烟（白塔），村民俗称“倒头白”。

柴米油盐酱醋茶，茶，在生活中占有一席之地。村民多喜爱喝“正兴德”的茉莉花茶。80 年代前，在经济收入低、物资匮乏的时代，社员平时只买价格较低的茶叶，也有特意买“高末”的（茉莉花茶碎末）。只有到年节购买少许中、高档的茶叶，多招待亲朋好友。90 年代后，绿茶、铁观音等茶叶成为新宠。21 世纪始，茶叶品种越来越多，先后兴起饮普洱茶、龙井茶、金骏眉茶等。也有饮蒲公英、绞股蓝及降血糖、降血脂的代茶饮。

食用油及其他　60 年代至 80 年代末，食用油及芝麻酱、红糖、白糖、碱面等副食品仍按计划限量供应，农业人口每人每月只供应 100 克食用油。80 年代中期始，个体工商户副食店增多，副食供应逐步放开，销售议价花生油、香油、麻酱等。90 年代初，村民用食用油不再算计。进入 21 世纪，农贸市场及超市销售各种品牌的花生油、压榨油、橄榄油等，村民食油消费较大。

（三）传统名食

面食　有馒头、花卷、玉米窝头、肉包、素包、豆包、炒饽饽、肉笼、糖三角、大饼、炒饼、烩饼、玉米烀饼（用大锅烀成硬嘎巴儿撒葱花、盐）、滋油饼（猪油烙饼）、馅饼、锅贴、饺子、蒸饺、面条等。

汤食　有玉米粥、大米粥、小米粥、咸饭（大米粥加盐菜肉）、手擀面汤、挂面汤、杂面汤、疙瘩汤、尜尜汤、鱼面汤、冬瓜羊肉丸子汤、片儿汤、紫菜汤、鸡蛋汤、西红柿汤、馄饨汤（猫耳朵）、龙拿猪（面条汤和饺子混煮的汤）等。保健汤有鸡汤、骨头汤、甲鱼汤、鲫鱼汤、菌汤等。

煎咸食　有旱萝卜托、倭瓜托、咸马口鱼、鸡蛋饼、萝卜素丸子和西葫芦、韭菜、土豆等蔬菜饼。

（四）特色食品

酱货　“刘记酱肉”创始人刘文静，曾在天津市同义成（永胜）包子铺当店员，学习酱肉手艺。80年代，开始自己经营酱肉制品，已传承30余年。其子刘学田现仍在经营，其酱制的猪头肉、猪蹄、猪肚、大肠最为出名，猪头肉软糯醇香、肥而不腻，入口即化，成为远近闻名的美食，不少人常常特地从几里外或更远的地方前来购买。

素饺子　“好吃不如饺子，舒服不如倒着”，这是天津人的俗语。饺子馅有荤三鲜、素三鲜和猪、羊、牛肉等多种。大年初一吃素饺子寓意一年家里素素静静、平平安安。饺子形如“元宝”，也有招财进宝祈望。素饺子也称“三十儿素”，讲究全素，馅以白菜为主，配香菜、酱豆腐、香干、馃子、麻酱、香油等，红粉皮更有“锦上添花”之意，煮出的饺子呈粉红色，增添年味儿氛围。

扣肉

传统扣肉、丸子　扣肉，也叫“碗儿肉”，要选用上好的五花肉，通过煮、炸、改刀、浇汁、蒸等几道工序完成，以料汁为关键。丸子用猪前膀子肉，要摔打上劲、挤成圆丸，油炸定型。大卞庄村的大厨们做的扣肉、丸子等在该地区很有名气。每到春节前，马德仁、许建设和尚洪元、石洪起等村民经营的熟食铺开始做丸子、扣肉、牛肉、鸡块等。价格20～40元，真空包装，也可作为礼品馈赠亲朋好友。

贴饽饽熬鱼　贴饽饽熬鱼是村民传统主食之一，尤为老人喜爱。相传清朝乾隆皇帝巡察到南运河畔小稍直口村一带，扮成商人在茶摊主人李老汉家吃过他家贴饽饽熬小鱼，并赐“佛手糕千眼鱼”美名；吃贴饽饽熬鱼讲究用大铁锅烧柴火做，锅的上沿贴饽饽，锅底放鱼烹制，也称“一锅出”，多为河鱼。90年代，人们不再只熬小鱼，而改为鲤鱼、胖头鱼、海杂鱼等。21世纪初，俗称“毫根儿”的小鱼备受村民欢迎。

三、服饰

（一）服装

新中国成立前，村民生活困难，穿着极为简单，衣料多以粗、细布为主。

夏天，穿一身单褂、单裤，秋天，一身夹裤、夹袄，能有一身替换的衣裳就算不错了。冬天，一身棉袄、棉裤，很少有人穿衬衣、衬裤，俗称“空心棉袄”。不少人因穿不上袜子，常把脚冻伤。

春秋冬季男人多以蓝、黑色为主，夏季以白、灰色为主。女性以各种颜色花布及红、蓝、白、褐等颜色为主。清末民初，女性穿旗袍，平常上身穿偏襟短衫，下身长裤。冬天，中、青年妇女一般都是自做的花布棉袄、棉裤，老年人穿蓝或黑色宽大棉衣、棉裤，裤脚绑腿带，小孩（一至四五岁）多穿开裆裤。无论单衣、棉衣均用布缝襻，打成疙瘩为扣襻，俗称“疙瘩襻”；男性夏天穿对襟小褂，长裤或短裤，春、秋穿夹袄、夹裤。冬天，上身穿棉袄，腰系褡包，下穿棉裤。

新中国成立后，布料质量提高，有斜纹布、卡其布、条绒等。逐渐时兴穿背心、绒衣、毛衣等。50 年代末至 70 年代，男女中青年开始兴穿中山服、制服、列宁服、夹克、大衣的较多。60 年代中期，穿绿色军装盛行。80 年代起，男性穿西服打领带随处可见。男女时兴穿牛仔裤、喇叭裤等。女式服装式样更为繁多，质地越来越高级。军用绿大衣一直深受村民喜爱。90 年代始，各式各样的衣裤裙装，数不胜数，迷你裙、皮衣、羽绒服、运动衣裤盛行。

（二）鞋、帽、袜

鞋　辛亥革命前，女性盛行缠足，用长布条裹足，穿尖足布袜，木底或布底小靴子。民国年间，提倡天足，已缠足的有的放足，在这部分人中流行一种“放足鞋”。

新中国成立前，一般村民均穿自做的纳帮纳底鞋（各种布头用面浆拼接，然后剪成鞋型），有“两道脸”纳底布面鞋，后兴长脸圆口布鞋，还有纳帮靸鞋。冬季穿自做棉鞋、棉靴头。小孩穿老虎鞋、草鞋或自做棉鞋。

新中国成立后，逐步以塑料底、轮胎底机制鞋替代了自做布底鞋。60 年代始，球鞋、塑料凉鞋、解放鞋、皮鞋、平跟女皮鞋等逐渐兴起。80 年代后期，塑料凉鞋被皮凉鞋取代，布棉鞋被雪地鞋取代。男女兴穿长筒皮靴，也称“马靴”。90 年代，穿旅游鞋普遍。进入 21 世纪，村民开始追求穿骆驼、森达等名牌皮鞋，喜欢穿耐克、阿迪达斯、李宁等运动鞋，青年兴穿小白鞋。

帽　新中国成立初期，老年男性戴毡帽者多。老年妇女梳盘头，戴平绒黑色套帽。青年男女兴戴老红军帽、解放帽、鸭舌帽、礼帽等。60 年代后期至 80 年代初，男性

木制袜楦

社员以戴雷锋帽（55式军用棉帽）、单军帽为荣，女性喜戴头巾、毛线帽。夏天，多戴草帽。儿童帽子多样。21世纪始，多爱戴网球帽、棒球帽等，老年人则喜爱戴礼帽。

袜　50年代，一般都穿自做的布袜，穿破后，再进行缝补。家中都备有木制袜楦。补袜子是当时家庭妇女的主要针线活之一。后布袜逐渐被淘汰，被机织丝袜代替。60年代，尼龙丝袜（乡间称“玻璃丝袜”）、锦纶丝袜逐渐兴起。70年代末，随着生活水平提高，补袜子已不常见。80年代，中筒袜、高筒袜、裤袜得到中青年妇女青睐。2000年后，网眼袜、船袜、分趾袜开始盛行。

（三）美发

民国年间，男子多数剃光头。40年代末，才有青年人到杨柳青或天津市区理发（推头）。新中国成立后，理发的渐多，村民常到后街杨俊友理发所去理发。也有流动的理发师傅持唤头，也叫“嗡子”，走街串巷上门理发；发型有平头、分头（中分、偏分）、学士头等，老年人多为剃头刮脸，留胡须的逐年减少。50年代初，中青年妇女婚前留长辫（有双辫、单辫）或为齐肩短发，前留“齐眉穗”，也有的剪成“刘海头”。

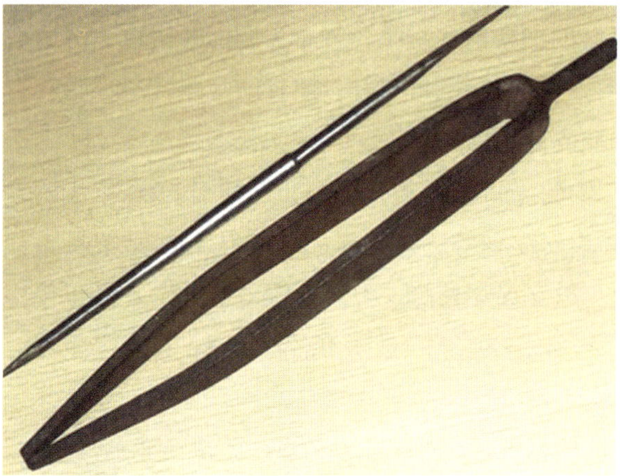

唤头

70年代末，男女使用火钳子烫发，那时只是烫烫大弯儿和发梢。80年代初，青年男女多到发廊烫、剪发。普遍使用电火剪、电烫机烫发。

2000年后，青年男女染发盛行。男女兴“荷叶头”“沙宣头”“毛刺儿”“高坡”等发型。男性每年人均理8次发，消费150～300元，年轻女性一般年消费300～800元，高档的则1000～2000元。

（四）饰品

50 年代，妇女挽髻插簪，佩戴手镯、耳环、戒指。成色有金、银、包金、包银等。60—70 年代，佩戴首饰现象大为减少。80 年代初末，佩戴金银饰品再度盛行，成为普通村民常有的饰品。21 世纪初，佩戴宝石、玉石、琥珀、蜜蜡、紫檀木、海南黄花梨等高级材料的手串、挂件饰品成为村民新的时尚。

四、居住

（一）住房结构

新中国成立后，村民居住房屋多为土木结构。60 年代，有少数社员建砖木结构房屋。1976 年唐山大地震后，砖木结构住房增多，建房质量较前提高。90 年代，建房多为红砖瓦房，平顶房逐渐消失，时兴两明一暗或两明两暗房屋结构，亦有靠里侧盖拐弯的房屋，也有两侧都盖拐弯房屋的。

2007 年 10 月，大卞庄村实施平房改造；2011 年，村民还迁入住楼房，楼房为高层框架结构，属高层建筑。可抗震 8 级、抗风 13 级。

（二）住房面积

1966—1997 年，村集体陆续发放约 10 批宅基地。1986 年，村民私人住房有 2865 间、3.4 万余平方米；1988 年，村民个人房屋数量 3002 间，面积 3.6 万余平方米；1992 年，发放宅基地 300 所、房屋 1400 余间；1995 年，全村人口 3700 人，住房建筑面积 5.95 万平方米，人均面积 16 平方米；2018 年，运通花园还迁住宅楼房建筑面积为 25.88 万平方米。

（三）住房装修

新中国成立初期，村民生活水平很低，室内装饰较为简陋，墙壁只用泥巴抹。70 年代，少数社员家中用粉连纸糊房屋顶棚，砖墁地面或水泥面，白灰膏抹墙壁。80 年代中期到 90 年代末，盛行装修房屋。各家装修门楼，外墙粘瓷砖、瓷画，多以高级釉面瓷砖墁地；门窗由木料渐向铝合金、塑钢发展；室内装修有木制护墙板、屋顶设灯池或天花板，灯具格调新颖；房间分布更加细化，卧室、厨房、卫生间、客厅布局完善；暖气、厨卫设施配套齐全；烟囱、土炕消失。

2011 年，村民入住楼房后，装修呈简装风格，追求环保健康。一般室内是高级釉面瓷砖、复合木地板墁地；墙面多留原始白色，也有贴壁纸或竹纤维墙板；灯具不再追求华丽烦琐，多使用简洁明亮的 LED 灯具。多为中式装修。少数家庭为欧式风格。

五、出行

（一）出行方式

解放前，村民外出多靠步行或小推车、畜力车。村后街南运河处有一处摆渡码头，运载来往杨柳青、天津市内的客人。50 年代末，村集体在南运河与李家园村高坟地对河处建一座简易木质桥，人们从此不再摆渡过河；冬季河面结冰，有社员以“冰排子”作为交通工具。60 年代始，社员乘公交车、长途汽车、火车出行。80 年代始，多骑自行车。90 年代始，私家车逐年渐增，摩托车、汽车、出租车等成为人们的主要出行工具。21 世纪，村民乘地铁 2 号线来往于市区。村民远行旅途乘京沪高铁、飞机者也不鲜见。

（二）出行车具

40 年代，自行车为稀罕物。村民李德荣、宋维新、尚恩举、孙景云、朱发等数人有自行车；新中国成立初期，村内自行车也不过 10 余辆。80 年代初，社员拥有自行车的逐渐增多，分为男式（直梁）、女式（弯梁）自行车。也有社员使用自己组装的载重自行车（俗称“铁驴车”），多为运输生产资料、贩卖蔬菜等。1969 年，村集体添置一辆手扶拖拉机，成为载人载物的主要交通工具。90 年代，自行车成为最普通的交通工具，每户达数辆。轻骑、摩托车、汽车已逐渐进入平常家，出租车兴起。进入 21 世纪，电动车代替自行车、三轮车。拥有中、高级轿车的家庭逐年增加，个别户拥有两三辆汽车。

2018 年年末，全村有各种私家车约 1500 辆。滴滴打车、共享单车等服务出现。

第三节　家用器具

一、家用电器

70 年代，家用电器还不普及。最早有富裕户购买电子管收音机及“日立”“长城”等品牌的黑白电视机。80 年代中期，村民购买力逐年提高，大部分家庭购买黑白电视机、洗衣机、冰箱、电风扇、录音机等。90 年代，彩色电视机、组合音响、录像机、饮水机等已成普通家用物品。多数家庭安装挂式或柜式空调机。

2011 年，村民入住新居，多购买液晶电视机、冰箱、洗衣机和燃气灶、抽油烟机等厨房器具及电热水器、浴霸等浴具。多数家庭安装 2 台电视机和空调机。

二、家具

新中国成立前，家具陈设较少。富裕人家有条几、连三桌、箱柜、被阁子等。贫困人家屋内四壁空空，少有家具摆设。70 年代初，家具需凭票购买，大衣柜时值 120 余元、连二桌子 30 余元。80 年代，多数青年结婚家具，都是自备木料，请木匠手工制作，一般有四门被套柜、大衣柜、梳妆台、酒柜、床、沙发等。90 年代，盛行集多种功能于一体、占地少、实用性强的组合家具，为青年人结婚首选。村民入住新居后，家具力求简约、环保、高档。实木家具越来越多地被村民选购，多为床、四门柜、五斗柜、电视柜、餐桌等。

第四节　生活方式

村民作息时间较为规律，晨起晚归。一般上班、上学的时间为早晨 7 点，晚 5 点下班、放学回家。

70 年代，社员休闲、锻炼方式较为简单。每到中午 12 点或下午 6 点人们早早放下手里的活等候在收音机旁，收听电台播放的评书《岳飞传》《杨家将》《三国演义》等。后电视机普遍，收音机逐渐失宠。90 年代，台球、跳秧歌、溜旱冰等成为村民业余生活锻炼项目。2011 年，入住小区后，村民参加健步走、广场舞、

收音机

太极等健身锻炼的渐多。青年人则喜爱打羽毛球、乒乓球和游泳、瑜伽等运动。

一、休闲

（一）棋牌

中国象棋为村民最爱。妇女、儿童多喜好军棋、五子棋、跳棋等。象棋成为多数男性村民业余生活的一项娱乐活动，常聚集在大街小巷等场所对弈，身旁常有数人围观或支着，成为村内一景。张宝书、佟国义、张善柱等经常参加镇、区组织的象棋比赛。

村民多喜好打麻将牌、纸牌等，有“打红一”“斗根儿”等玩法。80年代，每到夏天，大街小巷常常有围坐在一起打纸牌的人群，瘾大的能玩通宿。21世纪初，盛行玩“斗地主”纸牌。多为娱乐，不赌博。

（二）旅游

90年代，大卞庄村办各企业多次组织职工到北京、青岛、承德、烟台等地旅游。进入21世纪，村民自费国内旅游渐多，也有到韩国、日本、新加坡、马来西亚、泰国等国家和欧美地区旅游的。2018年始，村民常参加肃宁、刘伶醉酒厂、张家窝灵芝园、北戴河等短途一日游或三日游。

（三）垂钓

70年代，垂钓者少，使用渔具比较简陋，也有用竹竿自制的鱼竿和羽毛做的鱼漂等。90年代，个体鱼塘开始有偿放钓。2015年始，村民中有10余名垂钓爱好者，自费驾车到七里海、潮白河等河流、坑塘、海边垂钓。

二、健身

（一）跳舞

80年代后期，青年村民喜好跳迪斯科、太空步舞、霹雳舞等；90年代初至2018年，交谊舞、广场舞、健身舞等，逐渐成为村民喜欢的舞蹈。2018年11月，大卞庄村春竹舞蹈队参加了2019中央电视台中国（天津）中老年舞台舞蹈春晚选拔赛。

（二）台球

台球运动盛行于80年代中期，多为男性村民娱乐活动。台球桌一般在室外摆放，球具较为简陋。2017年年初，星空台球城建成开业，为中式台球，国家标准球桌，球具较高档。

（三）健骑

2010年始，村民刘学水、刘凤水、刘希来等10余人自发成立自行车健骑队，常

老年健骑队队员合影（2018 年李兴成摄）

青年健骑队队员在蓟州盘山合影（2019 年张长伟摄）

组织队员集体活动，远途锻炼。最远到过山东省威海市，最近到西青区辛口镇、武清区王庆坨镇、蓟州和河北省等地区。后有尚玉彬、孟宪超、刘贺利、张善良、张伟、张长伟等年轻村民也陆续开展室外健骑活动。骑行逐渐成为新的有氧健身运动。

第五节　邮　政

新中国成立初期，来往书信是由天津市邮电局和杨柳青邮电局投递。大卞庄村的来往信件最初到市区西北角邮局投递。1958 年，社员信件由中北斜邮电所负责，属李七庄邮电局管辖，1965 年撤销，后改红旗路邮电局投递。21 世纪始，信件由黄河道邮局宜君里邮电所投递。

1962 年，大队部添置第一部磁石电话机。90 年代，电话机，2G、3G 手机陆续进入百姓家。21 世纪始，4G 智能手机由于支付宝、微信转账、聊天等功能齐全，成为村民生活不可缺少的通信工具。

一、邮政

1954 年，大卞庄村在村供销社门口墙上安装邮政信箱，供销社代售邮票。寄信时可直接放到邮箱内或贴好邮票放在大队部，再由投递员取走。汇款或邮寄包裹需到黄河道邮局办理，后改到宜君里邮电所领取。至2018年，邮政投递信件仍在延续，保险、理财和通信失联人的信件较多。一般高考录取通知书信件由投递员亲自交到考生手中，签字收发。

二、快递

（一）设施

最早的快递是中国邮政挂号信，后改为邮政包裹挂号信。2010年，快递业务迅速发展，顺丰、圆通等快递公司占据主要市场，形成市场的主流。阿里巴巴、淘宝、京东等电商公司占据主要购物市场。美团、饿了么等公司占据食品快餐市场，年轻人日常消费较多。

2016年，运通花园小区内设置一个邮件快递领取智能箱，通过手机获取验证码领取。2018年，美家优享等购物快递服务出现。

（二）21、22、23号楼等站点

2018年年末，运通花园有15、16、22、23号楼等10余家购物快递站点。

第六节　电　信

一、固定电话

（一）磁石电话

1955年5月，中北斜乡开始有电话，大稍口管理区设一部磁石手摇电话机。1962年，大卞庄村大队部添置一部磁石电话机。1987年，磁石电话机交换台改成自动式。村电话属76局，开始为步进式，1990年，改为程控式。

（二）交换台

1987年，大卞庄村设人工电话交换台，接线员有年淑英、鲍艳梅、刘洪玲，负责连接外线或内线通话工作。内线有20余户，中继线5条。用户范围小，一般村干部、村办企业负责人安装内线，通过内线通话，也可接外线与外部联系。

（三）家庭电话

1995 年，村民申请安装自动化程控电话逐年渐多。时交电话初装费均 4500 元。第一批集体安装 10 部、个人 20 部。后取消初装费，价格下降，电话用户逐年增加。至 2007 年，村民拥有电话机 1000 余部，占总户数 77%。

2011 年，由于手机携带方便和普及，村民安装固定电话户减少。至 2018 年，大卞庄村百户家庭拥有电话机约 5 部，多与宽带、电视网线捆绑。

二、移动电话

（一）大哥大

1995 年，大卞庄村民王贵文、宋伯清率先购买手提模拟电话机（俗称“大哥大”），成为新的移动通信工具。货源紧俏，有钱难求。价格为 2 万 ~ 2.5 万元，要交 6000 元入网费才能使用，接收本地通话费 0.6 元 1 分钟，双向收费。后被小巧玲珑的手机(小灵通)替代。

（二）传呼

90 年代中期，数字传呼机（俗称 BP 机）出现在人们生活中，成为一种新时尚。品牌有摩托罗拉、西门子、爱立信等，其功能只能显示呼叫电话号码；汉显传呼机由于能显示简单文字留言，逐步取代数字传呼机。2000 年后，随着移动通信的发展，传呼机逐渐消失。

数字 BP 机

（三）手机

小灵通　小灵通是一种手持式无线电话系统，为 2G 制式，最早是机卡一体，后改为机卡分离，无线市话。2003—2014 年，成为村民主要的通信工具。

智能手机　进入 21 世纪，4G 智能手机由于微信、支付宝、照相、视频等功能越来越全，已成为普通百姓的生活必备用品。2018 年，村民手机持有率达到 90%，基本达到人手一部手机，也有少数村民持 2 部、3 部。

三、电报网络

（一）电报

新中国成立后，电报在人们生活中发挥重要作用。80 年代初，社员一般要到天津市和平区南京路电报大楼办理，后就近到南开区黄河道邮局发电报。费用按字数收取。2000 年后，电报业务逐渐消失。村民多使用手机、网络发送信息。

（二）电脑网络

电脑学名计算机，有台式、平板、笔记本、液晶电脑。90 年代后期，随着电脑互联网应用进入平常家庭，多为学习或工作需要购置。村民入网多使用西青科汇、天津联通、长城宽带等。

第七节 社会保障

中共大卞庄村委员会、大卞庄村委会在发展壮大村集体经济的同时，努力提高村民的社会保障和福利待遇，相继制定退休金、医疗保障、意外保险、奖学金、学费报销等惠民福利。

一、退休保障

（一）集体养老

1980 年，大卞庄村实行社员退休制度，成为九一九公社最先发放退休金的村队之一。退休社员从此开始享受集体发放的退休金，退休金为每人每月 5 元。后调整为 15 元、20 元、40 元、50 元、100 元。

2018 年 1 月，经大卞庄村民代表会决议，再次提高村民退休金，达到每人每月享受退休金 1200 元，80 周岁以上的老人可达到每人每月 1400 元。2018 年年末，有 586 人享受村民退休金待遇。

（二）社会养老

2005 年 4 月，大卞庄村推行城镇职工养老保险制度。参保年龄为 1948 年 1 月 1 日以后至 1976 年 12 月 31 日前出生的男性村民、1958 年 1 月 1 日以后至 1976 年 12 月 31 日前出生的女性村民。其他因年龄超出参保范围的村民，可享受村集体退休金待遇。

2013 年，大卞庄村推行城乡居民基本养老保险制度。1944 年以后出生的村民享受此待遇。

2015 年，推行第二阶段城镇职工养老保险制度。参保年龄为 1977 年 1 月 1 日后至 1987 年 12 月 31 日前出生的村民，参保年限为 10 年。

二、农业人口养老保险

（一）缴付比例

首批村民参保城镇职工养老保险费为 2.4 万元。经大卞庄村党支部、村委会决定，由集体担负 2 万元、个人担负 4000 元，参保年限为 15 年。城乡居民基本养老保险参保年龄为 1944 年 1 月 1 日以后出生的村民，第一批每人参保金为 14450 元，区财政补贴 5000 元，个人实际担负 9450 元。后补贴政策取消，设定 10 个档次，个人参保档次自定。

（二）集体投入

2005 年 4 月，经大卞庄村党支部、村委会研究决定，为参保城镇职工养老保险的村民制定补贴政策。由村集体担负每人 2 万元的参保金，总投入达 2800 万元。

（三）参保人数

大卞庄村第一批参保城镇职工基本养老保险的适龄村民有 1400 人，参保率达 100%。至 2018 年 12 月，有 425 名适龄村民参保城乡居民基本养老保险，有 446 人参保第二批城镇职工基本养老保险。全村享受城镇职工养老保险的有 580 人，享受城乡居民养老保险的有 425 人。

第十二章　社会事业

1923 年，卞家庄第一所宋氏私立第二国民小学，即天津县第五区私立志德小学建立。1950 年，改为公立小学。中共十一届三中全会以后，随着九年制义务教育普及，村民入学率显著提高。至 2018 年，大卞庄村大专以上文化程度的村民达近 400 人，其中有博士研究生 3 人、硕士研究生 19 人。21 世纪初，大卞庄村制定奖学金制度。50 年代初，成立“津西农青”篮球队，文化合作剧团等。至 2018 年，小区有京剧社、秧歌队、腰鼓队和手扑球等数支文体队伍，群众性文化活动丰富多彩。

第一节　教　育

一、学前教育

1958 年，人民公社化以后，生产大队大搞“三化两院”（生活食堂化、婴幼儿抚育托儿化、洗衣缝纫集体化，幸福院、妇产院）。大卞庄村成立托儿所（社员称为“儿子班”），由生产队指派 2 ～ 3 名妇女担任抚养工作，大队按一般社员待遇给记工分。只照看孩子，不进行教育。1972 年，张桂红、周淑敏、陈素珍、张振彦等在供销社院内看管幼儿，不久幼儿园解散。建起“育红班”，招收学龄前儿童入学。队指派王玉荣、倪春芳、宋金萍等人任幼儿教师。

1985 年，大卞庄村小学附设学前班与托儿所，由小学教师兼任教师。小朋友佩戴绿领巾以区别于佩戴红领巾的小学生。

1997 年，刘永安老师在村内开办育才幼儿园，招收 3 周岁以上儿童入园。每天有 4 课时授课，学习认字和数字、歌谣、画画等。

2011 年始，启蒙、童乐、

神龙天意托幼点（2019 年李兴成摄）

卞兴、神龙天意等托幼点先后成立。班级分大班、中班、小班。课程有加减法、英语、图画、歌舞、手工、唐诗、儿歌、弟子规等。

2015年起，大卞庄村委会与中北镇教委共同为入幼儿园的儿童报销学费，每年按10个月统计，每月报销标准为一、二类幼儿园480元、三类300元。

卞兴托幼点儿童参加六一表演（2019年张学娜摄）

二、小学教育

清宣统二年（1910），大卞庄村民朱景波任教私塾，用自家2间房屋作为教室，不收学费。因家境困难，大部分孩子不能正常上学。朱先生又开办冬三月学习班，每天晚上教课。

1923年，天津商界爱国人士宋则久在大卞庄村创办第一所小学——宋氏私立第二国民小学，即天津县第五区私立志德小学（俗称“北面学校”）。该校坐落于南运河西侧（原村红医站北）。有2间教室，2间配房。有6个年级，3个班，学生多时约100名。儿童入学率较高，困难学生免学费学习，毕业率低。学校负责人孟继庆兼教师，村民尊称其“孟先生”，还有教师王文齐、韩学义、温建一。李家园、小稍直口、曹庄等周边几个村的儿童也到该校上学，各年级学生数呈宝塔式，一、二年级人数较多，到三、四年级人数逐渐减少，到五、六年级往往就剩10人左右。其原因主要为老师、学生生活困难，师资和生源缺乏。授课为复式教学，由教师用不同的教材，在同一节课里对不同年级的学生进行教学。

大卞庄村小学77级学生合影（李兴成提供）

1950年，大卞庄村中心小学成立，学校坐落于村南鲍家大院（俗称“南面学校”）。王文奇、韩学义任教，有办公室1间、教室3间、学生90余人。

1952年，大卞庄村成立民校，也称“夜校”，是成年人利用闲暇时间学习文化的学校，主要开展村民扫盲、识字活动。

1959—1961 年，村民入学率下降，学生流失率增大。

"文化大革命"开始后，学校的教学秩序遭到严重破坏，教师不能正常给学生上课，学生也无心学习，教育出现停滞状态。学生辍学、退学、插班较平常，学习质量不高。

70 年代末，大卞庄村儿童入学率、毕业率显著提高。办学条件和校园环境简陋，没有广播、电铃，上、下课时间由专人手摇铜铃铛通知。每班有学生约 45 人，约 50 平方米的教室只有一个炉子（洋炉子）取暖。因校园面积小，体育课只能在校外运河大堤进行。天气热时，也会到大堤杨树下开展文化课。

银座小学学生上课（2007 年孙红摄）

1985 年，村委会决定投资改善办学条件、优化教育环境，在育红北街南新建一所学校，名为西郊区中北斜乡大稍直口中心小学大卞庄分校。马明皋、刘世茂、陈丽华先后担任校长。有教职员工 20 人、学生 280 人，6 个年级、12 个教学班。学校占地面积 2613 平方米，操场面积达 1500 平方米。

1998 年 12 月 16 日，经西青区人民政府批准，原大稍直口中心小学大卞庄分校为独立建制，更名为天津市西青区银座小学。该校由天津银座集团和西青区政府、中北镇政府、大卞庄村委会共同投资建成，其中民营企业家、银座集团董事长王贵武投资 100 万元，区、镇、村三方共同投资 60 万元，于 1999 年 9 月在分校原址竣工。学校占地面积 2613 平方米，建筑面积 1813 平方米。教学楼为三层建筑，配有多媒体教学室。教室配备电风扇、暖气等。1999 年 9 月至 2005 年 7 月，刘运起任校长；2005 年 8 月至 2008 年 8 月，孙红任校长。有 6 个年级、12 个班、2 个学前班，学生总数 447 人。

2008 年 9 月，天津市西青区银座小学因大卞庄村平房改造被拆除。教师并入中北小学，学生并入中北第二小学。

三、中学教育

60 年代，大卞庄村部分中学生到 109 中学（原延安中学）、中北斜中学就读。

因生活条件差，学生每天自带干粮、步行近5公里去上课。1975年6月，大稍直口中学成立。大部分应届学生就近到大稍直口中学上学。2000年8月，大稍直口中学和中北斜中学合并，改为中北中学。随着生活水平提高，部分学生多到市区中学就读。

四、大、中专教育

2002年起，大卞庄村委会对应届考入中专、高中、大专、本科的全日制学生实行不同标准的奖励补贴；2018年，对考入全日制大学的学生给予2000元一次性奖励补贴。

2010年，中北镇出台《关于振兴中北镇教育事业的意见》和《中北镇关于高中学段（同等学力）学生报销学费的实施办法》，中专生、高中生每年学费报销由村、镇两级担负。2015年始，国家实行中专生免费政策，不再报销学费。高中学费继续报销。

大卞庄村历年全日制大学毕业或在读学生一览表

表38

序号	姓　名	性别	年级	毕业或在读院校	学历	学位
1	刘恩波	男	1962	天津大学	本科	
2	孟广道	男	1952	内蒙古师范学院	专科	
3	宋惠珍	女	1965	天津财经学院	本科	
4	马全喜	女	1974	天津师范学院	专科	
5	王洪歧	男	1978	南京大学	本科	学士
6	尚洪桂	女	1978	南开大学	本科	
7	马仲立	男	1978	南开大学	本科	学士
8	孙继竹	男	1978	天津农学院	本科	学士
9	张玉霞	女	1978	天津师范大学	本科	
10	马全意	男	1979	中国人民解放军防化学院	硕士研究生	硕士
11	马仲明	男	1981	天津大学	博士研究生	博士
12	孙　巍	男	1981	西北电讯工程学院	本科	学士
13	王贵来	男	1982	中国人民解放军第三军医大学	本科	
14	刘凤景	男	1983	海军工程学院	本科	学士
15	王洪光	男	1983	天津大学	本科	学士

续表 38

序号	姓 名	性别	年级	毕业或在读院校	学 历	学 位
16	王玉英	女	1983	天津大学机电分校	本科	学士
17	李兴华	男	1984	天津大学	本科	学士
18	孙 宇	男	1984	天津师范大学	本科	学士
19	葛金明	男	1984	天津大学冶金分校	本科	学士
20	张善青	男	1984	天津理工大学	硕士研究生	硕士
21	田春生	男	1984	天津大学	本科	
22	王学芬	女	1984	天津大学建设分校	硕士研究生	硕士
23	闫明喜	男	1984	天津医学院	专科	
24	刘学生	男	1984	天津中医学院	专科	
25	张善吉	男	1984	河北职业大学	专科	
26	刘胜红	女	1984	天津大学机电分校	本科	
27	孙桂森	男	1984	天津医学院	本科	学士
28	佟国忠	男	1985	中国公安大学	硕士研究生	硕士
29	马洪英	女	1986	天津商学院	本科	学士
30	张善春	男	1986	天津师范大学	硕士研究生	硕士
31	韩德强	男	1988	大连海运学院	本科	
32	许卫民	男	1988	天津体育学院	本科	
33	孙淑霞	女	1985	天津大学机电分校	本科	学士
34	张春刚	男	1989	天津大学机电分校	本科	
35	刘学娟	女	1991	安徽大学	本科	学士
36	李长英	女	1991	天津师范大学	本科	
37	刘洪坡	男	1995	天津财经学院	专科	
38	石洪刚	男	1995	太原理工大学	本科	
39	宋立竹	男	1996	南京交通高等专科学校	专科	
40	肖莉莉	女	1996	天津师范大学	本科	学士
41	李 静	女	1997	天津海运职业学院	专科	
42	张俊程	男	1997	天津医药职工大学	专科	
43	刘淑娜	女	1998	天津城建学院	专科	
44	宋立杰	男	1998	大连水产学院	本科	学士

续表 38

序号	姓　名	性别	年级	毕业或在读院校	学 历	学 位
45	尚会雅	女	1998	天津师范大学	专科	
46	石　萍	女	1998	兰州大学	本科	学士
47	尚洪哲	男	1999	山西财经大学	本科	学士
48	孙洪健	男	1999	天津商业大学	本科	
49	宋　俊	女	2000	天津师范大学	本科	学士
50	杨建国	男	2000	天津外国语大学	本科	
51	张　翠	女	2001	天津外国语学院	硕士研究生	硕士
52	刘恩颖	女	2001	天津理工大学	本科	
53	刘桂林	男	2001	中央财经大学	博士研究生	博士
54	刘晓勇	男	2001	天津商学院	专科	
55	尚金霞	女	2001	天津协和商贸进修学院	专科	
56	李长波	男	2001	天津科技大学	本科	学士
57	纪根娓	女	2001	天津理工学院	本科	学士
58	佟文恺	男	2001	天津警官职业学院	专科	
59	尚志盈	男	2001	天津理工大学	本科	学士
60	李长健	男	2002	天津外国语学院	专科	
61	孙亚美	女	2002	天津大学	专科	
62	马　涛	男	2002	河北工业大学	本科	
63	李　娟	女	2002	天津大学	专科	
64	刘红旭	女	2002	湖北大学	本科	学士
65	宋银屏	女	2002	天津师范大学	本科	学士
66	姜秀金	女	2002	天津外国语学院	本科	学士
67	陈　颖	女	2003	天津师范大学	本科	学士
68	尚志强	男	2003	南开大学	博士研究生	博士
69	张　奎	男	2003	天津师范大学	本科	学士
70	于兆明	男	2003	天津工业大学	本科	
71	刘恩健	男	2003	天津大学	本科	
72	宋　磊	男	2003	天津工程职业技术学院	专科	
73	李维婷	女	2003	天津轻工职业技术学院	专科	

续表 38

序号	姓　名	性别	年级	毕业或在读院校	学历	学位
74	李长花	女	2003	天津医学高等专科学院	专科	
75	尚会苗	女	2003	天津工业职业技术学院	专科	
76	孙永霞	女	2003	天津音乐学院	博士研究生	硕士
77	孙洪刚	男	2003	天津机电职业技术学院	专科	
78	张　旭	女	2003	天津工程师范学院	本科	学士
79	尚志洲	男	2004	天津开发区职业技术学院	专科	
80	王俊伟	女	2004	天津医科大学	硕士研究生	硕士
81	刘小磊	男	2004	天津工业大学	本科	
82	许　磊	男	2004	河北工业大学	硕士研究生	硕士
83	李　美	女	2004	天津外国语大学	本科	学士
84	王俊杰	女	2004	天津工程师范学院	本科	
85	马　兰	女	2004	天津农学院	本科	学士
86	鲍金旺	男	2004	天津工业职业技术学院	专科	
87	纪根强	男	2004	天津理工学院	本科	学士
88	于少华	男	2004	天津警官职业学院	专科	
89	许宏伟	男	2004	天津师范大学	本科	
90	刘媛媛	女	2004	天津市职业大学	专科	
91	刘晓斌	男	2004	天津工业大学	本科	学士
92	强福田	男	2004	天津师范大学	本科	学士
93	张　晴	女	2005	中国人民大学	硕士研究生	硕士
94	刘红爽	女	2005	华中师范	本科	学士
95	王俊清	女	2005	天津市医科大学	本科	学士
96	孟宪祥	男	2005	天津电子信息职业技术学院	专科	
97	孙洪永	男	2005	天津冶金职业技术学院	专科	
98	葛洪双	女	2005	天津师范大学	本科	学士
99	刘恩璐	男	2005	北京现代经济管理学院	专科	
100	孙锦花	女	2005	天津外国语学院	本科	学士
101	孙月惠	女	2005	天津农学院	本科	学士
102	刘晓磊	男	2005	天津电子信息职业技术学院	本科	学士

续表 38

序号	姓　名	性别	年级	毕业或在读院校	学 历	学 位
103	刘向魁	男	2005	天津警官职业学院	专科	
104	吕　岚	女	2006	天津医药大学	本科	学士
105	宋　立	男	2006	广西大学行健文理学院	本科	学士
106	高　尚	男	2006	天津中医药大学	硕士研究生	硕士
107	刘洪胜	男	2006	天津开发区职业技术学院	专科	
108	佟文玉	女	2006	天津轻工业学院	专科	
109	刘　莉	女	2006	天津交通学院	专科	
110	李维军	女	2006	天津交通学院	专科	
111	孙永强	男	2006	天津电子信息职业技术学院	专科	
112	李兴艳	女	2007	天津师范大学学前教育学院	专科	
113	李蕊彤	女	2015	天津师范大学学前教育学院	本科	
114	李　颖	女	2007	呼伦贝尔学院	本科	学士
115	石宝海	男	2007	天津开发区职业技术学院	专科	
116	刘　君	女	2007	哈尔滨商业大学	本科	学士
117	佟文龙	男	2007	中国刑事警察学院	本科	学士
118	孙　娜	女	2007	北京师范大学	本科	
119	刘洪叶	女	2007	天津师范大学学前教育学院	专科	
120	李长美	女	2008	华北科技学院	本科	
121	宋丽涛	男	2008	天津生物工程职业技术学院	专科	
122	刘恩明	男	2008	天津城建学院	本科	学士
123	姜立妹	女	2008	天津师范大学学前教育学院	专科	
124	刘晓亮	男	2008	山西机电职业技术学院	专科	
125	孟庆禄	男	2008	天津理工大学	本科	学士
126	王俊君	女	2009	天津农学院	本科	学士
127	宋　趁	男	2009	天津科技大学	本科	学士
128	王晓燕	女	2009	天津外国语学院滨海外事学院	本科	学士
129	孙云萍	女	2009	山东工商学院	本科	学士
130	王　莹	女	2009	天津医科大学	本科	学士
131	葛洪楷	男	2009	天津理工大学	本科	学士

续表 38

序号	姓　名	性别	年级	毕业或在读院校	学 历	学 位
132	吴建才	男	2009	江苏大学	本科	学士
133	孙云彤	女	2009	天津开发区职业技术学院	专科	
134	孙亚萱	男	2009	天津交通学院	专科	
135	张洪艳	女	2009	上海中医药大学	本科	学士
136	缴　迎	女	2009	北京林业大学	本科	学士
137	王俊媛	女	2009	北京干部社会管理职业学院	专科	
138	尚向莉	女	2010	天津商学院宝德学院	本科	学士
139	宋　媛	女	2010	广西师范大学	本科	学士
140	张　悦	女	2010	天津职业技术师范大学	本科	
141	尚志博	男	2010	天津理工大学	本科	
142	孙少旺	男	2010	天津理工大学中环信息学院	本科	学士
143	王子龙	男	2010	天津师范大学	本科	学士
144	张洪凯	男	2010	天津轻工职业技术学院	专科	
145	王晓晨	女	2010	天津工业大学	本科	
146	王友彬	男	2010	天津科技大学	本科	
147	刘晓曼	女	2010	天津科技大学	本科	
148	刘　佳	女	2010	天津师范大学	本科	学士
149	王　静	女	2010	天津科技大学	本科	学士
150	刘　丹	女	2010	天津工业大学	本科	学士
151	张　超	男	2010	天津科技大学	本科	
152	李雅辰	女	2010	天津理工大学	本科	学士
153	刘晓岑	女	2010	天津师范大学	本科	学士
154	张洪艳	女	2010	上海中医药大学	本科	
155	张　杰	女	2010	河北工业大学	本科	
156	尚慧美	女	2010	天津财经大学珠江学院	本科	
157	李　旭	女	2010	天津轻工职业技术学院	专科	
158	朱文婷	女	2010	天津工业大学	本科	学士
159	刘洪帅	男	2010	天津电子信息职业技术学院	专科	
160	石洪桃	女	2010	天津工业大学	本科	学士

续表 38

序号	姓　名	性别	年级	毕业或在读院校	学 历	学 位
161	孙九香	女	2010	淮北师范大学	本科	
162	孙　莹	女	2010	天津机电职业技术学院	专科	
163	宋子仑	男	2011	天津大学仁爱学院	本科	学士
164	汪　盛	男	2011	桂林理工大学	本科	学士
165	刘洪竹	女	2011	天津外国语大学	本科	学士
166	赵俊哲	男	2011	天津艺术职业学院	专科	
167	郭　晶	女	2011	天津外国语大学	本科	学士
168	刘洪清	女	2011	天津渤海职业技术学院	专科	
169	刘晓放	女	2011	天津财经大学珠江学院	本科	
170	孟宪洁	女	2011	天津中德职业技术学院	专科	
171	李丽微	女	2011	天津商务职业学院	专科	
172	朱慧婧	女	2011	天津师范大学	本科	
173	王　莎	女	2011	天津铁道职业技术学院	专科	
174	孙少晨	男	2011	天津轻工学院	专科	
175	石睿轩	男	2011	吉林建筑大学	本科	学士
176	张洪亮	男	2011	天津南开职工大学	本科	
177	刘鑫然	女	2011	天津师范大学	本科	
178	尚向旭	女	2011	天津医学高等学院	专科	
179	孟宪全	男	2012	天津工业大学	硕士研究生	硕士
180	金　玥	女	2012	天津电子信息职业技术学院	专科	
181	陈天宇	男	2012	天津理工大学	本科	学士
182	卢佳敏	女	2012	天津海运职业学院	专科	
183	刘晓雪	女	2012	天津师范大学	本科	
184	尚志彬	男	2012	天津科技大学	本科	学士
185	李建超	男	2012	暨南大学	硕士研究生	硕士
186	刘　爽	女	2012	天津体育学院	本科	
187	朱慧勇	男	2012	天津理工大学中环信息学院	本科	
188	王晓磊	男	2012	淮海工学院	本科	
189	尚玉龙	男	2012	日本圣学院大学	本科	学士

续表 38

序号	姓　名	性别	年级	毕业或在读院校	学 历	学 位
190	尚会颖	女	2012	天津现代职业技术学院	专科	
191	年彩静	女	2012	南通大学管理学院	本科	
192	王文玲	女	2012	天津商业大学	本科	学士
193	刘玉帅	男	2012	天津轻工职业技术学院	专科	
194	刘　晨	女	2012	天津海运职业学院	专科	
195	张玉倩	女	2012	天津科技大学	本科	
196	刘晓宾	男	2012	天津广播音像职业技术学院	专科	
197	王译萱	女	2012	天津城建职业技术学院	专科	
198	孟宪磊	男	2012	天津工业大学	专科	
199	马　涛	男	2012	河北工业大学	本科	学士
200	王文双	女	2012	湖南农业大学	本科	
201	刘淑鹏	男	2012	天津商业大学	本科	学士
202	尚　优	男	2012	河北工业大学	本科	学士
203	刘晓伟	男	2012	天津师范大学津沽学院	本科	
204	李长玲	女	2012	天津职业技术师范学院	本科	
205	尚志颖	女	2012	天津现代职业技术学院	专科	
206	尚志彬	男	2012	天津科技大学	本科	学士
207	倪志增	男	2012	天津商业大学	本科	
208	宋晓婷	女	2012	天津医科大学临床学院	本科	
209	王家啸	男	2012	天津电子信息职业技术学院	专科	
210	李长新	女	2012	邢台学院	本科	
211	王继轩	男	2012	河南工业大学	本科	学士
212	李福悦	女	2012	河北工业大学	硕士研究生	学士
213	孙　成	男	2012	大连理工大学	本科	硕士
214	吕　婷	女	2012	天津现代职业技术学院	专科	
215	兰　翔	男	2013	泰山医学院	本科	学士
216	孟宪章	男	2013	天津工业大学	本科	学士
217	孙少阳	男	2013	河南建筑学院	本科	
218	殷嘉浩	男	2013	天津理工大学	本科	

续表 38

序号	姓　名	性别	年级	毕业或在读院校	学 历	学 位
219	彭　浩	男	2013	天津现代职业技术学院	专科	
220	刘晓倩	女	2013	天津科技大学	硕士研究生	硕士
221	肖　湘	男	2013	中南大学	硕士研究生	硕士
222	李志丹	女	2013	重庆工商大学	本科	
223	尚　雪	女	2013	天津外国语大学	硕士研究生	硕士
224	吕　倩	女	2013	南开大学滨海学院	本科	学士
225	李兴洋	男	2013	天津机电职业技术学院	专科	
226	孙少旭	男	2013	忻州师范学院	本科	学士
227	王麒翔	男	2013	天津师范大学	本科	
228	王新瑀	男	2013	延边大学	硕士研究生	硕士
229	刘向鹏	男	2013	天津工程职业技术学院	专科	
230	姜立成	男	2013	天津城建大学	本科	
231	尚玉春	男	2013	天津科技大学	本科	学士
232	倪志平	女	2013	天津铁道职业技术学院	专科	
233	杨　芳	女	2013	天津生物工程职业技术学院	专科	
234	李福桐	女	2013	天津中医药大学	本科	
235	刘　爽	女	2013	天津现代职业技术学院	专科	
236	孟庆琳	女	2013	天津医科大学临床医学院	本科	在读
237	张　宇	男	2013	安徽医科大学临床学院	本科	在读
238	葛洪玥	女	2013	天津商务职业学院	专科	
239	刘　帅	男	2013	天津理工大学	硕士研究生	硕士
240	刘晓佳	女	2013	青岛农业大学海都学院	本科	
241	王文彤	女	2013	中国矿业大学	硕士研究生	硕士
242	刘向怡	女	2013	天津大学仁爱学院	本科	
243	张　阳	男	2013	天津轻工职业技术学院	专科	
244	张　旭	男	2003	天津职业技术学院	专科	
245	李长慧	男	2013	天津国土资源和房屋职业学院	专科	
246	刘　钢	男	2013	天津商业大学	本科	学士
247	李　强	男	2013	天津轻工职业技术学院	专科	

续表 38

序号	姓　名	性别	年级	毕业或在读院校	学 历	学 位
248	刘　颖	女	2013	天津理工大学中环电子学院	本科	
249	李　彤	女	2013	天津理工大学	本科	
250	周　雪	女	2013	天津理工大学	本科	学士
251	李　强	男	2013	天津轻工职业技术学院	专科	
252	尚项鹏	男	2013	中北大学	本科	学士
253	王友鹏	男	2013	天津机电工艺学校	专科	
254	顾晓婷	女	2013	天津农学院	本科	
255	尚向娜	女	2013	南开大学滨海学院	本科	学士
256	年　美	女	2013	江西中医药大学科技学院	本科	学士
257	刘子颉	男	2013	天津现代职业技术学院	专科	
258	宋　健	男	2014	长春工业大学人文信息学院	本科	
259	李长喜	男	2014	鲁东大学	本科	
260	吕　涛	男	2014	天津轻工职业技术学院	专科	
261	宋　雪	男	2014	天津交通职业学院	专科	
262	倪志倩	女	2014	天津天狮学院	本科	学士
263	张精桐	女	2014	天津师范大学津沽学院	本科	学士
264	尚向立	男	2014	天津工业大学	本科	学士
265	刘建鹏	男	2014	天津中德职业技术学院	专科	
266	孙少增	男	2014	天津铁道职业技术学院	专科	
267	朱会宇	男	2014	天津机电职业技术学院	专科	
268	孙永强	男	2014	河北工业大学	本科	
269	李　莹	女	2014	天津生物工程职业技术学院	专科	
270	陈　震	男	2014	天津职业技术师范大学	专科	
271	李建莹	女	2014	天津商务职业学院	专科	
272	刘晓美	女	2014	天津海运职业学院	专科	
273	朱会领	男	2014	天津城市职业学院南开分院	专科	
274	孙少熙	男	2014	天津机电职业技术学院	专科	
275	刘　艺	女	2014	天津轻工职业技术学院	专科	
276	李欣逸	女	2014	天津现代职业技术学院	专科	

续表 38

序号	姓　名	性别	年级	毕业或在读院校	学 历	学 位
277	石奕虹	女	2014	山东中医药大学	本科	在读
278	张俊喆	男	2014	天津财经大学	本科	
279	孙永健	男	2014	天津工业大学	本科	
280	袁　帅	女	2015	天津商业大学宝德学院	本科	
281	孙　鑫	男	2015	燕山大学	本科	在读
282	孙绍欢	男	2015	天津商务职业学院	专科	在读
283	李　旭	男	2015	天津市公用技师学院	专科	
284	韩　晴	女	2015	天津海运职业学院	专科	在读
285	尚立鑫	男	2015	哈尔滨工业大学	本科	在读
286	李　静	女	2015	天津职业大学	专科	在读
287	任　萌	女	2015	天津师范大学	本科	在读
288	李福津	男	2015	天津交通职业技术学院	专科	在读
289	孙志坚	男	2015	天津城市建设管理职业技术学院	专科	在读
290	李福瑄	男	2015	天津广播影视职业学院	专科	在读
291	张旭扬	女	2015	天津理工大学中环信息学院	本科	在读
292	刘　佳	女	2015	天津中德职业技术学院	专科	在读
293	尚　磊	男	2015	天津电子信息职业技术学院	专科	在读
294	闫嘉伟	男	2015	南开大学	本科	在读
295	葛洪兰	女	2015	天津生物工程职业技术学院	专科	
296	宋　裕	男	2015	长春工业大学人文信息学院	本科	在读
297	刘洪健	男	2015	河北工业大学	本科	在读
298	刘兴宇	男	2015	天津中德职业技术学院	专科	在读
299	尚玉莹	女	2015	天津农学院	本科	在读
300	孙九君	女	2015	北京科技大学天津学院	本科	在读
301	葛红媚	女	2015	天津生物工程职业技术学院	专科	在读
302	尚向森	男	2015	天津公安警官职业学院	本科	在读
303	孙福琪	女	2015	天津商务职业学院	专科	在读
304	李兴晨	男	2015	天津城市建设管理职业技术学院	专科	在读
305	刘晓晴	女	2015	郑州中原工学院	本科	在读

续表 38

序号	姓　名	性别	年级	毕业或在读院校	学 历	学 位
306	刘　鹏	男	2015	天津师范大学	本科	在读
307	尚向云	女	2015	天津财经大学珠江学院	本科	在读
308	孟庆成	男	2015	北京化工大学	本科	在读
309	吕家旺	男	2015	天津大学仁爱学院	本科	在读
310	张　靖	女	2015	天津职业大学	专科	
311	王文杰	男	2015	天津理工大学渤海职业技术学院	专科	
312	刘立成	男	2015	天津市公用技师学院	专科	
313	纪　坤	男	2015	天津公安警官职业学院	专科	
314	孙少畅	女	2015	天津商务职业学院	专科	
315	刘释泽	女	2016	内蒙古科技大学	本科	在读
316	刘宇昂	男	2016	天津生物工程职业技术学院	专科	在读
317	刘　雨	女	2016	天津公安警官职业学院	专科	在读
318	张　琨	男	2016	山东力明科技职业学院	专科	在读
319	李　雪	女	2016	天津公安警官职业学院	专科	在读
320	孙云竹	女	2016	天津农学院	本科	在读
321	尚志成	男	2016	天津铁道职业技术学院	专科	在读
322	郭天宇	男	2016	内蒙古工业大学	本科	在读
323	许宏晨	女	2016	河北工业大学	本科	在读
324	刘天睿	男	2016	天津电子信息职业技术学院	专科	在读
325	孙畅联	女	2016	天津医学高等专科学校	专科	在读
326	李　欣	女	2016	天津理工大学	本科	在读
327	刘兴琦	男	2016	天津生物工程职业技术学院	专科	在读
328	刘洪洁	女	2016	天津理工大学	本科	在读
329	李　佳	女	2016	山东大学	本科	在读
330	门永旺	男	2016	天津工艺美术职业学院	专科	在读
331	刘晓钰	女	2016	天津生物工程职业技术学院	专科	在读
332	许虹勐	男	2016	天津商务职业学院	专科	在读
333	孙　松	男	2016	青岛工学院	本科	在读
334	陈　越	女	2016	天津中医药大学	本科	在读

续表 38

序号	姓　名	性别	年级	毕业或在读院校	学 历	学 位
335	葛红建	女	2016	河北科技师范学院	本科	在读
336	宋梓源	男	2016	天津机电职业技术学院	专科	在读
337	殷佳茗	女	2016	南开大学滨海学院	本科	在读
338	年福乐	男	2017	天津工业大学	本科	在读
339	马梦姗	女	2017	天津师范大学	本科	在读
340	王雯静	女	2017	湖北美术学院	本科	在读
341	王子信	男	2018	天津城市职业学院	专科	在读
342	马福建	男	2018	大连大学	本科	在读
343	刘建铮	男	2018	天津大学仁爱学院	本科	在读
344	吕沛泽	男	2018	天津城市职业学院	专科	在读
345	石奕濛	女	2018	天津艺术职业学院	专科	在读
346	郭欣宇	女	2018	天津商务职业学院	专科	在读
347	张　昊	男	2018	天津现代职业学院	专科	在读
348	佟学亮	男	2018	天津交通职业学院	专科	在读
349	王　宇	女	2018	天津中德应用技术学院	专科	在读
350	刘沫杉	女	2018	天津中德应用技术学院	专科	在读
351	孙九艳	女	2018	天津商业大学	本科	在读
352	年俊杰	男	2018	天津理工大学	本科	在读
353	李　妍	女	2018	天津工业大学	本科	在读
354	王晓钰	女	2018	天津海运职业学院	专科	在读
355	年朋龙	男	2018	济南大学泉城学院	专科	在读
356	石宝汐	男	2018	天津现代职业学院	专科	在读
357	李　淼	女	2018	天津财经大学珠江学院	专科	在读
358	闫泓羽	女	2018	天津大学仁爱学院	本科	在读
359	尚博珩	男	2018	南京工业大学	本科	在读

说明：如有遗漏，敬请原谅

五、成人教育

（一）扫盲

1952年5月，大卞庄村开展扫盲运动，安排孟继庆、倪从山、孙耀勇、李元清、王金亮、宋金第、李德义等为教员，组织村民参加学习，尤其对妇女们进行思想宣传和文化教育，使她们摆脱封建主义造成的愚昧观念，从而以主人翁的责任感正视自己的社会地位，发挥应有的作用。由于扫盲和学校教育的普及，文盲逐年减少。

（二）技能培训

中北镇党委、镇政府在全镇各村、工厂及各行业广泛开展人才工程建设培训活动。1995年，大卞庄村成立“村人才工程建设培训”工作领导小组。村“两委”班子成员及后勤人员参加培训的较多。农业种植户、养殖户也参加专业培训。2015—2018年，中北镇推进“百万技能人才培训福利计划”，大卞庄村先后有100余人报名参加育婴师、叉车司机、电气焊、维修电工、家政服务员、农艺工、中西式面点师、手工编织等培训课程。

第二节　群众文化

一、文化设施

（一）文化中心

2011年，大卞庄村新建3000平方米综合服务站，内设文体活动室、农家书屋、电子阅览室、京剧社、乒乓球室等。有残疾人康复器材10套，各类乐器100余件，乒乓球桌1台，音箱数台。室外有4处健身园，65件健身器材和2个篮球场。

（二）农家书屋

60年代，大卞庄村图书室坐落在宋家大院，图书种类多以马克思列宁主义、毛泽东思想和革命题材等书籍为主。90年代，图书室规模较小，藏书量少。2015年，大卞庄村综合服务站图书室改为农家书屋。2017年6月，综合服务站安装1台数字阅读机。

2017 年 8 月 23 日，大卞庄村妇联联合中北镇计划生育办公室，启动基层群众自治图书角，丰富村民业余生活。

村民浏览数字阅读机（2018 年李兴成摄）

农家书屋（2019 年李弋摄）

2018 年，农家书屋有各类图书 120 种、2760 册，报刊 12 种，音像 130 类。

（三）报刊

60 年代始，大卞庄村生产大队部开始订阅《天津日报》。80 年代至 2018 年，村党支部、村委会、妇联等订阅报纸、杂志等刊物逐年增多，有《人民日报》《经济日报》《中国青年报》等报纸 40 余种，有《求是》《支部生活》《农民文摘》等杂志 20 余种。

80 年代后期，村民订阅《天津广播电视报》；90 年代始，今晚报社推行安装“红报箱”送报上门等活动，村民订阅报纸逐年渐多。也有村民订阅《每日新报》《参考消息》《采风报》等报纸。进入 21 世纪，因智能手机的应用，村民订阅报纸逐渐减少。至 2018 年年底，全村只有 40 余户村民订阅《今晚报》《广播电视报》等报纸。

二、广播电视

（一）广播

1961 年，大卞庄村生产大队建立广播站，负责宣传和有关通知的广播。孙洪静、闫玉萍、李兴玲等先后任广播员。户户安装室内广播小喇叭，收听乡广播站节目，改变以前由人与人站在房顶上传话的方法。80 年代，在村中心架设一座高 20 余米的铁塔，将扩音喇叭安在上面，传播至数里远。2007 年，因拆迁广播站被撤销。

（二）电视

1958 年，“满天红高级农业合作社”解体分家，大卞庄村分得一台黑白电视机，为村内第一台黑白电视机。1976 年 9 月，村集体购买一台黑白电视机。

70年代末至80年代初，电视机还不普遍。有富裕家庭购买黑白电视机后，亲朋好友、街坊邻居常常到其家里观看电视节目，天热时会有一院子人观看。电视连续剧《四世同堂》《排球女将》《上海滩》《霍元甲》等在国内首播时，达到万人空巷的收视效果。

1977 年，大卞庄村第一家购买黑白电视机的是王守芳社员。后有数户富裕社员逐渐添置。一般为 12 寸、14 寸等。电视机有进口日本产的“日立”“东芝”和国产的“北京”“长城”等品牌。

实行家庭联产承包责任后，村民购买力增加，拥有黑白电视机户增多。90 年代始，彩色电视机逐渐取代黑白电视机，成为普通电器进入百姓家。21 寸、24 寸、29 寸屏幕普遍。

客厅影视墙（尚洪海提供）

2011 年，村民入住楼房，家家装修各种风格电视墙，配置电视柜，有的家庭在客厅、卧室分别安装液晶薄款电视机。盛行摆放 50 寸、55 寸等大屏幕液晶电视机。

（三）闭路电视

1992 年，大卞庄村安装闭路电视系统，入户需交初装费。闭路室添置摄像机 1 台、彩色电视机 1 台、播放机 2 台、录像带 20 余套。晚上由专人定时播放电视录像或插播宣传提纲、各类通知等。1995 年，闭路网线与中北镇有线电视联网，收看《中北新闻》。2004 年 4 月，有 1000 余户连接西青区有线电视网络系统，收看《西青新闻》等节目。2007 年，因平房改造有线电视网络停播。

三、文化剧团

1953 年，大卞庄村成立文化合作剧团。团长为孙士文，指导为王义，导演为王金宝。有评剧、快板剧、歌剧等剧种。有王金宝、孙月先、刘学新、宋金书、左维华等团员，有王金堂、李士勤、刘风山等乐手。

1970 年，大卞庄村现代京剧团成立。刘恩洪任团长，有王金宝、刘学香、闫玉萍、刘学义、宋恩泉等团员，有尚家树、王金堂等乐手。排练曲目有《沙家浜》《红灯记》《智取威虎山》等革命样板戏。

大卞庄村排演的现代京剧《智取威虎山》角色与扮演一览表

表 39

剧中人物	扮演者	剧中人物	扮演者
杨子荣	王金宝	老常猎户	宋恩泉
少剑波	刘学义	大兵甲	佟国志
小常宝	闫玉萍	大兵乙	石友来

90 年代始，大卞庄村先后成立秧歌队、合唱队、舞蹈队、京剧社、腰鼓队等文艺队，多为村民自发建立。

四、文化活动

（一）剧团活动

50 年代初，大卞庄村文化活动丰富。青年团员、民兵分别聚集在团支部、民兵队部进行合唱排练，有《东方红》《绣金匾》《妇女自由》《支前小调》等曲目。也有不少音乐爱好者自费购买竹笛、口琴、胡琴等。抗美援朝时期，团员孙耀勇、李元清等人为配合抗美援朝宣传，在温介一导演指导下，排练快板剧《血海深仇》进行演出。

1953 年，大卞庄村评剧团经常应邀到东姜井、大稍直口、李七庄、杨柳青、炒米店等村庄表演，也到市区第二文化宫、青年宫、棉纺六厂等单位演出。为宣传贯彻《中华人民共和国婚姻法》，剧团以展现妇女形象为主题排练数个评剧曲目，有《小二黑结婚》《刘巧儿》《妇女代表》《夺印》等，尤以表演《刘巧儿》最为出名。

大卞庄村演出的评剧《刘巧儿》角色与扮演者一览表

表 40

剧中人物	扮演者	剧中人物	扮演者
刘巧儿	王金晨、李德惠	赵金奎	李景和
赵柱儿	王金宝	小香	孙维敏
妇女主任李大婶	宋金荣	群众甲	孙月珍
马专员	佟世敏	群众乙	尚家敬
裁判员	尚家华	群众丙	刘学敏
助理员	王金波	刘媒婆	杜秀珍、左维华

续表 40

剧中人物	扮演者	剧中人物	扮演者
乡长	李德太	栓子	佟世英
赵柱儿爹赵金才	陈义才	老马	朱善福
刘巧儿爹刘彦贵	孙月先	老胡	刘凤阳
地主王寿昌	宋金书、李兴让		

大卞庄村演出的评剧《夺印》角色与扮演者一览表

表 41

剧中人物	扮演者	剧中人物	扮演者
扶贫干部何书记	王金宝	老农陈有才	李兴让
仓库管理员胡淑芳	刘洪兰	有才妻子	张景玉
生产队队长陈广清	尚家华	瘸子陈广义	刘文元
团支部书记陈光玉	刘恩洪	烂菜花	左维华
广清妻子	李德敏		

1957 年，天津人民广播电台组织数名曲艺家到村里义务为群众慰问演出三四场，史文秀的京韵大鼓，王毓宝的天津时调，石慧茹的单弦，王宝霞和王元堂的河南坠子，李润杰的快板书，常连安的单口相声，马三立和朱相臣、常宝霆和白全福的对口相声，董湘昆的京东大鼓，陈亚楠、陈亚华和陈海顺的魔术戏法。另邀请塘沽京剧团和恒源纱厂业余剧团到大卞庄村演出《宋江》《红娘》《杨乃武与小白菜》等京剧曲目。小盛春擅长演“猴戏”，人称“美猴王”，演出的《闹天宫》《闹地府》等曲目，深受群众喜欢，附近各村群众闻讯步行十几里路赶来观看。

2000—2018 年，大卞庄村妇联每年如期举办一场庆“三八妇女节”联欢会，表演节目有歌曲、京剧、健身舞、太极剑、诗朗诵等。

2009 年 9 月始，为纪念毛泽东主席视察中北镇大卞庄村蛤蟆洼稻田，大卞庄村委会每年组织村民参加中北镇举办的“9·19”系列群众文化艺术节活动，把爱党、爱祖国、爱家乡的热情展现给广大群众。

2012 年 9 月 28 日至 2015 年 9 月，大卞庄村委会先后组织数十名村民参加中北镇第四届至第七届群众歌曲大赛，并在第四届歌曲大赛中获二等奖。

2015 年 9 月 26 日，大卞庄村委会举办首届运通花园“庆中秋·迎国庆”广场联欢晚会。有京剧、舞蹈、相声、腰鼓等节目。葫芦丝演奏家刘恩弟的葫芦丝吹奏曲《月光下的凤尾竹》为晚会带来高潮。

2015 年大卞庄村庆中秋、迎国庆联欢晚会演出人员及节目一览表

表 42

节目	表演节目	参演人员
舞蹈	好日子	李长娥、王金芳、赵月香、李春杰等
现代京剧	《军民鱼水情》片段	孟兆清、隋营
诗朗诵	赞家乡	袁云芝
管子独奏	贵妃醉酒	任福增
京剧	空城计	姜伯良
舞蹈	长袖舞	刘桂玲、尚淑荣、冯振红、宋玉莲等
小品	三句半《夸家乡》	王玉娟、闫海荣、年佩坤、胡爱华
京剧	状元媒	耿学琴
快板书	绕口令	赵俊哲、马铭呈
武术	太极剑	张善远
京剧	打龙袍	左维华、王全福、隋营
相声	欢歌笑语	赵俊哲、马铭呈
葫芦丝	茶山姑娘、月光下的凤尾竹	刘恩弟
现代京剧	《自己的队伍来到面前》片段	石友元、刘学金
腰鼓	中国锣鼓	陈玉红、尚会艳、马全红、张金莲等
京剧	春秋亭	徐志华
歌曲	我和我的祖国	孙永霞

2015—2018 年，大卞庄村春竹舞蹈队先后参加中北镇第二届“天一·绿海杯”、第三届“植物园杯”巾帼舞蹈比赛，均获优秀奖。2016 年 5 月，参加“兰馨杯”天津首届西青区拉丁舞、吉特巴舞舞蹈公开赛，参赛舞蹈《江南梦》在广场舞比赛中获第三名。2018 年 11 月，参加 2019 年中央电视台中国（天津）中老年春晚舞蹈选拔赛。

2017 年，大卞庄村少数村民参加葫芦丝吹奏培训班。在葫芦丝演奏家刘恩弟的授课培养下，掌握吹奏葫芦丝技巧。刘恩弟，大卞庄村人，西青区文化局退休干部。

徐志华表演《春秋亭》
（2015 年李兴成摄）

耿学琴表演《状元媒》
（2015 年李兴成摄）

刘恩弟吹奏葫芦丝
（2015 年李兴成摄）

现任中国民族管弦乐学会葫芦丝、巴乌艺术委员会常务理事，国家级考官，葫芦丝、巴乌高级教师。

多年来，大卞庄村韵通舞蹈队李长娥、春竹舞蹈队刘桂玲和运通京剧社石友元等文艺骨干，多次组织尚淑荣、高学文、宋玉莲、马家桥、闫海荣、张金莲、李春敏、刘爽、孟兆清、刘学金等队员参加中北镇举办的正月十五元宵节花会表演和村内各种文化活动。

春竹舞蹈队刘桂玲等参加表演（2016 年李兴成摄）

韵通舞蹈队李长明等参加表演（2019 年李兴成摄）

（二）露天电影

1957 年，大卞庄村放映首场露天电影《白毛女》。80 年代，村集体购买一套电影放映机，放映员有李德中、刘宝庆，放映费用由村集体承担。观看电影是全村人一件高兴的事情。放映正片前，加放新闻纪录片《祖国新貌》《农业科教片》等；大队干部也会抓住机会讲村里生产工作、有关通知等。放映的有《青松岭》《瞧这一家子》《甜蜜的事业》《少林寺》《秦香莲》《天仙配》《董存瑞》《马路天使》《地雷战》《地道战》《瓦尔特保卫萨拉热窝》等中外故事片。

80 年代，电视机开始普遍。露天电影渐渐消失。

（三）民间传统文化

大卞庄村“同善堂”法鼓音乐老会，已成立 100 余年，历经清末、民国和新中国时期。100 余年来法鼓老会传统音乐的保存，得益于几代人的传承和保护。分为法鼓、吹奏两部分。是一种古老的传统古典音乐。打法鼓时，钹铙乐手各分两列站立，大鼓居中，其他乐手站立大鼓两侧，由头钹开场，鼓手引领节奏，尤以敲打上擂时最为精彩；吹奏时，鼓、钹、铙开场，鼓居中，持钹、铙、铛子、小镲者（也称“歌子”）等武场乐手们分坐在鼓手两侧（称“下五座”）；管、笙、笛、云锣等文场乐手们围在长方桌子两边（称“上五座”），管子乐手坐中间起头吹奏曲牌，其他乐器随之伴奏。

1986 年，西郊区文化局为拯救民间传统音乐，号召民间乐手挖掘整理传统音乐。“同善堂”老乐手们先后整理挖掘出“关公辞朝”“张公赶子”“山上清吹”“翠太平”“雁过南楼”“得胜令”“合四板”“讨军令”等吹奏曲牌和“双桥”“对联”“狮子”“上擂”等法鼓曲牌。由李作瑛老先生（村民称“二簧”二爷）用毛笔书写装订成谱。李德顺、孙华仁、王金保、刘文仁、刘凤山、孙维贤、张文友、孙文荣、李兴让、赵玉珍等老乐手们对整理工作发挥了承前启后的作用。这一年，部分青年人加入学习队伍，为传承传统文化打下基础。

1988 年秋，“同善堂”法鼓音乐老会参加天津市文化局在西郊区杨柳青镇举办的首届“广野杯”民间吹奏乐比赛，获得优秀奖。

第三节 民间艺术

一、民间收藏

民间盛传俗语：“乱世藏黄金，盛世藏古董。”随着村民生活水平的提高，人们已不再满足于温饱、平庸的生活模式，少数人或多或少地搞钱币、粮票、玉石等小型收藏。村民年玉宝喜好收藏葫芦10余年，品种繁多，有亚腰、瓢、长柄、长筒、异型、疙瘩等及手捻葫芦。2018年，年玉宝收藏各种葫芦约3000个，品种达20余个。

王玉敏DIY藤条作品

王海娇麻绳编织作品

二、民间工艺

编织　社员参加生产队劳动使用的土篮子、背筐、菜筐等均由社员用紫穗槐条和柳树条为编织材料做成；也有心灵手巧的村民用尼龙包装带编织手提篮子或做编筐，用于购买日用品、放置工具等；也有村民喜爱毛线等手工编织，多编织毛衣、毛裤、手套、袜子等穿戴物，随着生活水平提高，编织的人越来越少。90年代始，编织多样化，村民用废报纸加工长珠制作各种图案防蚊蝇帘子，也有用串珠子或麻绳制作小摆件、收纳盒、装饰瓶等各种工艺。

绣花　70年代，大卞庄村部分妇女加工机绣门帘、枕套、床单和缝纫机罩、电视机罩、洗衣机罩等副业。有“龙凤呈祥”“鸳鸯戏水”“百子图”“福禄万代”等绣花图案，成为喜庆必备用品。

手工刺绣　80年代，大卞庄村多数家庭妇女做小孩穿的老虎鞋、老虎帽、老虎枕和猪鞋、兔鞋等传统制品。

烙画葫芦　葫芦寓意“福禄”，村民家中多爱摆放。葫芦烙画艺术，是用烙铁或烙画笔在葫芦上作画，多为喜庆图案和风景、神话人物、动物等。李兴成、年玉宝的葫芦烙画作品深受群众喜爱。

十字绣　21世纪初，“十字绣”刺绣工艺盛行，刺绣方法和工具是用专用的绣线和十字格布，利用经纬交织的搭十字的方法，对照坐标图案进行刺绣。

刘帅十字绣作品《黄果树瀑布》

手工木雕　21世纪始，村民兴起佩戴手把件和手串，常见橄榄核、玉石、翡翠、红木等材料雕刻的手串、挂件等。刘树海、蔡红军等村民爱好木艺雕刻，其作品有十八罗汉、貔貅、葫芦、知足常乐等。

第四节　文化艺术

一、书画

（一）书法

大卞庄村有李作瑛、尚家明、张宝书、宋大海等业余书法爱好者 10 余人。常为村民书写“喜”字、“福”字、“开业大吉”、“上梁大吉”和春联、标语等。2011 年入住楼房后，传统手书春联逐渐消失，多贴机制印刷品。

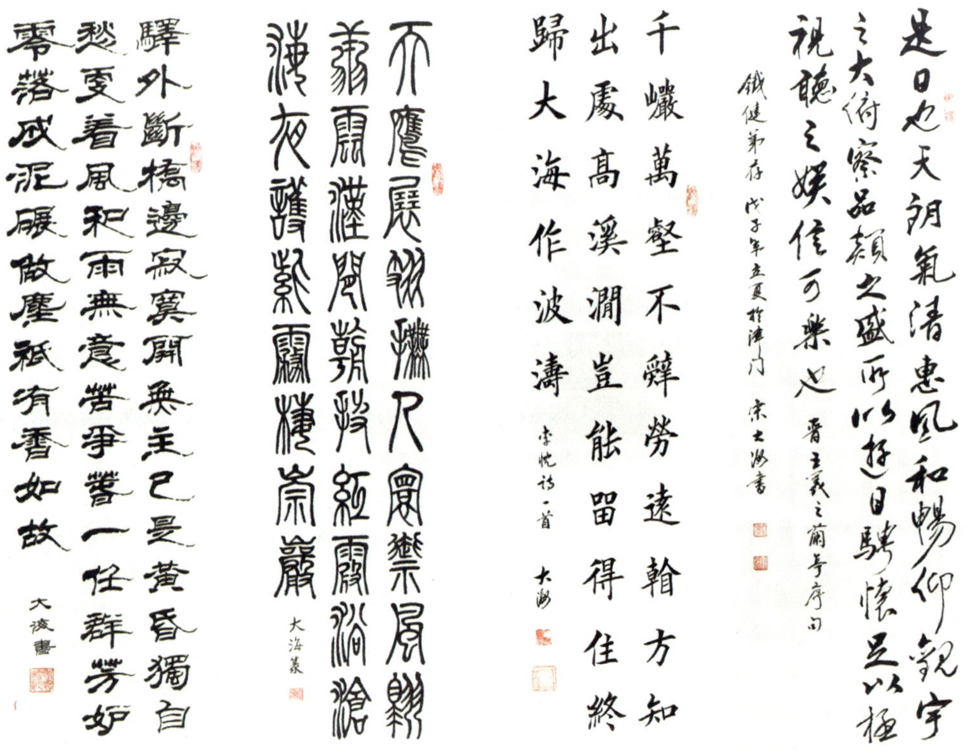

宋大海四屏书法作品（张善良提供）

（二）绘画

2004 年 10 月，中北镇文化站举办“建旺杯 · 爱祖国、 赞家乡”书画摄影比赛，李兴成的《花开富贵》、孙洪书的《吉庆有余》绘画作品获奖。

二、其他

（一）摄影

2015 年，在中北镇第四届“美丽中北”摄影大赛中，李兴成的参赛作品《全家福》被评为“十佳优秀作品奖”；村民刘学明常外出采风摄影，多为大幅景色作品，水平较高。随着智能手机的普及，其摄影功能深受村民喜爱，也有好的作品出现。

（二）声乐

2002—2006 年，孙永霞在西青区歌手比赛中，多次获区级一等奖、二等奖。2006 年 8 月，刘恩弟在中国民族管弦乐学会北京邀请赛中获葫芦丝中年组金奖。2009 年，刘恩弟获北京邀请赛巴乌老年组金奖。刘凤海、尚家树、吕倩等村民则擅长弹拉钢琴、扬琴、手风琴、京胡等乐器。

孙永霞演唱（2015 年李兴成摄）

宋智硕、刘彤葫芦丝演奏（2017 年李兴成摄）

第五节　群众体育

一、体育场地设施

大卞庄村群众体育文化盛行。50 年代初，青年团员们自费在志德小学旁建一简

运道花园小区 17 号楼健身园（2018 年李兴成摄）

运道花园小区 11 号楼健身园（2018 年李兴成摄）

易的篮球场。70 年代，篮球场移到大卞庄村小学南（鲍家大院），并配置铁质篮球架。

2005 年，由西青区体育局赞助的首批健身器械，在村铁道西侧安装使用。2011 年，按照西青区创建文明村“十个一”工程要求，建立综合服务站，内设残疾人康复站、乒乓球室、舞蹈排练室等。先后在 7、11、17、27 号楼安装健身器械，并建 2 个篮球场。

二、队伍活动

（一）体育队伍

大卞庄村开展群众体育活动由来已久。1950 年，大卞庄村第一支篮球队成立，起名为“津西农青”篮球队。第一任队长为李德义，第二任队长为孙元礼，并聘请冯大营、尚家惠为技术指导。先后有孙耀勇、李元清、刘学新、王金亮、张春第、孙奎章、尚洪忠、王治礼、孙继田等队员参加活动。

大卞庄村“津西农青”篮球队队员合影（前排左一：葛春举、刘恩波、张春第、刘凤桐、孟广起；中间左一：孙奎章、尚家志、孙跃亮、刘凤尧；后排左一：李景太、李元清、王金亮、孙元礼、李景旺）（孙奎章提供）

60 年代后期，摔跤活动深受村民喜爱，天津市孟广斌、李文和、贾博海、李本林、赵子全等摔跤名家，经常到大卞庄村摔跤场切磋并指导该村青年学习。

90 年代初，足球活动在乡村迅速开展。在村办企业赞助下，大卞庄村成立首支业余足球队，名为“永强”队。队长为刘晓勇，有李景发、尚洪元、许卫军等队员。

2008 年 8 月，大卞庄村手扑球队成立，有张善良、宋立芝、许淑爱、李淑艳、王竟永等队员。至 2018 年，孟宪仑、尚玉彬、刘恩璐、李顺伟、石红钊等先后参加手扑球队，常参加市、区、镇举办的手扑球比赛。

2009 年 9 月至 2014 年 9 月，大卞庄村委会每年组织约 80 名队员，参加中北镇第一届至第五届“9・19 万人健步走”系列活动。

2013 年中北镇第四届健步走活动（2013 年李兴成摄）

2014 年中北镇第五届健步走活动（2014 年李兴成摄）

2011 年始，运通花园小区广场每天有近百人做晨操、晚操和舞太极剑、绸带舞、抖空竹、健身舞、快步走等健身运动，活动形式多样。

（二）主要活动

50 年代初，大卞庄村“津西农青”篮球队经常与村驻军、曹庄子村驻军和杨庄子等球队进行切磋比赛。1958 年，篮球队在杨竹廉（小名“嘟嘟”）、大李、冯大营 3 人的指导下，水平有较大提高。在姚金城的联系下，经常和兄弟球队进行比赛，在“御河沿”有很高的知名度。经红旗公社推荐，“津西农青”篮球队代表红旗公社参加南开区运动会篮球比赛（大卞庄村时属南开区管辖），并取得第一名。篮球队到 1959 年下半年因节粮度荒暂时停止活动。

1964 年，大稍直口公社团委、文化站要求各村开展文体活动，活跃国庆节节日气氛。在队长孙元礼的组织下，篮球队重新建立起来，有杨竹廉、张宝书、尚洪忠、宋伯仁、李德玉、尚建民、宋大海等队员，并在公社举办的比赛中获第二名。

1990 年 9 月，大卞庄村代表队参加中北斜乡首届农民运动会，获精神文明奖；并获得团体总分第四名、田径团体第四名和足球比赛第四名；王治礼获得象棋个人比赛第一名。

2002年9月至2014年9月村委会组织村民先后参加中北镇第七届、九届、十一届、十三届全民运动会，并分别参加田径、象棋、拔河、趣味、手扑球等比赛项目，取得优异成绩。

刘君参加中北镇第十三届全民运动会长跑比赛
（2014年李兴成摄）

2006年大卞庄村参加中北镇第九届运动会个人比赛项目成绩一览表

表43

姓　名	比赛项目	名　次	成 绩
张善柱	中国象棋	第一名	
李　丹	青年组女子铅球	第一名	7.19米
宋立芝	青年组女子100米	第五名	17″ 38
赵玉凤	女子老年组立定跳远	第一名	1.70米
李德春	男子中年组200米	第二名	34″ 56
宋立芝	中年女子组跳远	第二名	3.30米
李淑艳	趣味托球跑	第四名	6″ 89
范秀梅	趣味托球跑	第五名	6″ 90
宋立杰	青年组男子铅球	第六名	7.33米
赵玉凤	老年组女子铅球	第一名	5.24米
陈玉红	老年组女子100米	第一名	20″ 56

2010年大卞庄村参加中北镇第十一届运动会个人比赛项目成绩一览表

表44

姓　名	比赛项目	名　次
李丽微	青年组女子200米短跑	第一名
李丽微	青年组女子跳远	第二名

续表 44

姓　名	比赛项目	名　次
杨晓婉	青年组女子跳高	第一名
李德春	中年组男子跳远	第三名
宋立芝	羽毛球领导干部组女子单打	第二名
尚洪云	女子15米往返接力赛	第三名
范秀梅	女子15米往返接力赛	第三名
李淑艳	女子15米往返接力赛	第三名
许淑爱	女子15米往返接力赛	第三名

2014 年大卞庄村参加第十三届运动会个人比赛项目成绩一览表

表 45

姓　名	比赛项目	名　次
宋立芝	30米绑腿跑女子组	第一名
杨晓婉	成年女子跳高	第一名
许淑爱	中国象棋女子组	第一名
李丽微	成年女子组100米	第一名
宋立芝	趣味呼啦圈女子组	第一名
李淑艳	15米×4人往返运球女子组	第三名
尚洪云	15米×4人往返运球女子组	第三名
范秀梅	15米×4人往返运球女子组	第三名
刘　丹	成年女子组跳远	第三名

三、特色项目

2010—2017 年，大卞庄村手扑球队在中北镇第十一届、十三届全民运动会及西青区第六届、七届、八届全民健身运动会和天津市第三届、六届等手扑球比赛中，多次获男、女组及混合组前三名的好成绩，并数次代表中北镇参加手扑球比赛。在该地区成为较有影响的球队之一。

孟宪仑（左一）、张善良（右二）、李顺伟（右一）参加天津市第六届手扑球比赛（2016 年尚玉彬摄）

四、体育人才

大卞庄村多出体育人才和体育健儿。尚家良先后在大卞庄村小学和大稍直口中心小学任体育教师，曾培养和带领学生多次参加国内及市、区、镇组织的体育比赛，并于 1983 年、1992 年两次获得天津市体育局、教育局授予的“天津市优秀体育教师”和国家体委、教育部授予的“全国先进体育工作者”称号。

至 2018 年，大卞庄村先后有 20 余名跳高、长短跑、铅球、标枪等体育特长生，也有刘起、许卫民、孙迎春、石红钊等国家二级运动员。

第十三章　医疗卫生

1959 年 5 月，从建立第一个保健站开始，多年间，大卞庄村医疗诊所在百姓间医诊治、健康保健等方面发挥了积极作用，做到了小病不出村，百姓的健康水平大大提高。特别是进入 21 世纪，国家推行新型农村合作医疗制度和城乡居民基本医疗保险制度后，大卞庄村在城乡居民医疗保险二次报销的基础上，又制定该村村民医疗补贴政策。

第一节　医疗　健康普查

一、诊所

（一）集体诊所

新中国成立前，村民患病，常常求神卜卦，或求救于巫婆（跳大神的），服用“仙药”（香灰茶叶之类）。一般常见病，服用民间流传的土方。

1959 年 5 月，津西人民公社卫生所指派李洪宾大夫，也称“小李大夫”到村行医，建立大卞庄保健站。该站坐落在后街磨坊北侧，站长为李洪宾。后又分配郑大夫、胡大夫、郭大夫、景大夫、周大夫等“保健员”到大卞庄村工作。1964 年 10 月，村民李兴和复员后成为该村第一位乡村卫生员。津西人民公社卫生所指派来的大夫陆续调离。

1965 年 6 月 26 日，毛主席发出“把医疗卫生工作的重点放到农村去”的号召。生产大队选派刘金荣、张景玉、宋玉红、王金红等卫生员参加医学培训，结业后具备看病行医的资格，成为首批“赤脚医生”。

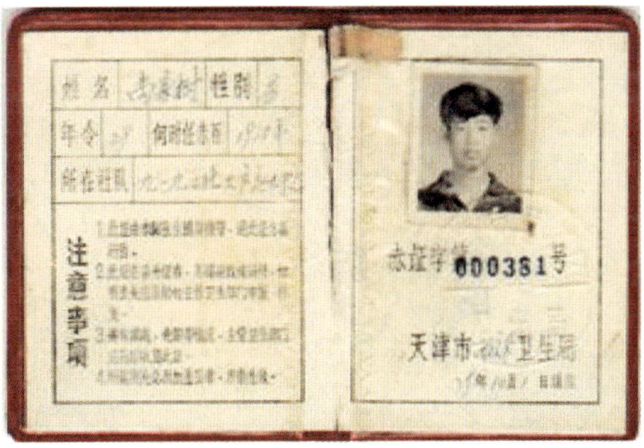

赤脚医生证（尚家树提供）

1966 年，生产大队建起红医站，“赤脚医生”为半农半医不脱产，平时也参加一些田间劳动。“赤脚医生”白天在红医站为病人诊治，晚上有人值班。遇紧急病人及时出诊，一般常见疾病即可应诊治疗，遇复杂、危重病人，则建议到市内大医院治疗。

1974 年，大卞庄村在运河西侧新建

一所红医站，站长为李兴和。配备门诊室、中药房、西药房、消毒室等，“赤脚医生”有刘金荣、张景玉、刘学义、尚家树、尚洪起、王金红、尚洪茹、张桂红等。红医站业务受九一九卫生院指导。1978 年，石华友充实到村医队伍。

1985 年，卫生部取消“赤脚医生”的名称，经考试合格者转为乡村医生，发给乡村医生证书。大卞庄村时有 7 名乡村医生，2 名旧法接生员（于学珍、徐连芬）。1989 年，旧法接生成为历史。张桂红成为新法接生员。

1983 年，红医站更名为大卞庄村卫生所；2008 年，卫生所因平改被拆除。

（二）个体诊所

清朝末年，中医薛振东（人称“薛先生”）在村坐堂行医。

90 年代，李兴和、石华友、刘学义、张桂红、李洪喜等在该村经营个体诊所，随着生活的变迁先后休业。

2018 年，大卞庄村仍有数家私人诊所为村民服务。

刘金荣诊所　2000 年建立，使用面积 80 平方米。负责人为刘金荣，原大卞庄村乡医，已从医 50 余年。曾就读于天津医学院，其间和中医医生薛润珊学习，擅长治疗妇科杂症、儿童呼吸道疾病等。

健民卫生所　2011 年 7 月建立，规模较大，使用面积 200 平方米。负责人尚洪图，医生尚家树是原大卞庄村乡医，已从医 42 年，擅长婴幼儿肺炎的治疗。每周六、日聘请专家到卫生所坐诊。医疗设施完善，有 X 光机、B 超机、心电图机、尿常规检测仪等；有 4 组中药柜、5 个西药柜。主要业务有综合体检、诊断治疗、牙科义齿、B 超检查、影像及血糖、血常规检测等。

尚洪起诊所　2000 年建立，使用面积 120 平方米。负责人为尚洪起，原大卞庄村乡医，已从医 40 余年，擅长传统把脉诊断。

东桂云诊所　1998 年建立，使用面积 100 平方米。负责人为东桂云，已从医 47 年，擅长儿科治疗。

大卞庄村卫生室　2015 年建立，使用面积 80 平方米。负责人为张健，2003 年取得乡医资质，已从医 15 年。护士尚向旭负责打针、取药。

二、传染病防治

（一）疫苗接种

牛痘　接种牛痘疫苗是预防天花病毒的一种有效手段。儿童是接种牛痘主要群体。40 年代，接种牛痘后会在伤口位置的衣服袖上方挂一个红布条，上写“小心牛痘”，防止触碰。1981 年卫生部发出通知，决定取消在全国范围内接种牛痘。

卡介苗　是预防儿童结核病的接种疫苗。用一支较粗的针在胳膊上画一“井”字接种疫苗，后痂脱落，留下井字瘢痕。至今井字接种卡介苗仍沿用。

小儿麻痹症　又名“脊髓灰质炎”，是一种急性传染病。50—60 年代，大卞庄村先后有 10 余名儿童患小儿麻痹后遗症，落下终身残疾。小儿麻痹有两种疫苗，一种是脊髓灰质炎减毒活疫苗，俗称“糖丸”，另一种名为灭活脊髓灰质炎病毒疫苗。随着预防疫苗的介入，患小儿麻痹症的逐渐减少。

90 年代，大卞庄村卫生所负责通知婴幼儿打预防针，增强婴幼儿疾病预防的意识。2003 年始，0—7 岁儿童建立健康卡，定期查体及免疫接种。

（二）传染病防治

腮腺炎　四季均有流行，以冬、春季常见。是儿童和青少年常见的呼吸道传染病。通过直接接触、唾液、飞沫的吸入为主要传播途径。

主要表现为一侧或两侧以耳垂为中心，向前、后、下肿大，肿大的腮腺常呈半球形边缘不清，表面发热，有触痛，7 ~ 10 天消退。为自限性疾病。

1976 年，大卞庄村发生流行性腮腺炎，俗称“痄子”。大队组织人员使用土药方板蓝根熬水（俗称“芦根水”）向社员发放。

伤寒病　一种急性肠道传染病，属乙类传染病。1976 年，大卞庄村有 10 余名社员患上“伤寒”疾病，为防止病情传播，大队在村建立专属病房区，病人与家人隔离，直到痊愈才能回家。

非典　2002 年 11 月，首个“非典”病例出现在广东佛山。2003 年 4 月，世卫组织正式命名为“SARS”病毒。“非典”由直接接触、唾液、飞沫传播，传染性非常强烈。发病初期症状为不明发烧、咳嗽。4 月，大卞庄村委会成立防治“非典”工作领导小组。设置外来人口入村登记制度，对进入的车辆进行严格消毒。免费向村民发放“过氧乙酸”等防“非典”药品，入户消毒。执行 24 小时报告制度。经过全村的共同努力，无一人患病。

三、妇幼保健

新中国成立前，妇幼保健无人过问。妇女分娩是一大难关。当时均为旧法接生。卫生条件、技术条件落后，既不卫生也无保障。有的产妇、婴儿死于“产后热”“四六风”；如遇难产，产妇及婴儿十有八九丧生。产妇、婴儿患“脑膜炎”“婴儿瘫”“妇科病”较多。新中国成立后，国家对妇幼保健工作倍加重视，开展妇幼保健工作。

70 年代后期至 2018 年，大卞庄村育龄妇女怀孕后，要到村计生办登记，再到乡卫生院建卡，定期到医院进行孕检，实行系统管理。随着生活水平的提高，大部分孕妇到医院进行分娩。

四、健康普查

2011—2016 年，大卞庄村委会每年安排 60 岁以上村民进行免费查体活动，检查项目主要包括血流变、血压、B 超、X 光、甲状腺等，受益村民达 1600 人次；与中北镇医院配合，落实天津市 20 项民心工程——大肠癌免费筛查项目，对 2016 年 50 ~ 60 岁、2017 年 40 ~ 50 岁的村民相继进行免费筛查。通过查体，对少数村民患上重大疾病做到了及时发现，并提前介入治疗。

五、民间医疗

大卞庄村有数名村民手持民间治疗偏方和疗法，并自费制药，为乡亲们免费“舍药”，不收取任何费用。

刘富君配制的红“药丸”，专门擅长治疗婴幼儿“风寒”疾病，有患者求药，一般服几次药丸就可治愈。尚恩贵配制的“刀创药”疗效非常好，有小面积的创伤，敷上药面即可愈合。马淑芹（人称“马三姑”），专长是为脱臼患者“正骨”复位。有的婴幼儿不知什么原因异常哭闹，被家长带到马奶奶家，马奶奶就会一边哄孩子一边捋捋胳膊、摸摸腿查看，如果是脱臼了，会不知不觉瞬时就把脱臼部位复位，患儿瞬间不再哭闹，恢复正常。

婴幼儿患有小儿疳积，也称“积食”。通常会表现面色苍白、疲乏无力、体重逐渐减轻、不爱吃饭等症状。有生活经验的老人认为是患了疳积，会带着孩子请村民焦秀英或于会芬治疗，根据红线走向，用针挑，并用红线缠住，也称“挑积”。一天后，患儿会食欲渐增，病症消失。

第二节　爱国卫生运动

1952 年，全国开展爱国卫生运动。毛主席号召全社会“动员起来，讲究卫生，减少疾病，提高健康水平，粉碎敌人的细菌战争”。在党和政府的领导下，大卞庄村开展“除害灭病、讲卫生”运动。

一、防病除害

新中国成立初期，南运河水质较好，为村民日常饮用水。后河水混浊污染严重，“钩虫病”发病率高，不宜饮用。1957 年，爱国卫生运动兴起后，上级政府、卫生部门向群众宣传饮水卫生常识，无偿提供饮水消毒药品。村里组织饮水消毒队，挨家挨户往水缸投放硫酸铝和漂白粉配制的消毒药或白矾进行消毒。

1962 年，按照李楼村的做法，在临运河岸边宋家大院建立一个简易的自来水厂，经过池中卵石、粗沙、细沙过滤，清澈透明的水流进蓄水池，后加入消毒药再进行消毒。社员挑到家中直接饮用。

1970 年，大队出资在村东打一口深度 180 米的机井，并建一座蓄水塔。井水加压至水塔，然后向村内 3 个水点定时供水。因地下水含氟量偏高，饮用机井水的村民患氟斑牙（牙齿呈黄色）、氟骨症等较多，致使骨折事故不断发生。1968—1978 年出生的村民患该病较多；1985 年秋，大卞庄村饮用天津自来水厂“滦河水”，结束饮用地下水历史。村民常患氟斑牙、氟骨症等症状的逐渐消失。

二、环境卫生

（一）粪便、垃圾处理

20 世纪 50—70 年代，各家门前设垃圾点（筐）存放垃圾，每天大队有专人收集清运，并储存到粪场，当农肥使用，用于农业生产。

2003 年，大卞庄村与中北镇政府共同投资在东引河东侧建一座垃圾转运站，供该村使用。

2011 年始，运通花园小区在每栋楼前设 4 个垃圾箱，分可回收和不可回收两种，倡导村民垃圾装袋。每天有垃圾专用车清运到垃圾转运站。

（二）灭“四害”运动

1958 年，中共中央、国务院发出《关于除四害讲卫生的指示》，“除四害”运动是“大跃进”时期的第一场运动。老鼠、麻雀、苍蝇、蚊子称为“四害”。1960 年，麻雀“被平反”，“害虫”名声由臭虫代替。之后，由于社会生活的变化，蟑螂又取代臭虫。苍蝇、蚊子、老鼠、蟑螂被定为新“四害”。2000 年起，麻雀被列为国家二级保护动物，受到国家法律保护。

麻雀 消灭麻雀，意味着大量的粮食被抢救保存，从而解决亿万人的吃饭问题。主要实行人海战术，社员要服从指挥，统一行动。后来人们认识到麻雀也是吃害虫的，不再列为害鸟。

苍蝇 可传播霍乱、伤寒、痢疾等疾病。灭蝇工具主要是苍蝇拍，人人自觉灭蝇。每到春季，学校组织学生到禽畜粪堆挖蝇蛹，多挖的可以得到“灭蝇小能手”奖状。1980 年始，夏季，消毒员对街道垃圾点、厕所等进行喷药、消毒，从源头遏制苍蝇滋生。

蚊子 可传播疟疾、流行性乙型脑炎等。消灭蚊子，提倡保持环境干净整洁，不乱倒垃圾、乱泼脏水。

老鼠 是人们最憎恨的动物，偷吃粮食、撕咬衣物，更严重的是传播鼠疫、钩端螺旋体病等传染疾病。大队发动社员利用灭鼠药物（磷化锌）、夹子、捕鼠笼等方式灭鼠。

2004 年始，村委会每年按照中北镇爱卫会统一时间，开展灭鼠活动。2005 年，少数村民家中出现蟑螂，为及时灭杀和防止滋生，村委会投资 5 万元进行病媒生物防制，有效控制蟑螂密度。

（三）旧厕改造

新中国成立后，厕所较少，且条件简陋。村民多在路旁、房前房后或自家茅坑解手（大便、小便），生活环境极不卫生。

60 年代至 80 年代后期，村域厕所多为半露天、蹲坑式的旱厕。雨雪天气时如厕极不方便。90 年代，村委会投资对部分旱厕进行翻修重建。2005 年，旱厕改造为三类水冲式厕所。2007 年，村内厕所因平改被拆除。

（四）实行家畜、家禽圈养

50 年代，该村到处是猪、羊、鸡、鸭等散养动物。开展爱国卫生运动后，实行家畜圈养，有效控制猪、羊粪便随处可见的脏、乱现象。

（五）改造路面

1986 年，大卞庄村主要道路首次铺设沥青路面。1992 年，村集体先后投资修筑十四米大道、铁道西通往外环线的道路，并建成 8 米宽的沥青路。2018 年，运通花园小区内外路面全部实现硬化标准。

（六）卫生保洁

1956 年，大卞庄村成立卫生消毒站，夏季安排卫生消毒员对露天垃圾粪便、厕所、猪圈等进行药物消毒。

90 年代始，大卞庄村在主要街道设立 10 余处垃圾站点，安排 10 余人每天进行清洁路面和垃圾清运等。2011—2018 年，小区内卫生由运通物业服务公司安排扫保人员定岗保洁。另村委会投资 10 余万元，购置一辆专用洒水车，进行降温防尘。另购置 200 个铁制垃圾桶和 20 个果皮箱摆放在楼宇门前和公共场所。

三、卫生村创建

2004 年，中北镇开展创建国家卫生镇活动，简称“创卫”。2005 年，大卞庄村成立由“创卫”领导工作小组。加强环境卫生、健康教育等，定期宣传健康、食品安全和控烟等常识。

2011 年，大卞庄村成立“创建卫生村”领导小组，开展创建天津市“市级卫生村”工作，加强硬化、绿化、美化和卫生基础设施建设，开展对垃圾的收集清运和清理乱堆乱放、拆除违章建筑物等治理。

2012 年 5 月，大卞庄村通过天津市爱国卫生运动委员会验收合格，被授予天津市“市级卫生村”称号。

第三节　医疗保障

一、农村合作医疗

（一）旧农合

70 年代，大卞庄村建立医疗网点，实行农村合作医疗制度。由生产大队、生产小队和社员个人三方筹资，实行“三联单”审核，全年的医药费按 60% 比例报销，重病住院者同样享受其待遇。为农村社员最基本的医疗保障。

1983 年，国家体制改革后，大卞庄村废除农村合作医疗制度。

（二）新农合

2005 年 5 月，大卞庄村推行农村合作医疗惠民政策。村民每人每年缴费标准为 100 元，其中个人筹资为 30 元，市、区、镇共同筹资 70 元。为体现发展成果与民共享的理念，村委会决定农业户籍村民的个人筹资额由村集体担负，首年集体投入参合金 10 余万元。村民参合率达 100%。

西青区出台政策，调整农村新型合作医疗办法，合作医疗每年每人的筹资额由原来的150元调整为180元。个人30元筹资额不变。并对报销病种、起付线等进行较大幅度的调整。凡符合计划生育规定的产妇，在西青区医院住院分娩的医药费用纳入报销范围；在三级医院分娩的按20%的比例报销医药费用，不再分段计算，起付线为3000元。此外，门诊特殊病人的报销在原有规定病种的基础上，增加肝、肾器官移植后抗排异用药。

许淑爱（右）向村民宣传政策

二、城乡居民基本医疗保险

村民在享受城乡居民基本医疗保险的同时，仍享受西青区城乡居民基本医疗保险的“二次报销”。即村民剩余部分医药费，由区里按50%比例再给予报销。每年由许淑爱负责收集参合人员的住院医疗费票据、审核清单、户籍证明等，再报区、镇合作医疗办审批进行二次医疗报销。2016年，西青区实行西青区籍参合人员在西青医院医疗费用报销的优惠政策，均可以享受报销60%的医药费。

2013年，农村医疗保障重点向大病转移。肺癌、胃癌等20种疾病全部纳入大病保障范畴，大病患者住院费用实际报销比例不低于70%，最高可达到90%。

2018年，西青区出台大病补贴制度，对患晚期恶性肿瘤、白血病、终末期肾病（慢性肾功能衰竭尿毒症期）、严重脑损伤（各种颅脑损伤造成的严重神经功能障碍）、重症肌无力、红斑狼疮等6种疾病的参合人员，经进行医学诊断标准确认后，可享受一种病一次性2万元的定额补助。

三、村医疗保险补贴政策

2014年1月，大卞庄村委会制定村民医疗补贴政策，在城乡医疗保险二次报销的基础上，为参合村民在区里报销50%医疗费用的基础上，再给予报销10%的住院医药费。2018年，再次上调报销比例。

第十四章　方言习俗

立村之初，先民从山西、山东和安徽等地迁徙到“卞家庄”，年龄较大的老人语言复杂，乡音较重，而在当地出生的人则为纯正天津口音，俗称“天津卫调”。近些年来，已趋向普通话方向发展。村民在劳动和社会生活实践中，总结出涉及气候、物候、农事、社会政治生活等诸多民谣谚语，地方个性鲜明，语言干练，诙谐幽默，为村民喜闻乐听，今犹多使用。

第一节　方　言

一、方言词汇

1. 大卞庄村民用得最多的一个字是“嘛”，如“嘛事”“干嘛去”“干嘛吃的”“这是嘛”“那是嘛”“这有嘛了”“吃的嘛”等。

2. “干嘛去”“吃了吗”“吃完了”“有事说话”是招呼语。

二、方言种类

（一）称呼类

大卞庄村称呼类方言一览表

表 46

普通话	方言	普通话	方言
您	你了、你老、你啦	大家	大伙儿、大家伙儿
我们	咱们、俺们	自己	自个儿、各个儿
祖父	爷爷、老爷子	祖母	奶奶
父亲	爸爸、老爸	母亲	妈妈、老妈、娘
丈夫	爷们儿、老头子、当家的	妻子	媳妇、老婆、家里的
伯父	大大、大爷	叔叔	掰掰
孙子、孙女	红眼儿	外孙、外孙女	白眼儿
外公	姥爷	外婆	姥姥
岳父	老丈人、老泰山、孩儿姥爷	岳母	丈母娘、孩儿姥姥
姑姑	姑妈、大姑、老姑	姨姨	姨妈、大姨、老姨

续表 46

普通话	方言	普通话	方言
儿子	小子	女儿	闺女、姑娘、丫头
夫兄弟	大伯子、大了伯子、小叔子	夫姐妹	大姑子、小姑子
妻兄弟	舅子、大舅子、小舅子	妻姊妹	姨子、大姨子、小姨子
姊妹丈夫	连襟、担挑儿	兄弟妻子	嫂子、弟妹

（二）时间类

大卞庄村时间类方言一览表

表 47

普通话	方言	普通话	方言
去年	头年	早晨	起早、一大早
明年	转年、过年、来年	上午	头晌儿、半晌儿
前天	前个儿	中午	晌午、晌儿午头
昨天	昨个儿、夜个儿	晚上	黑晌儿、天夕、擦黑儿
今天	今儿个	有时间	得空儿、有工夫
明天	明儿、明儿个、赶明儿	没时间	没空儿、没工夫
后天	赶后儿	凌晨	后半夜

（三）动物类

大卞庄村动物类方言一览表

表 48

普通话	方言	普通话	方言
青蛙	蛤蟆	蝉	知了、马肌瘤儿
猫头鹰	夜猫子	蜻蜓	老喝、老清儿
麻雀	家巧儿、老家贼	蚯蚓	曲蟮、地缠
蝙蝠	燕巴虎、盐巴虎	蛇	长虫
螳螂	刀螂	壁虎	蝎勒虎子
蝼蛄	蝲蝲蛄	黄鼬	黄鼠狼
乌鸦	老鸹	鲤鱼	拐子

续表 48

普通话	方言	普通话	方言
蜘蛛	蛛蛛	鲫鱼	大金鱼
公驴	叫驴	母驴	草驴
公马	儿马	母马	骡马
水黾	水当啷	蝗虫	蚂蚱

（四）植物类

大卞庄村植物类方言一览表

表 49

普通话	方言	普通话	方言
向日葵	转莲	玉米	棒子
蓖麻	大麻子	牵牛花	喇叭花
番茄	火柿子、西红柿	卷心菜	洋白菜、圆白菜
马铃薯	土豆	番薯	山芋
蒜薹	蒜毫儿	豆角	豌子
花生	茸果、落生、落花生	花生仁儿	果仁儿
香菜	芫荽	苤蓝	苤咧
南瓜	窝瓜、倭瓜	马齿苋	马曲菜、长寿菜
洋葱	葱头	蛇瓜	蛇豆
花椰菜	菜花	荸荠	马蹄

（五）食品类

大卞庄村食品类方言一览表

表 50

普通话	方言	普通话	方言
酱油	青酱	腐乳	酱豆腐
锅巴菜	嘎巴菜	油条	果子、棒槌儿果子
豆浆	浆子	豆腐脑	老豆腐
米饭	干饭	大米粥	稀饭、咸饭

续表 50

普通话	方言	普通话	方言
玉米粥	粘粥	菜团子	馅儿饽饽
豆包	蒸饼	糖三角	面座儿
草鱼	厚子	鲤鱼	拐子
鲫鱼	金鱼	玉米面	棒子面

（六）人体类

大卞庄村人体类方言一览表

表 51

普通话	方言	普通话	方言
头	脑袋瓜、脑瓜子、脑袋	额头	脑门
咽喉	嗓子、嗓子眼	颈后部	脖梗子
腋窝	胳肢窝	乳房	咯咯
膝盖	膊了盖儿	脚踝	脚腕子
手指	手指头	指甲	指盖子
脚	脚丫子	脚趾	脚豆儿

（七）其他

大卞庄村其他方言一览表

表 52

普通话	方言	普通话	方言
去市里	下卫	街道	马道、马路
结婚	娶媳妇、出门子	降生	落草儿
去世	死了、过去了、倒头了	梳子	拢子
围巾	围脖儿	收音机	半导体
挠挠	蒯蒯	石头剪子布	锛、敲、裹
拖鞋	鞋趿拉	厕所	茅房
蛤蜊油	嘎啦油	肥（香）皂	胰子、香胰子
日历	月亮牌儿	金戒指	金嘎子、金镏子

续表 52

普通话	方言	普通话	方言
鼻涕	鼻噔	眼屎	眼疵
流口水	哈喇子	耳屎	耳碎
锅台	锅腔子	理发	推头、铰头

三、方言释义

大卞庄村方言释义一览表

表 53

方言	释 义
哏儿	有趣、有意思
愣头青	说话冒失、做事冲动莽撞、头脑简单
滚刀肉	死缠烂打、软硬不吃、好耍赖的人
倍儿好	特别好
杠头	遇事较真
蔫土匪	有自己的主意，干事不声张，不动声色
闲白儿	与正事无关的话
满嘴食火	说无根据的话，信口开河，不着边际
打镲	开玩笑，不肯定
蔫损	表面老实
白呼儿	能说会道，吹牛侃大山、净说无根据的话
毛包儿	遇事不沉着，慌手慌脚，嘀嘀咕咕
嘬瘪子	遇到困难的事无法解决了
鼓捣	摆弄、制作
磨磨唧唧	处境尴尬的样子、解决事务不利落
糟践	随便浪费东西、不自爱
编八造模	无中生有，虚构事实或情节
德愣	收拾，摆平
二八八	一般水平或中等偏下

四、儿化音节

“儿化音”是现代汉语普通话和多数方言中，一些字的韵母因卷舌动作而发生的音变现象，其特点是在韵母后面加上 r。“儿化音”是普通话的重要特征和组成部分。

大卞庄村儿化词语一览表

表 54

儿话音词语				
片儿警	今儿个	戏法儿	在哪儿	找茬儿
打杂儿	板凳儿	名牌儿	鞋带儿	壶盖儿
小孩儿	加塞儿	小李儿	冰棍儿	赶趟儿
刀把儿	号码儿	快板儿	豆芽儿	擦黑儿
大伙儿	爆肚儿	鱼片儿	白眼儿	红眼儿
虾段儿	拉链儿	露馅儿	心眼儿	大褂儿
门槛儿	照片儿	饭馆儿	大婶儿	后跟儿
老本儿	花瓶儿	花盆儿	碗儿	走神儿
蛋黄儿	人缘儿	火罐儿	拐弯儿	老伴儿
拔裂儿	大了儿	服软儿	白吃饱儿	烟卷儿
包圆儿	聊天儿	收摊儿	脸蛋儿	摆谱儿
落单儿	挨个儿	支嘴儿	毛包儿	胡天儿

五、“吃字”词语

大卞庄村民说话语速较快，在说话的语流中常常有“吃字”现象， 即将某个音节的字不读，只读头尾字。

大卞庄村“吃字”词语一览表

表 55

标准词语	“吃字”词语	标准词语	“吃字”词语
杨柳青	杨——青	豆腐丝	豆——丝
派出所	派——所	豁了去	豁——去
合作社	合——社	嗓子眼	嗓——眼
天津劝业场	劝——场	干什么	干——嘛
豆腐皮儿	豆——皮儿	吃饭了吗	吃——了吗

第二节　熟　语

一、歇后语

小葱拌豆腐——一清二白
针眼儿里看人——小瞧人
菜刀哄孩子——不是玩的
哑巴吃黄连——有苦难言
周瑜打黄盖——一个愿打一个愿挨
王婆卖瓜——自卖自夸
狗拿耗子——多管闲事
秀才遇见兵——有理说不清
半夜下饭馆——有嘛吃嘛
针尖对麦芒——尖对尖
剃头的挑子——一头热

二、谚语

（一）生活谚语

清官难断家务事。
吃不穷，喝不穷，算计不到必受穷。
穷家富路（指出门花钱不能委屈）。
家家有本难念的经。
家和万事兴。
不当家不知柴米贵。
在家千般好，出门万事难。
远亲不如近邻，近邻不如对门。
早起三光，晚起三慌。

一个好汉三个帮，一个篱笆三个桩。

（二）道德品质谚语

有理走遍天下，无理寸步难行。

真人不说假话，明人不做暗事。

良言一句三冬暖，恶语伤人六月寒。

路遥知马力，日久见人心。

若要人不知，除非己莫为。

人往高处走，水往低处流。

人心不足蛇吞象。

山外有山，人外有人。

近墨者黑，近朱者赤。

（三）气象谚语

先下“牛毛”没大雨，后下牛毛（雨）不晴天。

河里鱼打花，天上有雨下。

青蛙叫得欢，必有阴雨天。

顶风云彩顺风雨，风是雨的头。

早晨太阳黄，午后风必狂。

水缸穿裙，雨要来临。亮一亮，下一丈。

蚂蚁搬家蛇过道，三天之内有雨到。

日晕三更雨，月晕午时风。

晚间火烧云，明日晒死人。

十雾九晴天，狂风怕日落。

开门雨，闭门风（意即早晨开始下雨将会下一天不停，晚上起风，可能会刮一夜）。

早霞不出门，晚霞行千里。

早看东南，晚看西北。

风后暖，雪后寒，“小雪”封地，“大雪”封河。

一场秋雨一场凉，十场秋雨顶场霜。

“一九”“二九”不出手，“三九”“四九”凌上走，“五九”“六九”隔河看柳，“七九”河开，“八九”雁来，“九九”无凌丝，“九九”加“一九”，耕牛遍地走。

（四）农业谚语

一年打两春，黄土变成金。

立冬不起菜，必定受一害。

霜降不刨葱，越长越空。

栽蒜不出“九”，出“九”长独头。

犁地犁到边，种地不留尖。

人误地一时，地误人一年。

种地不上粪，等于瞎胡混。

人勤地不懒，粮食打满囤。

七月十五定旱涝，八月十五定收成。

第三节 歌 谣

一、儿歌

（一）小老鼠上灯台

小老鼠，上灯台，偷油喝，下不来。喵喵喵，猫来了，叽里骨碌滚下来。

（二）拉大锯

拉大锯，扯大锯，姥姥门前看大戏。接闺女，叫女婿，小外孙子儿也要去。牛车拉到姥姥家，姥姥看见笑哈哈。

（三）小白兔

小白兔，白又白，两只耳朵竖起来，爱吃萝卜和白菜，蹦蹦跳跳真可爱。

（四）小小子儿，坐门墩儿

小小子儿，坐门墩儿，哭着喊着要媳妇儿。要媳妇儿干嘛？做裤做褂，缝衣缝袜，点灯说话，吹灯打嚓嚓。

（五）两只老虎

两只老虎，两只老虎，跑得快，跑得快，一只没有耳朵。一只没有尾巴，真奇怪，真奇怪。

二、其他

虫子咬手心儿，一打，飞——

小孩摔倒哭时，大人边呼噜孩子头顶，边说：呼噜毛，吓不着，呼噜心儿吓一阵。

第四节 岁时习俗

一、传统节俗

春节 正月初一为“春节”，俗称“过年”， 是全国三大节日之首。是炎黄子孙共庆的传统佳节。

春节始于腊八，有“过了腊八就是年”之说。从腊月二十三（俗称“小年儿”）祭灶开始，人们就开始忙活筹备过年的年货，并对居住房屋进行大扫除，俗称“扫房”，有着辞旧迎新的寓意。

腊月二十三是“灶王爷”上天的日子。从这天起，孩童们就开始唱盼过年的歌谣：“糖瓜祭灶，新年来到，姑娘要花，小子要炮，老婆换新裹脚条子，老头要换新毡帽。”

除夕。新中国成立前，一般家庭堂屋都供有神像（画像）或祖宗牌位。传说“除夕”晚上全神下界。大人小孩从即日起不许说不吉利的话。除夕年夜饭最为丰盛，新中国成立前，穷人过年如同“过关”。“三十儿”夜十二点，家家户户放鞭炮，以示辞旧迎新，有“一夜连双岁，五更分二天”之说。鞭炮后，合家吃饺子（有的不吃），象征阖家团圆。这一夜，大人小孩不睡觉，而且屋内的灯不许关，谓之“守夜”，此俗仍延续。

2018 年 10 月 8 日，市政府常务会通过了《天津市烟花爆竹安全管理办法》。自 12 月 1 日起，全市禁止燃放烟花爆竹。

正月初一是本家族亲戚给本门长辈拜年的日子，讲究给长辈磕头。与邻里乡亲、朋友见面相逢，互相说“过年好”“给您拜年了”“见面发财”等吉祥话。新中国成立后，烧香上供，磕头拜年，逐渐淡化。

21 世纪始，同事之间或在远方的亲朋好友，流行用手机或微信拜年问好。

正月初二（接财神日）。旧时，家家都供财神。此日清晨，家家户户放鞭炮，

杨柳青正月花灯（2014 年李兴成摄）

接财神。进财进水，就是从宅外取一把柴火，放到水缸旁，再将水缸挑满水，谓之“进财进水”。

2011 年始，村民入住楼房后室内不再有水缸，改为用其他器皿接自来水，人们从初二凌晨，就开始放炮“进财进水迎财神”。此俗仍在流传。

初二这天，已婚妇女和丈夫、孩子早早起来携带节日礼品一同回娘家给岳父、岳母拜年。这一天也称“姑爷节”。

正月初五俗称“破五”。这一天家家户户要吃饺子，在剁白菜馅时，意为剁小人，在包饺子时，因为包饺子合上饺子皮的过程就像是捏小人的嘴，意味捏小人嘴，防止小人乱说乱道，以图吉利、慰藉自己。此俗至今流传。

正月初八、初九均为“包盒子”日子。俗称盒子夹八，越吃越发；盒子夹九，越吃越有。包盒子以求生活富裕。

元宵节　正月十五，又称上元节，也称“灯节”，是中国主要的传统节日。此日吃元宵，象征团团圆圆。元宵节一过，“年”味渐淡，“年”也宣告结束。正月十六这一天是走（溜）百病的日子，村民纷纷走出家门，到景点看灯、猜灯谜或到繁华闹市逛一逛。

填仓节　正月二十五，俗称“填仓”，有“打钱囤”习俗，期盼自家有充足的粮和钱。这天吃米饭，熬鱼汤，以求五谷丰登，年年有余。此俗至今流传。

二月二　俗称“龙抬头”。此日吃面条，谓之挑“龙须”。也有吃水饺的，谓之吃“龙耳”。该村常见吃春饼、炒鸡蛋、煎焖子、炒合菜。此日大人、小孩儿理发，俗称“剃龙头”。

清明节　也称“踏青节”。每年 4 月 5 日前后，是传统的祭祖、扫墓的节日。子孙们要到已故先人坟前烧纸、上供，并取土培坟，谓之“添坟”。21 世纪始，提倡文明祭奠，以鲜花、网络等形式祭祖追思。

端午节　农历五月初五为“端午节”，也称“端阳节”，民间称“五月节”，是纪念爱国诗人屈原的日子，此日有食粽子的习俗。进入五月，家家在自家大门门楣插上一把艾草以示噬食鬼魅，祛除邪恶。小孩都要穿黄色五毒衣、五毒鞋，系“老虎褡拉”，意在避瘟消灾。五月初五这天摘下扔掉。吃粽子、挂艾草习俗仍在延续。

七夕节　农历七月初七是七夕节，也叫“乞巧节”。传说这一天是牛郎织女相会的日子，是象征爱情的节日。进入21世纪，“七夕节”这一天，情侣相互赠送精致礼物，表达爱意。

中元节　农历七月十五是中元节，乡间习称“鬼节”。家家为先人上坟、烧纸箔。此俗仍在延续。

中秋节　农历八月十五是中秋节，俗称“八月节”“团圆节”，是中国的传统三大节日之一。这一天食月饼。一家人团坐宴饮赏月，此时此景月圆人亦圆。放假一天。

重阳节　农历九月初九为重阳节。1989年，天津市政府将这一天定为“敬老节”“老人节”，倡导全社会树立尊老、敬老、爱老、助老的风气。旧时，有蒸糕相赠的习俗，意为“步步登高”（“糕”即“高”的谐音）。“九九”登高的习俗至今仍流传。

寒衣节　农历十月初一为寒衣节。这日前后，为烧纸日，各家用纸剪成衣服状，到先人坟地烧化，名曰“送寒衣”。此俗仍在延续。

腊八节　农历腊月初八是“腊八节”。过去，富有人家还在这一天进行“舍粥”；这一天，家家用醋泡大蒜，称“腊八蒜”“腊八醋”；腊八蒜、腊八醋要泡到大年初一吃素饺子时食用，别有一番风味。此俗延续至今。

二、新式节日

元旦　又称阳历年。1949年，中华人民共和国成立时得以明确。全国放假3天。

国际劳动妇女节　每年的3月8日为“妇女节”，又称“三八妇女节”。妇女组织开展各项活动庆祝，全国妇女放假半天。

植树节　每年3月12日为“中国植树节”。

国际劳动节　又称“五一国际劳动节”，它是全世界劳动人民共同拥有的节日。法定节日，放假一天。

青年节　每年5月4日为中国青年节。

六一儿童节　也叫“六一国际儿童节”，是全世界儿童的节日。

建党节 每年7月1日是中国共产党成立纪念日。

建军节 八一建军节是中国人民解放军建军纪念日，每年的8月1日举行。现役军人放假半天。

医师节 2018年起，将每年的8月19日，设立为“中国医师节”。

中国人民抗日战争胜利纪念日 2014年2月27日国家立法，确定每年的9月3日为“中国人民抗日战争胜利纪念日”。

教师节 1985年，第六届全国人大常委会第九次会议通过确定9月10日为教师节。

中国农民丰收节 自2018年起，将每年9月23日秋分日，设立为“中国农民丰收节”。

国庆节 1949年10月1日，中华人民共和国成立。每年的10月1日为国庆节。

第五节 生活习俗

一、衣饰

70年代末，社员穿的服装和鞋，多为自制。衣料以粗布、细布为主。逢年过节时，才到裁缝店制作新衣。穿补丁衣服的越来越少，孩子衣服“大改小”或“大传小”，一件衣服穿几年甚至十几年的现象及缝衣补袜等家务习俗逐渐消失。

80年代，村民生活水平逐年提高，人们的服饰逐渐增多，开始追求时尚，西服、白衬衣等盛行。穿手织毛衣、毛裤等的逐渐减少。

90年代始，村民开始关注名牌服装，讲究样式新颖、面料舒适。中小学生普遍穿校服。正式场合男性以西服为主，女性多身着裙装。羽绒服、运动服、皮夹克受男女欢迎。年轻人多喜爱皮鞋、运动鞋、旅游鞋。人们普遍穿机织毛衣、毛裤、T恤衫等。

进入21世纪，村民穿着多以运动、休闲服装为主。上班族多穿工服、制服。老年人喜爱中式唐装、老美华服装等。青年人则爱穿貂皮上衣、呢子半大、冲锋衣、风衣等。

二、餐饮

（一）早点

大卞庄村属园田区兼有粮田。辛勤、朴实的先民自古以来日出而作、日落而息。村民历来有吃早点的习惯，中午、晚上为正餐。平时以米、面为主食，爱吃油炸食品，口味偏咸。

60年代，社员早饭是玉米面或高粱米饽饽，小米或高粱米稀饭，玉米面粥或菜汤。家有重要的事或来亲戚好友，社员要到市内“四海居”“向阳路”等饭店购买豆浆、果子等早点。

70年代末，村内有商贩经营早点。社员尚洪君、徐松兰两户在家或小学校外摆流动摊儿贩卖早点，王守德经营豆浆房，每天现磨现卖。80年代初，早点铺陆续多起来，品种有老豆腐、果子、煎饼果子、包子、锅巴菜等。90年代至2018年，早点种类逐渐丰富，增添牛奶、面包、炸糕、卷圈、兰州拉面、馄饨、云吞等食品。

（二）正餐

喜庆寿诞日村民有吃面条习俗，寓意“喜面”“长寿面”。红白事常摆酒席招待客人。菜品讲究双数。有“无酒不成席”“先干为敬”“客随主便”“酒满茶半”等习俗，不能反手斟酒，以示尊重。吃饺子讲究蘸醋、就酒，俗称“饺子就酒越吃越有”。

2011年还迁后，村民改变过去的生活习惯。婚宴一般要搭棚摆席3天，前两天饭菜一般，讲究吃贴饽饽、蒸卷子、熬鱼头；结婚当天，烟、酒、菜品提高档次，多以海鲜为主。

婚宴午餐吃天津传统打卤面，配有10种菜码（红粉皮不可缺）和清炒虾仁、摊黄菜、糖醋面筋、香干肉丝4个面码。晚宴酒席较丰盛，虾、蟹、海参、鲍鱼等海鲜成为主

王猛正在传菜（2017年李兴成摄）

尚洪路制作丸子（2017年李兴成摄）

打菜肴；高档白酒、啤酒、饮料应有尽有。吃已不再是为了填饱肚子，而是一种享受。如今，粗粮变成养生之物，人们更加注重健康饮食、科学饮食。

三、居住

解放前，村民居住以同族人同住一个院居多，父母在，兄弟不分家。较大的有宋家大院、刘家大院等。正屋上房住长辈，长子住下首。其他兄弟住东西厢房。新中国成立后，因人口渐多不宜居住，多分家另过。父母多一般和长子或老儿居住，颐养天年。装修房屋，一般安排在春前秋后建房、翻盖、避开雨季。有接东不接西之说。东屋为上。东、南、西侧建院墙，临街巷处设院门，盖门楼，门楼有带过道的，也有盖顶子的拐弯门楼。有“门不冲巷、墙角、窗户”“大门不对大门”之俗。临大街户多建影壁。院内不能留 5 个门（俗称“五鬼门”），有不吉之说。

第六节　寿诞习俗

一、老人生日

新中国成立后，家里老人过生日，条件一般的户，只是家里做碗面条，表示一下。80 年代始，村民生活逐渐富裕，逢家中老人生日这天儿女要给老人祝寿，面条和生日蛋糕不可缺少。一般习俗是生日前一天，家里人吃饺子，谓之“催生”。生日当天，吃面条，寓意“长寿”。年届六十岁过生日称作“寿”，一般家庭摆酒席庆祝。到六十六岁为“大寿”。六十六，吃姑娘的肉。已婚女儿要买一刀猪肉给父母祝寿，意为报答父母的养育之恩。21 世纪始，改为买熟肉，夹在烧饼里给老人吃，剩下一口肉扔出去。一般过生日是“过九不过十”。此俗仍沿袭。

生日蛋糕（2019 年李兴成摄）

二、婴儿出生

婴儿降生的日期、时辰，称为“生日”（一般过农历）。

分娩后，随即向女方娘家和亲属报喜、送信儿。娘家人及亲属要备礼物送去，称为“送小礼”，主要有红糖、藕粉、鸡蛋、挂面、小米等营养品和衣服、毛巾被等。

产房忌生人或外姓人进入。一般妇女和小孩可以进入，有谁头一个和婴儿见面就随谁的脾气、长相等说法（此说不科学）。窗户要挂红帘或在门上系红布，有“辟邪”之意。

婴儿出生后第三天，俗称“洗三”，为“小庆”日子。此日，吃“洗三面”，给随小礼，向“随份子”的亲朋邻里回赠喜面。一般用大海碗把熟的面条及菜码、卤子放在一起送。80 年代末，改为送生面条和猪肉、鸡蛋等食材。90 年代末，回赠改为送方便面、大米、食用油等食品。

婴儿出生后第 12 天，俗称“十二晌”。姥姥送饺子，为产妇合骨缝；第 25 天，婴儿要挪“仨窝儿”（挪骚窝），如果回家，姥姥要在婴儿鼻子上抹下锅底灰，有白鼻子来黑鼻子走的习俗。此俗仍沿袭。

出生后一个月，俗称“满月”。为婴儿第一次理发，称为“剃胎发”。小孩姥姥要送金手镯、金脚镯、金长命锁，意为锁住健康，消灾辟邪。 21 世纪始，村民一般在“满月”设宴款待亲朋好友，称为“满月酒”。

婴儿出生 100 天，俗称“百岁儿”。娘家送 100 个寿桃、面条、年糕、红皮鸡蛋、百岁服饰、大金鱼（鲫鱼）和一棵葱，称为：面条拴、年糕黏；给婴儿吃少许蛋黄，谓之“心眼全”；大葱寓意孩子长大聪明；取大金鱼一条，与婴儿嘴对嘴亲，然后把鱼拴上红线到河里放生。祈求孩子长命百岁。此俗仍沿袭。

穿“百岁衣”，又称“百家衣”，是“过百岁”的另一道风景。改革开放前，还有小孩穿用各种颜色的碎布块拼接缝制的“百家衣”，布的颜色讲究越多越佳，花布中唯有紫色最难讨，因为“紫”谐音为“子”，人们不愿把子送人，所以只能到孤寡老人家去讨，当然人家也是为积德行善才给的。此习俗现在逐渐淡化。

小孩子“周岁”，也叫“一生日”。这天小孩要“抓周”。过头一个年，娘家舅舅要买“灯”送外甥，讲究送“鸭子”形的灯，取其谐音“押子”之意，为外甥祈福，期盼孩子茁壮成长，预祝长命百岁之意，也表示来年“照舅”（照旧）。此俗仍沿袭。

第七节　婚姻习俗

旧社会，婚姻制度多属买卖婚姻。注重门当户对，“一夫多妻”制，男婚女嫁全凭父母之命、媒妁之言。当时盛行早婚，一般男子在十七八岁，女子在十五六岁。男方普遍都比女方年龄大。有“早生儿子早得济的说法”。新中国成立后，革除许多旧的婚姻类型，一些婚姻旧习逐渐消失。

一、旧式婚俗

（一）旧时婚姻程序

说亲　受男女一方父母委托，媒婆帮忙物色，向双方父母表说彼此家境情况，诸如人口构成、男女双方年龄、容貌、工作、品德、性格等，如果双方父母认可，亲事可以继续进行。

送小帖　双方家长同意亲事后，女方家长要把写有女方“生辰八字”的小帖，由媒人送到男方家中，以备“合婚”用。

合婚　小帖送到男方家里，男方家长要请算命先生“合八字”，占卜吉兆，看是否“冲克”“犯相”，有生肖（属相）冲克或“五行”（金木水火土）相克。诸如，白马犯青牛（属马的不能和属牛的成亲）、鸡猴不到头、天龙罩地兔等属相相犯不能成亲的说法。如“八字”相符相配表示吉祥如意，亲属就能初步定下来。

换龙凤帖　俗称“换帖”，也叫“定亲”。合婚后，选定吉日，双方互换“龙凤帖”。男方派人（大多由媒人担任）用条盒送帖至女方，盒内放些枣、栗子和“如意”等物，寓意早立子、万事如意。同时带去彩礼。富户人家讲究送“四大金”（4件金属饰品），次等户送包金、包银。较贫穷户只是送些简单彩礼。有的事先讲定送去多少粮食或多少钱、多少布匹。女方家长接到帖和彩礼后，再将女儿的帖放在盒内送回男方。至此，婚姻就算定下（乡间称“过完礼了”）。

送日子　婚前，男女双方家长要商定孩子的结婚日期，并问上半月好还是下半月好，这叫“取庚”，意在避开女方“经期”。如逢新娘经期迎娶俗称“尿轿”，为习俗所忌。日期择定，通知女方。日期一经择定就不能更改。有改日子死婆婆的迷信说法。

过嫁妆　娶亲的头天午前，女方要把嫁妆送到男方家中。送嫁妆入门，要先进花瓶，再进钟，随后跟进筒子灯，送嫁妆的人多为女方家中的兄弟姐妹、侄子侄女等人，人数必须是双数（包括媒人在内）。男方家要给送嫁妆来的人裹红包。

娶亲　男方叫“娶媳妇”，女方叫“聘闺女”。男方家大门口要贴双囍字，女方家大门口要贴单喜字。以甄别娶、聘。迎娶兴坐“花轿”。贫困人家租赁不起“花轿”，事先要和女方家长商定改用“洋车”（人力车也称“胶皮”）。新娘上轿前要梳妆打扮，俗称“上头”。首先用线绳绞去脸部、颈部的汗毛，俗称“开脸”、梳洗后，身穿红色嫁衣，头蒙红盖头，嘴里含块糖，寓意甜一路、甜到家。新娘弟弟挟凉席抱着一只公鸡陪轿送行。花轿到男方门口，大门要关闭，花轿在门外稍等，名为闭闭新娘性子。然后由人搀扶进屋拜堂，拜堂后将新郎、新娘送入洞房。新郎、新娘并坐炕沿，桌上摆着弓箭、板斗，板斗里盛红高粱、插一杆秤，新郎要用秤杆挑下新娘的红盖头。至此，新郎方初见新娘的容貌。新娘坐炕后将口中的糖块吐在炕席底下。

合卺　新郎、新娘坐炕上，有专人为他们放好饭桌，斟上两杯酒，夫妻举杯，交臂对饮，俗称喝“交杯酒”（合欢酒）。这时送进煮得半生不熟的饺子给新人吃，屋外人要问：“生不生？”新郎要答“生”，以兆生儿育女之意。之后，新娘盘腿坐到炕头“子孙灯”旁。接着众人进屋逗新媳妇。门口有人把守，先让生肖不犯克的童男童女各二人进屋，这叫“忌属相”。童男、童女进屋后这叫“走开了”，就不再避讳其他属相。晚间闹洞房直至深夜。最后，再由“全可人”（一般是中年妇女）为新人铺炕，俗称“焐被”。并且口中念叨夫妻白头偕老和早生贵子之类的一些吉利话。也有嘎小子不走偷听新婚夫妻说悄悄话的，也叫听“窗根儿”。此陋习现已不多见。

第二天清晨，由新娘家弟弟送一瓶头油来看望，俗称“送油”。至此，就成为能上门、有来往的亲家，如果这天不到男方，婆婆家会有意见。此俗仍有。

认亲不分大小，新娘三天不许下炕。直到第三天，方可下炕。俗称“三天下地”。给全家及亲朋中长辈行叩头礼，俗称“分大小”（过去有“三天不分大小”之说）。这时长辈要给新娘“见面礼”。

拜祖　婚后第三天，公公、婆婆会领着新婚夫妻，带上供品、烧纸等，前去先人的坟地拜祖，告知先人家族又添人口，护佑家里人平平安安，人丁兴旺。此俗至今流传。

回四　婚后第四天，新娘回娘家看望父母。娘家要来人接，并准备丰盛酒席招待新姑爷。新娘日落前必须回婆家。此俗至今流传。

住对月　婚后第二十天，是新娘第二次回娘家日。此去要住十天。谓之“住对月”（意思是从结婚日起到此时整好对头一个月）。

（二）其他旧式婚姻类型

换亲　贫寒人家，或因儿女身体原因，无力给儿女成婚，通过两家家长包办互换儿女做亲，俗称“换亲”。

娃娃亲　这种婚姻叫爱好做亲，基于两家友情至厚，好上加好，双方为各自小孩订下婚约，待长大后完婚。

童养媳　俗称“团子媳妇”。贫苦家庭，迫于生计，将未成年之女（最小的只有五六岁）许婚于男方，并由男方家里收养。

亲上做亲　指姑舅表兄、弟、姐、妹，姨表兄妹相互成亲，亲上加亲。但此婚姻结合造成下一代患先天性病症者甚多。此俗已废。

指腹为婚　至亲好友，双方妻各有孕，不待出生，双方家长就为其订下婚约，如系同性别，就以干兄弟或姐妹相称。

冲喜亲　男女双方订婚后，未到完婚年龄，男方（或父母）患病不愈，则向女方提出提前完婚，为患者冲去晦气、灾星，俗称“冲喜”。这种婚姻，比较迷信，酿成悲剧的甚多。此俗已废。

招女婿　也叫“倒插门”。有女无儿户，为女儿招婿入赘。男方到女方家，成为女方家庭成员。此俗仍有。

二、新式婚俗

（一）新事新办

1950年5月1日，中央政府实施《中华人民共和国婚姻法》，实行婚姻自由、一夫一妻、男女平等的制度。适龄村民响应婚姻法，赵玉珍、孙文萍是通过自由恋爱并结婚的夫妻。婚礼是在该村剧团演出时，在戏台上举行，村长王瑞堂为证婚人。此次婚礼成为大卞庄村执行婚姻法树新风的典范。

1993年秋，村民兰凤全、林秀艳，年玉珠、许淑爱，田春红、刘芳，尚士新、高延华，孟兆伟、张洪珍等5对新婚夫妇，参加西青区举办的集体旅行结婚。

旧时，妇女丧夫不许再嫁，叫“守节”。如再嫁，会受到歧视，被认为“不守贞洁”。新中国成立后，寡妇改嫁、老人再婚，均受到法律保护。

（二）相亲

大多数青年仍经介绍人保媒提亲，在男女双方见面后，也叫“相亲”，如双方无意见，接着是“相家庭”，由介绍人陪同女方父母到男方家了解一下男方家中生活、住房等情况，如果女方没意见，男方要留女方吃饭，然后给女方当事人红包，也叫“见面礼”。女方接下，婚事就算定了。事后男女双方互相往来。也有中途“毁约”的。

（三）送嫁妆

70 年代，结婚一般要准备“三大件”，即手表、自行车、缝纫机。三大件既是显耀也是普通群众的负担。80 年代，嫁妆较以前富足，用大红布裹上衣服、被褥、布料、日用品等，讲究陪“几个包袱”。缝纫机、自行车、冰箱、单筒洗衣机、黑白电视机等可装满一车。“背筒子”“挂门帘”一般由准新娘的弟弟负责，可以拿两份红包。90 年代初期，嫁妆以家用电器为主，有彩电、冰箱、双筒洗衣机、卡拉 OK 音响、录像机和摩托车等。21 世纪始，陪嫁小轿车的居多，且越来越高级。

（四）送亲迎亲

婚姻过程和以前基本相同，只是不再坐花轿。50 年代改为用大车（花车）或自行车迎送。个别富裕家庭有用汽车的。男女双方如同村，新娘由迎送的亲朋好友陪着走到男方家中。80 年代始，随着生活水平的提高，迎亲基本都用汽车迎送。讲究双数 6 辆或 8 辆不等。并增添摄像、摄影进行跟拍。新人兴起拍外景婚纱照，新娘备有多套婚纱、旗袍、裙装等。

婚日当天新娘要在中午 12 点前进男方家门，首先招待送亲客人。娘家认亲队伍要晚于送亲的到男方家，男方家准备干鲜果品、烟茶热情款待娘家人。饭前举行结婚典礼，形式有中式或西式，有的在家，有的在酒店举行，多请专业婚礼公司的司仪主持，新郎、新娘向双方家长敬茶，家长要给新人改口费 10001 元，寓意“万里挑一”。仪式结束，为送亲客人备酒席，新郎由新娘家人带领开始认亲。最后一道菜“糖醋鱼”插上喜字由大师傅端着前来道喜祝贺，娘家人会裹红包致谢。

新人向双方父母敬茶（2017 年李兴成摄）

（五）婚宴

一般在家搭棚摆酒席，提前请村内做饭厨师（也称“大师傅”）列菜单，婚礼前一天准备食材，俗称“落桌”。酒菜分凉菜、热菜、饭菜。中午捞面，晚上摆酒席。

晚上，男方摆流水席款待亲朋好友。新郎的长辈亲戚要给新娘掏见面礼，同时，新娘也回礼给掏见面礼人家里的小孩。新郎、新娘给客人敬酒点烟致谢。21 世纪始，入洞房前兴起燃放烟花的习俗。

新娘弟弟由原来转天送“梳头油”，改成结婚当天送香油或食用油，婆家要给送油的人裹红包。

婚礼第二天，婆家还要包三鲜馅、猪肉韭菜等馅的“盒子”请亲朋吃，寓意和和满满、团团圆圆。至此，迎亲告一段落。新娘仍沿袭“回四”“回六”“住满月”等习俗，娘家伯伯、叔叔等亲戚要挨家请新姑爷。新娘给婆婆磕头、问安，习俗已不存在。

第八节　丧葬习俗

一、旧式丧俗

停床　当人在将断气之前（有的地方在人刚一断气），家属要给死者理发、擦洗身子、穿装裹（寿衣）、搭床板停灵。灵床放在堂屋、头对屋门，床头置供桌，摆供品，燃蜡烛，烧倒头香，焚烧纸钱。屋内凡是有玻璃镜子的器物，均要用布帘遮住。大门口贴门报，上书“恕报不周”，悬挂“柞前纸”，男左女右。此俗仍有。

报丧　俗称“报庙”。人一断气，孝子要先到村土地庙去“报庙”。由逝者长子手捧簸箕，内放香烛、纸钱及死者姓名、年龄、籍贯的丧帖哭去哭回（意即向当地土地爷报告人已归阴），然后立即给近亲友去送信报丧。孝子遇亲朋好友要单腿跪下磕头（如逝者是男性则跪左腿，如女性则跪右腿），有替逝者赎罪之说。此俗仍保留。

缝孝衣　逝者“一倒头”，即请人缝孝衣、绷白鞋。男孝有孝帽、孝袍、孝裤、孝箍、孝鞋、白褡巴束腰；女孝服是头系白布箍条、短孝褂、孝裤、孝鞋、白褡巴束腰；隔辈人（孙子、外孙辈）孝帽（女的孝箍）上要缀红缨，孙子、孙女缀一个，重孙子缀两个。长子孝帽要缀铜钱、缀麻绳（披麻戴孝）。

孝服布料为“什锦”白布，姑爷用漂白布，以示区别。近亲朋来“吊孝”，由长子或长媳妇捧“孝衣”跪地递给对方，小辈人有的孙辈递孝，称为“给孝”。此俗仍保留。

看材　旧时丧事中最重要的一件事。根据家境情况，棺材质量高低不等，有的户用自己早已备好的木料请人新打，俗称“拢材”。也有提前打好棺材存放家中的（称为“寿材”）。棺材进家门前，孝子要前去哭迎（叫“迎材”）。用黑漆漆棺，棺内壁糊纸，红布衬里，请“行家”写材头字。此俗不存在。

成殓　俗称“入殓”。一般是死后三天入殓。入殓时，长子抱头，长媳抱脚。尸体出堂屋，用席遮住，不能见天。入殓后，孝子守灵，按时上香（香火不能断）、烧纸。有人来“吊孝”，孝子在两旁跪叩陪吊。走时，孝子不许送客，只说声“恕不送”。此俗仍保留。

出殡　丧俗中的大礼仪。旧时，一般习俗在家停灵五到七天。其间，要请僧人、道士诵经、念佛，超度亡灵，如送路、观灯、接三等。入葬这天，凌晨放“二踢脚”（两响爆竹），意为“喊早儿”。起灵前，由长子将一小陶瓷器皿（多用碟子）用力摔碎（俗称“摔落盆”），接着大哭。起灵，长子打幡，长媳抱罐，如长子不在，可由长孙、孙媳代替。灵柩运到墓地，把棺材放入墓穴，孝子哭罢，抓土添坟。礼毕，孝子脱掉丧服，回至家门口要“迈火”进门，每人拿一块糖，抓一个馒头，馒头里如果有硬币，寓意有财。此俗仍保留。

合葬　如夫妇均去世，同埋在一个坟穴内，名曰“合葬”。家人、亲朋要吃捞面。此俗仍保留。

圆坟　葬后第三天清晨（不能等太阳出来），孝子要到坟地去添坟、烧纸（闺女给扎纸箱，里面装满烧纸）、祭供品，并请童男、童女去“开锁”，左转三圈，右转三圈，嘴里要喊着“开门”，名曰“圆坟”。此俗仍保留。

烧七　从老人死日算起，每七天为一期，每到第七日头一天，就要到坟地去烧纸，叫“烧七”。第一个期日叫“头七”，到第五个期日为“五七”。至此，孝子换灰布孝服，俗称“换孝”。死者去世那天称作“忌日”。每年都要烧纸祭奠。

旧时，讲究重葬厚殓，穷苦人家就是求财借贷也得把老人发丧好，否则会落个不孝的“丑名”。因此，不少人家常为发丧老人负债累累。

二、新式丧俗

新中国成立后，党和政府大力提倡丧事从简，破除封建迷信。念佛、送路、渡桥等旧式丧俗几经兴衰，如今基本消除。

1975 年冬，大卞庄村第一个实行火化的逝者是中共九一九公社委员会委员兼大卞庄村大队长、共产党员尚家荣。从此，村民死亡都实行火化，延续至今。

2000 年始，大力提倡“厚养薄葬”，不穿重孝，只戴“三点白”。村里成立红白事理事会，负责政策宣传、服务、监督等，对勤俭节约办丧事的户，按照规定享受中北镇政府、大卞庄村委会给予的丧葬补贴。

第九节　陋俗禁忌

一、陋俗

（一）算命卜卦

遇有疑难事或想办件什么事，往往先请算命先生“问卦”、批“八字”，以测凶吉。新中国成立后，曾被取缔。90 年代，又有所抬头，诸如孩子取“名字”、做买卖、经商开业时间等。

（二）跳大神

新中国成立前，人们患病，不是求医问药，而是请巫婆跳大神驱病。巫婆摆好香案，供上神纸，焚香跪拜，且口中念念有词，自称某某大仙附体，手舞足蹈，并让病人（或家属）磕头许愿，求其保佑，最后弄点香灰、茶叶掺在一起作为仙丹妙药给病人服用。时常有耽误病情不能及时救治而伤亡。新中国成立后被取缔。

（三）招魂

小孩子有病或受惊吓，出现精神不振、发烧、沉睡、夜间啼哭等症状，便认为是“吓着了”“吓掉魂了”，需要给小孩“收魂”。收魂方法多样，有用碗盛水把针放水里的、有用大米的，也有拿小孩衣服、拿鞋敲门框的等，各地不一，此俗至今已无。

二、禁忌

（一）婚嫁

婚嫁忌男女属相犯冲，有“白马犯青牛”“鸡猴不到头”“天龙罩地兔”等说法，双方如逢这两种属相不能成婚；迎、送亲有“姑不接，姨不送”之说；忌孕妇迎亲、送亲；忌没出百天的新婚媳妇见面；初婚新娘要在中午前进男方家门，二婚一般是在午后进男方家门。

（二）丧事

丧事期间，忌孝子送客；忌戴孝进别人家门；服丧期，孝子忌理发、刮须，夫妻禁同房；儿女亲家，一方亲家去世后，未入殓前亲家不能见；家有亲人病故，忌三年内家里及亲叔伯家贴春节对联、福字，去亲朋好友家拜年，说拜年话；忌丧事期间吃面条类食品等；忌孝子三年内动土、装修房屋。

（三）节日

春节期间，忌说“穷”“死”“倒霉”“没了”等不吉利的话；忌除夕至来年初五朝外扫垃圾、倒垃圾（谓之“倒财”）；忌大人、小孩正月理发；忌已婚妇女除夕夜看娘家的灯火；忌“初五”“十五”“立春”回娘家。

（四）其他习俗

盖新房忌妇女踏入宅基地；忌晚上看望病人；忌借别人药锅用后主动送还；忌壶嘴对人；忌筷子竖插在饭里；忌两人分吃一个梨。

第十五章　人　物

新中国成立后，大卞庄村一些普普通通的村民在保家卫国的战争中做出了突出贡献，令后人敬仰。改革开放以来，村中涌现出一批优秀人物，在经济、社会和精神文明建设中，留下许多感人事迹。根据以人为本的原则，此章在传统录入人物传略、革命烈士、党政军警界及教育科技界人物基础上，收录国家级、市级先进人物，以激励后人。

第一节　人物传略

朱善柱

朱善柱（1950—1978.4）　男，汉族，大卞庄村民，1970年加入中国共产党。曾在大卞庄村小学、天津市109中学就读学习。朱善柱出生在一个普通的农村家庭，有兄弟姊妹8人，他在家排行第二。1966年7月，经报名、考核、体检合格，被批准入伍，参加革命。受嘉奖三次。1978年4月24日，在云南军事训练中不幸因公牺牲。

1984年8月，朱善柱被民政部批准为革命烈士。

张砚凤

张砚凤（1943.5—1997.11）　女，汉族，1966年7月加入中国共产党。原是西郊区杨柳青镇前桑园村村民。1966年嫁到大稍直口人民公社大卞庄村。张砚凤性格爽朗，很有号召力、组织力，社员都爱称她“三嫂子”。她是一位普通的农村妇女干部，20世纪70年代初，由于工作出色、组织能力强，被推选为妇女队长。1989年被选举为中共大卞庄村支部副书记，主抓党务和妇联、计生等工作。从担任生产队妇女队长到成为中共大卞庄村支部副书记，辛勤工作30多年，连续多年获得乡镇、区级“先进党务工作者”“优秀共产党员”等光荣称号，并连续多次被选为区、乡人大代表。

1994年冬天，张砚凤骑着自行车去乡里开会，此时刚刚下过一场大雪，张砚凤不慎重重地摔了一跤，当时摔得头很痛，可她还是坚持去乡里开会。后来，张砚凤经常感到头痛，但因工作忙，一直未去医院检查。直到 1997 年 1 月，经医院检查，她患了因脑溢血而引起的脑瘤。1997 年 11 月，张砚凤因病逝世。张砚凤作为一位农村妇女干部，以坚强的意志和无私奉献精神在群众中树立起了光辉高大的形象，她的事迹引起了强大反响。中共中北镇委员会号召全镇广大共产党员、干部向张砚凤学习，做服务人民、奉献社会的好党员、好干部。

马明皋（1936.8—2019.11） 男，汉族，中共党员。原籍河北省衡水市枣强县。1956 年参加工作，在大卞庄小学任教。先后担任过大卞庄小学校长、西姜井联校校长、大稍直口中心小学校长。1992 年被天津市教育局授予“天津市十佳校长”称号。在基层教学管理岗位上工作 40 年。

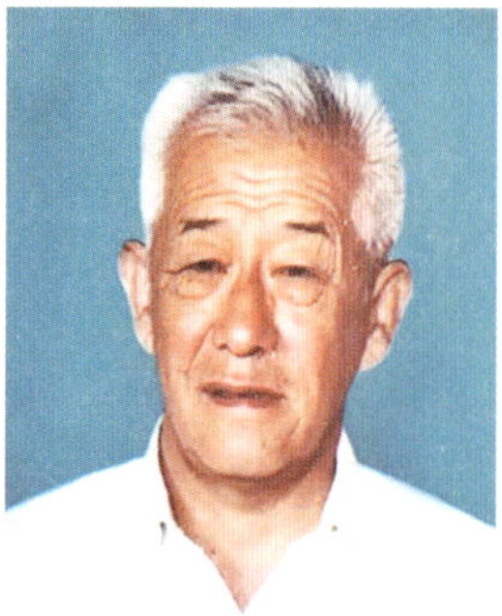

马明皋

1977 年恢复高考，很多已经在村里务农的年轻人想考大学，自己复习时缺少资料更无教师辅导，马明皋主动担任了辅导工作，通过专业知识辅导和有志青年的努力、拼搏，王洪光、孙继竹、马仲立等多名青年考入南开大学、天津大学、天津农学院等高校。

马明皋在担任大稍直口中心小学校长期间，严抓教学质量，创新办学途径，自 1981 年开始与南开区重点学校延安中学合作，将大稍直口中心小学的优秀毕业生推送到延安中学就读，使得这些农村的孩子享受了南开区重点中学的优质教育资源，这些学生大部分都考上自己理想的大学。这样的合作方式实施六七年。

在长期的工作生活中，从家庭、学校到村里，马明皋始终倡导并践行尊重知识、注重教育、培养人才的教育理念，并为此而奋斗终身。

孙奎良（1932.9—2019.7） 男，汉族，大卞庄村人。1942 年随父母离津到山东省。1947 年 10 月参加革命。1948 年在华东局财经办和中共华东局电台从事无线电报务工作。1954 年 12 月加入中国共产党。1954—1959 年参加国防体协无线电运动队无线电报务技能集训，在集训期间参加了“国防体协无线电运动队全国收发报比赛”，获手键发报第二名，并在“第一届全军动员会比赛中”打破手键发报的国际纪录，获“运动健将”称号。1959 年 11 月至 1963 年 12 月任上海警备区通信营无线电连连长；1963 年 12 月至 1965 年 10 月

孙奎良

在中国人民解放军通信兵学院学习；1965 年 10 月至 1970 年 4 月，任上海市警备区第二通信站副主任。1970 年 4 月至 1990 年 6 月，先后在上海市邮电管理局、上海淀山湖风景区管委会办公室、上海市邮电管理局工程建设处等部门任职；1990 年 6 月至 1992 年 10 月在上海市邮电通信工程指挥部担任调研员，1992 年 10 月离休。

虽然离开家乡这么多年，但孙奎良始终关心家乡的变化，想念家乡的一草一木，想念儿时的玩伴，也时常叮嘱后人们不要忘了我们是天津人。

刘凤雁（1929—1992）　男，汉族，大卞庄村人，中共党员。1950 年 12 月参加中国人民解放军公安部队。1953 年复员后，发挥新民主主义青年团团员骨干作用，参加生产劳动。在农业生产、文体活动等方面表现突出。

刘凤雁

1955 年 11 月 8 日，作为天津垦荒队发起人之一，刘凤雁与大卞庄村社员李元清、许文新、佟世香、孙月珍（女）5 人，怀着满腔热情志愿到北大荒开垦处女地。

1957 年，李元清、许文新、佟世香、孙月珍等人陆续回津参加地方工作，刘凤雁以一名曾经是革命军人的意志和毅力继续扎根在东北黑土地建设北大荒。

1955—1960 年，刘凤雁任黑龙江省萝北县二师十四团十六队队长；1960—1967 年任青年农场工程队队长；1967—1979 年，先后任向阳农场二十一队队长、十三队指导员；1983—1992 年任共青农场公安局教导员等职务。1985 年 8 月，刘凤雁被共

刘凤雁、孙月珍（女）参加学习

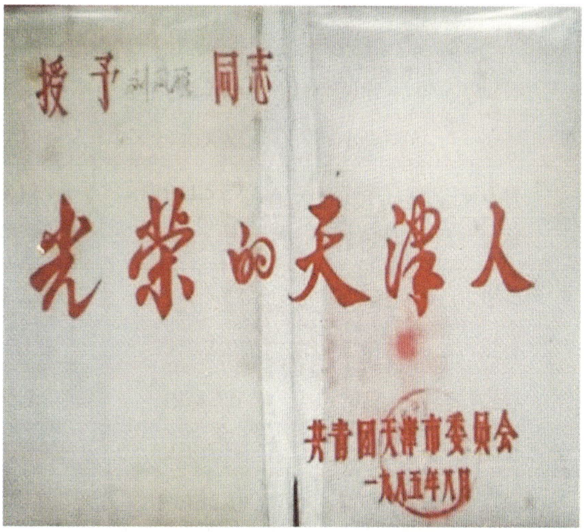

刘凤雁被授予的“光荣的天津人”荣誉证书

青团天津市委员会授予“光荣的天津人”称号。1985 年 8 月 30 日，中共黑龙江省委员会、黑龙江省人民政府向刘凤雁颁发“光荣垦荒 30 周年，成绩显著”荣誉证书，表彰其在开发建设黑龙江垦区的宏伟事业中，保持和发扬了人民解放军的优良传统，艰苦创业，长期奋斗，做出了贡献。

自 1955 年至 1992 年，刘凤雁一直在共青农场生活、工作，默默地奉献着。在近 40 载的岁月里，刘凤雁仅回家探亲 3 次，每次回来都受到亲朋好友、老同事、老战友的欢迎和热情招待。他的革命精神、奉献精神深受乡亲们的敬佩。

王贵（1929.11—2006.12） 男，汉族，原籍河北省涞水县沙岭西村。1945 年参加革命，加入中国共产党。1946 年参军入伍，曾在中国人民解放军某连任副政治指导员。先后参加和平解放北平和攻打太原、张家口、宣化、高碑店等战役。1950 年 11 月 25 日入朝，参加了 4 次战役。1951—1958 年，先后立个人“三等功”一次，获全国解放纪念奖章、抗美援朝纪念奖章、华北解放纪念奖章等数枚纪念章。1958 年，王贵复员后回到大卞庄村参加农村工作。先后任中共大卞庄村党支部副书记、津西公社大稍直口管理区民兵团副团长、大卞庄村民兵连连长等职务。

王贵

王贵荣获抗美援朝纪念章

王贵荣获华北解放纪念章

第二节 人物简介

佟国忠 男，汉族，中共党员。1966 年 8 月出生于大卞庄村。1989 年毕业于中国人民公安大学，获法学学士学位。1989 年分配到天津市人民警察学校工作。2006 年获得公安大学管理学硕士学位。现任天津市公安警官职业学院治安科主任、教授、专业技术二级警监。从事公安教育 30 年，主要承担的课程有治安管理基础理论、治安管理概念行政执法、国外境外城市治安管理、单位治安保卫、公安派出所正规化建设规范等社会稳定专业的教学和研究工作。

佟国忠

2010 年作为主讲教师和负责人建设的“治安案件查处”课程被评为公安部“精品课”；2013 年被公安部聘为公安职业教育教学指导委员会委员；2019 年被公安部聘为全国治安系统法制专家。先后在《中国人民公安大学学报》《人民公安报》《湖北警察学院学报》《天津联合职业学报》等刊物发表《公安派出所基础工作建设的四大重点》等文章。主编《公安派出所执法规范化指南》《新编治安管理概论》等教程书刊。

孙桂森 男，汉族，主任医师。1965 年 12 月出生于大卞庄村。1989 年毕业于天津医科大学，现在天津市第一中心医院外科（普通外科）工作。从事普通外科临床工作近 30 年，擅长甲状腺、乳腺肿瘤的手术，以及术前术后的综合性治疗。另外在疝和腹壁外科方面有很深的造诣，在天津市率先开展了疝等 Kugel 手术、开放式全腹膜外手术。并在临床工作中总结了大量经验。现任《中华疝与腹壁外科杂志》特约编委。发表核心及专业杂志文章 10 余篇。

孙桂森

王贵武 男，汉族，中国民主建国会会员，天津银座集团有限公司董事长。1959 年 3 月出生在大卞庄村一个普

王贵武

通家庭。1978 年 3 月，王贵武响应党的号召应征入伍，成为一名空军战士。1981 年 1 月退伍。1983 年，王贵武靠着党的改革开放好政策，凭着军人的朴实和闯劲，艰苦创业。1997 年 12 月，王贵武成立天津银座集团有限公司，经营房地产、建筑、建材等业务。事业有成后，王贵武不忘家乡教育事业，1999 年 9 月，由王贵武捐助 100 万元和区、镇、村共同投资 160 万元的大卞庄村小学校建成，并经西青区政府批准更名为天津市西青区银座小学。

1998 年，全国部分地区发生特大洪水，看到在抗洪抢险斗争中空军某高炮团 10 名官兵英勇牺牲的事迹后，王贵武深为战友们的英雄事迹感动，他决定认养母亲，替烈士尽孝，他途经 15 个省市，行程万里，在湖南、安徽、陕西、甘肃 4 个省，认下 10 名烈士的母亲，并承诺要照顾她们一辈子。

2008 年汶川大地震，王贵武又尊认 6 名在地震中牺牲烈士的母亲，并建设一座 1000 平方米的“妈妈楼”，接烈士们的父母到天津养老。王贵武用实际行动践行着自己“烈士为国尽忠，我替烈士尽孝”的诺言。

王贵武的“最美退役军人”证书

王贵武曾当选天津市第十四届人大代表，中国民主建国会第八、九、十届中央委员会委员。1999—2010 年，先后被授予“全国爱国拥军模范”“天津市文明市民标兵”“天津市双拥工作模范个人”“天津市劳动模范”“爱心献功臣行动先进个人”“全国优秀复员退伍军人”“全国十大孝亲敬老楷模”“全国国防教育先进个人”称号，并获首届“全国道德模范评选”提名奖；作为优秀退役军人代表参加新中国成立 50 周年、60 周年国庆观礼活动。他的事迹被《人民日报》《光明日报》《天津日报》等多家媒体宣传。2000 年 7 月 22 日，《解放军报》刊登了《实业拥军的一面旗帜！记天津市“爱国拥军模范”王贵武》的报道。

2018 年 11 月 10 日，王贵武被中共中央宣传部、退役军人事务部授予“最美退役军人”称号。

2019 年 5 月 22 日，王贵武被评选为天津市第六届道德模范（助人为乐模范），并经市文明委推荐为第七届全国道德模范候选人。

王洪岐 男，汉族，中共党员。1956 年 2 月出生于大卞庄村。1972 年，在西郊区杨柳青一中高中毕业。1982 年，南京大学本科毕业，获理学学士学位。先后在国务院学位委员会办公室、教育部学位与研究生教育司工作，历任科员、副主任科员、主任科员、副处长、处长。2012 年 1 月被教育部任命为学位与研究生教育发展中心副主任（副司级）。2012 年 4 月，增补为中国学位与研究生教育学会评估委员会第四届委员会副主任委员。2014 年 4 月，当选中国学位与研究生教育学会评估委员会第五届委员会副主任委员。2016 年 3 月退休，定居北京。

王洪岐

第三节 人物名录

一、副处级及以上干部

新中国成立后至 2018 年大卞庄村籍历任副处级及以上干部一览表

表 56

姓名	性别	出生时间	工作单位及职务	级别
孙维真	男	1929.1	天津市人事局任免教育处处长	正处级
刘凤雁	男	1929	黑龙江省共青农场公安局局长	正处级
孙元义	男	1942.4	天津市政府信访处	正处级
孙维华	男	1942.9	天津市经济联合中心	副处级
马春刚	男	1945.12	天津市公安局副处级调研员	副处级
王洪岐	男	1956.2	教育部学位与研究生发展中心副主任	副司级

续表 56

姓名	性别	出生时间	工作单位及职务	级别
孙继竹	男	1960.1	西青区司法局四级调研员	副处级
李凤丽	女	1960.2	中北镇人大主席团副主席	副处级
王洪旺	男	1964.5	中共西青区大寺镇党委书记	正处级
刘凤景	男	1965.11	西青区水务局局长	正处级
佟国忠	男	1966.8	天津市警察职业学院治安系主任	副处级
张善春	男	1968.2	中共西青区政法委副书记	正处级
张　翠	女	1984.12	商务部欧亚司副处长	副处级

说明：按出生日期排名

二、副高级及以上职称

大卞庄村志职衔收录为行政单位副处级、四级调研员以上职级和副高级以上职称，如高级教师、高级实验员、副教授、教授、高级农艺师、高级工程师、高级会计师、高级经济师、副主任医师、主任医师。

新中国成立后至 2018 年大卞庄村籍副高级及以上职称人员一览表

表 57

姓 名	性别	出生年月	籍贯	工作单位	职称	专业	授予单位	授予时间
马仲立	男	1960.10	天津	天津理工大学理学院	副教授	数学	天津理工大学理学院	2000.10
佟国忠	男	1966.8	天津	天津市警察职业学院	教授		天津市人事局	2016.12
张善青	男	1966.1	天津	天津理工大学	高级实验师		天津理工大学	2014.12
孙　宇	男	1965.5	天津	西青区中北中学	高级教师	物理	天津市人力资源和社会保障局	2011.11
王爱华	女	1970.12	天津	西青区中北中学	高级教师		天津市教育局	2008.11
许卫民	男	1969.2	天津	西青区中北中学	高级教师		天津市教育局	2009
马全喜	女	1950.10	天津	西青区中北中学	高级教师	英语	天津市教育局	1997.11
袁云芝	女	1949.7	天津	西青区杨柳青第三中学	高级教师		天津市教育局	1997.11
刘凤海	男	1953.11	天津	天津市南开职专	高级教师		天津市教育局	2004.10
李长英	女	1972.8	天津	西青区张窝中学	高级教师		天津市人力资源和社会保障局	2009.12

续表 57

姓 名	性别	出生年月	籍贯	工作单位	职称	专业	授予单位	授予时间
程学华	女	1972.6	天津	天津市西青区中等专业学校	高级教师	数学	天津市教育局	2011.11
孙桂森	男	1965.12	天津	天津市第一中心医院	主任医师		天津市卫生局	2010.11
刘胜红	女	1967.4	天津	泰达有线电视网络有限公司	高级工程师		天津市人事局	2000.11
李兴华	男	1965.4	天津		高级工程师	半导体	天津市人力资源和社会保障局	2010.12
马全新	男	1963.3	天津	西青区顺通社区	高级工程师		天津市人事局	2004.11
李兴耘	男	1965.12	天津	天津冶金职业技术学院	高级会计师		天津市人力资源和社会保障局	2018.11
王洪光	男	1959.11	天津	天津市轻工业设计院	高级工程师		天津市人事局	2010（正高）
孙维生	男	1947.6	天津	中国海洋航空集团公司	高级经济师		中国海洋航空集团公司	2006.1
王学芬	女	1966.7	天津	天津市滨海新区供热集团	高级工程师		天津市人事局	2001.11
尚淑艳	女	1965.1	天津	西青区西营门街小元医院	副主任医师	全科	天津市人力资源和社会保障局	2012.6
刘凤树	男	1964.5	天津	西青区土地整理中心	高级工程师		天津市人力资源和社会保障局	2013.12
孙淑霞	女	1967.3	天津	浙江杭州吉利汽车公司	高级工程师	汽车	天津市人事局	2002.3
佟国琪	男	1960.2	天津	渤海轻工业龙庆集团	高级经济师		天津市人事局	2009.3
刘桂林	男	1982.8	天津	西部控股执行董事	高级经济师	金融	中国银河证券	2010
王洪海	男	1962.12	天津	天津电视台	高级工程师		天津市人力资源和社会保障局	2013

大卞庄村籍在外企事业副处级以上干部一览表

表 58

姓　名	性别	出生年月	工作单位及职务	级别
李德跃	男	1928.10	天津市河西区百货公司经理	正处级
张春第	男	1938.10	中国国际旅行社天津分社副经理	正处级

续表 58

姓　名	性别	出生年月	工作单位及职务	级别
孙维生	男	1947.6	中国海洋航空集团公司工会常务副主席	副厅级
张桂生	男	1951.2	中国人民银行天津分行老干部处处长	正处级
宋玉发	男	1953.2	天津市海洋运输有限公司总经理	正处级
张桂明	男	1954.2	天津铁路分局西站北货场党委书记	正处级
佟国琪	男	1960.2	渤海轻工业投资集团有限公司龙庆集团副总经理	副处级
王玉英	女	1965.4	天津中医药大学资产设备处调研员	副处级
刘桂林	男	1982.8	西部发展控股有限公司执行董事	副厅级

第四节　市级劳动模范、先进工作者

大卞庄村籍村民获评市级劳动模范、先进工作者一览表

表 59

姓名	工作单位	职务	荣获称号	授予单位	时间
尚家良	大稍口中心小学	教 师	天津市优秀体育教师	市体育局教育局	1983
			全国先进体育工作者	体委教育部	1983
孙继竹	西青区司法局	调研员	1989年度、1990年度全国农机安全监理先进工作者	农业部	1991
尚家良	大稍口中心小学	教 师	天津市优秀体育教师	市体育局教育局	1992
			全国先进体育工作者	体委教育部	1992
马明皋	大稍口中心小学	校 长	天津市十佳校长	天津市教育局	1992
王贵武	天津银座集团	董事长	天津市双拥模范	市民政局	1999
			天津市劳动模范	市委、市政府	1999
			天津市文明市民标兵	市委、市政府	1999
			全国爱心献功臣行动先进个人	全国双拥工作领导小组、民政部	1999

续表 59

姓名	工作单位	职务	荣获称号	授予单位	时间
高玉霞	中北镇政府	综治科员	社会治安综合治理先进个人	市委、市政府	2001
			天津市最佳人民调解员	市司法局	2003

说明：按授予时间排名

大卞庄村籍村民获评市级劳动模范、先进工作者一览表

表 60

姓名	工作单位	职务	荣获称号	授予单位	时间
王贵武	天津银座集团	董事长	全国爱国拥军模范	全国双拥领导小组办	2007
			全国道德模范提名奖	中央文明办、全国总工会、共青团中央、全国妇联	2007
孙继竹	西青区司法局	调研员	“十五” 残疾人工作先进个人	市残疾人工作委员会	2007
王贵武	天津银座集团	董事长	全国国防教育先进个人		1999
			全国优秀复员退伍军人	民政部	2009
			全国十大孝亲敬老楷模	全国敬老爱老助老主题教育活动组委会	2010
孙继竹	西青区司法局	调研员	天津市残疾人维权工作先进个人	市司法局 市残联	2011
许卫民	中北中学	教师	天津阳光体育先进教师	市教委	2012
许卫民	中北中学	教师	天津阳光体育先进教师	市教委	2015
王贵武	天津银座集团	董事长	全国最美退役军人	中央宣传部 退役军人事务部	2018

说明：按授予时间排名

第五节　参加重要战役、战争军人名录

新中国成立前后，村民参加的主要有抗日战争、解放战争、抗美援朝。

新中国成立前大卞庄村籍参加战争、战役人员一览表

表 61

姓名	性别	政治面貌	兵种	参战时间及战争、战役
王守义	男	群众	义勇军	1941年参军，参加抗日战争、解放战争
孙玉山	男	群众	八路军	1943年参军，参加抗日战争、解放战争
孙奎元	男	群众	八路军	1943年参军，参加抗日战争、解放战争
孙士明	男	党员	八路军	1945年参军，参加抗日战争、解放战争、抗美援朝等战争
王瑞和	男	群众	解放军	1945年参军，参加南苑机场、海南岛、抗美援朝等战争
王　贵	男	党员	解放军	1946年参军，参加解放战争、抗美援朝等战争
王少亭	男	群众	新四军	1947年参军，参加解放战争
孙奎良	男	党员	解放军	1947年参军，参加解放战争、上海战役
孙晓武	男	党员	解放军	1947年参军，参加解放战争
刘凤泉	男	党员	解放军	1948年参军，参加解放战争
徐松兰	男	群众	解放军	1948年参军，参加解放战争
陈义生	男	党员	解放军	1948年参军，参加解放战争
葛春秋	男	党员	解放军	1949年参军，参加辽沈、平津、海南岛、抗美援朝等战争
许铁城	男	群众	解放军	1949年参军，参加解放太原战役、抗美援朝战争
姜伯清	男	党员	解放军	1949年参军，参加解放战争

说明：按参战时间排名

新中国成立后大卞庄村籍参加战争、战役人员一览表

表 62

姓名	性别	政治面貌	兵种	参战时间及战争、战役
李德福	男	群众	志愿兵	1950年参加中国人民解放军志愿军
王文英	女	群众	志愿军	1951年2月参加抗美援朝战争
宋金波	男	党员	陆军	1966年参加援越抗美战争
张宝全	男	党员	海军	1974年1月参加西沙自卫反击战
张桂生	男	党员	海军	1974年1月参加西沙自卫反击战
宋瑞江	男	党员	海军	1974年1月参加西沙自卫反击战
马德仁	男	群众	海军	1974年1月参加西沙自卫反击战
石友会	男	党员	海军	1974年1月参加西沙自卫反击战
刘恩双	男	党员	海军	1974年1月参加西沙自卫反击战
李兴起	男	党员	海军	1974年1月参加西沙自卫反击战
许建设	男	党员	海军	1974年1月参加西沙自卫反击战
石华友	男	党员	海军	1974年1月参加西沙自卫反击战
门玉华	男	群众	海军	1974年1月参加西沙自卫反击战
兰凤起	男	群众	海军	1974年1月参加西沙自卫反击战
孙文江	男	党员	海军	1974年1月参加西沙自卫反击战
宋玉起	男	党员	海军	1974年1月参加西沙自卫反击战
刘学友	男	群众	海军	1974年1月参加西沙自卫反击战
李凤丽	女	党员	陆军	1979年2月参加对越反击战

第六节　烈士名录

朱善柱，大卞庄村民，1950 年 7 月出生。1966 年 7 月参军，海航二十二团一大队飞行员。1970 年 5 月加入中国共产党，受嘉奖三次。1978 年 4 月 24 日，在云南军事训练中不幸因公牺牲。

附　录

一、重要制度

村级重大事项“六步决策法”

一、村党组织提议（决策内容：依法制定大卞庄村发展规划；依法进行村民自治章程、村规民约的修订；撤村建居；土地调整、征收；企业改制；大额资金使用，较大固定资产的购置、变卖、出租；经营项目和工程建设的立项、实施、管理；集体产权制度改革涉及的集体经济组织成员身份确认、农村集体资产清产核资，确权及运行管理等事项；融资、拆借等增加村委会及所属企业的债务；惠农政策落实、惠农资金使用；社会救助，医疗、养老保险缴纳；宅基地审批；涉及群众利益和群众关注的其他事项；本村年度预算和决算）；

二、村党组织和村民委员会联席会议商议；

三、街镇党委预审核把关；

四、党员大会审议，村民会议或村民代表会议表决；

五、公开公示（决议事项、办理结果分别公开 7 日）；

六、组织实施，实施结果及时公开并组织评议。

村级议事决策制度

一、决定重大问题，在进行集体研究决策前，要先将相关情况在内部进行通报，使班子成员有充分的思考时间，相互协商、交换意见，避免准备不充分、仓促议事的现象。

二、凡是党组织决策重大问题、重大事项，要召开咨询会、座谈会、听证会，或通过个人访谈的形式，邀请领导、专家和部分群众代表参加，反复征求意见。

三、重要事项和重大问题必须由会议决策。党组织成员必须全部参加会议，表决时，同意人数必须达到到会人数的三分之二才算通过。

四、决策形成后，在执行过程中，党组织要严格执行程序，确保不省略、不颠倒其中任何一个环节，确保决策执行的科学化、民主化。

五、集体领导和个人分工负责相结合。党组织决策形成后，明确每个成员所负的责任，做到事事有人管、人人有专责，在其职权范围内迅速处理，遇事敢于负责，协调各个方面抓好落实。

六、对重大问题未经党组织讨论表决而做出决定的人有责任制止，并向上级党组织反映情况，提出纠正意见。

二、专记

西乡卞家庄的沿革及古迹志略

讲述人：孟继庆

（一）卞家庄的沿革

卞家庄位居津市之西十二三里处，该村建于南运河北岸，全村的面积有二十余平方公里，东接赵庄、西邻曹庄、南界南运河北、北界子牙河。为天津县西乡沿运河岸著名的村庄。卞家庄创建的年代，据村耆老言称，始自明朝中叶，迄今已四百余年了。在此期间，村中的事物经过不少的变迁，其比较重要的一为村址的迁移、一为村名的改称。据村人相传，卞家庄原不沿运河，系在距现今村址北面里许之吕彭城附近。后因连年水灾，村人感觉居住该地诸多不便，遂于清代初年迁移运河沿岸。

清末，咸丰初年，距今有七十余年，太平天国北伐津县的西乡，大半被该军占据。卞家庄在运河北岸不便行军，因而未罹兵燹，是时西乡一带遇难的民众皆避难于此。后清兵以打野鸭的排枪击退敌军于小稍直口，清兵因在该村得胜遂改小稍直口村为得胜口，彼时卞家庄最为平安，因而遇难的民众改卞家庄为“太平庄”。唯数年后不知因何故，复改称原名，迄今仍沿称卞家庄。

（二）卞家庄的古迹

“吕彭城”在卞家庄正北约有里许，相传吕布、彭越曾驻军于此，现今该地已成田野，无显然城郭之痕迹，唯有该地比附近土地较高，地址表面及土中尚遗有许多破碎砖瓦，据村人传说此即当初吕彭城之旧址。

（摘自《天津县乡土志辑略》）

幸福的回忆：毛主席视察蛤蟆洼

讲述人：贾金荣

中北镇的前身为中北斜乡。从新中国成立到现在58年间，本镇名称更换过5次。尽管名称变化之多，但本地、本区，以至天津市区人说得最热、叫得最响的要数“九一九”这一名称了。“九一九公社”这一名称从1968年到1984年，占了16年时间。直到现在尽管名称几次变化，但人们脑海中印象最深的还是“九一九”。本镇50岁以上的人都知道“九一九”的来历有着极不寻常的意义。那是48年前，也就是1959年9月19日，我们伟大领袖毛主席来到中北斜乡（当时称津西人民公社大稍口管理区）大卞庄村稻地进行视察，并作了“洼地种稻可以增产”的重要指示！为纪念毛主席视察这一值得纪念的日子，经区“革命委员会”同意，于1968年2月18日将大卞庄村所在的公社——大稍直口人民公社，改称为“九一九”公社。

毛主席视察至今近50年了。那时的壮年大多不在人世，青年人也将近80岁左右，了解“九一九”来历的人逐渐减少，为将毛主席视察这一重要事迹世代相传，我们特意走访了当时毛主席接见人之一时任大卞庄村党支部副书记贾金荣（1929年6月18日出生，女，79岁，已退休）。现将其回忆内容整理如下：

1959年津西人民公社大稍口管理区管辖的村有：李家园、西姜井、东姜井、大稍直口、汪庄、邢庄、曹庄、大卞庄等村。大卞庄村当时有2000人，400余户。以蔬菜生产为主，粮食生产集中在村北。1957年以前种植玉米、高粱，因地势低洼，一遇雨水过多往往颗粒不收。满洼常年积水，地里蛤蟆成群，故称“蛤蟆洼”。

1959年，大卞庄村设党支部，年建章任书记，我（贾金荣）和王治本任副书记，委员有刘凤全。9月19日上午，我们几个支委分别到生产队义务劳动，我到14队和社员正在田间拔草，副书记王治本急火火地跑到我跟前告诉我，先别干活了，上边来了通知，让咱们几个支委赶紧到西青道，咱们村稻地那去等候，上边有领导来参观。至于是哪级领导他们也不告诉。说完又去通知别的支委去了。我急忙收拾东西，往西青道稻田那边赶。那时也没有自行车，也没有正式的路，只能抄近穿菜地走，步行三四里才赶到那，和其他几个支委集合后，我们急急忙忙赶到西青道通往稻地过河的小桥处，坐在路边等候领导的到来。时间不长，就看见公路上从西站那边开过来十几辆轿车，那个时候看到一行十几辆轿车是很少见的。我们几个人立即站起来，向汽车方向迎去。我们还没到车前，就看见一位身材高大、满面红光的人朝我们走来。当时，我立刻回想到在电影、报刊、画报上看到的人物，我惊讶地认出眼前站的正是毛主席。

这时我的心突然怦怦地跳起来，激动的心情按捺不住，不由自主地高声喊出：毛主席万岁，毛主席万岁！！紧随喊声，我已泪流满面，眼前模糊了。这时只觉一双有力的大手拍着我的肩膀，一个洪亮的声音传到我的耳中——别喊啰！这时我更不知所措。随后，毛主席和我们 4 个支委一一握手后走到稻田地里。毛主席站在稻田地里的沟埂上问：这叫什么村？刘凤全回答说叫大卞庄村。主席还问了全村人口情况。主席一边走一边看，看稻子生长情况。这时的稻子正是发墩的时候，每墩都在十几棵以上，加上肥大、水好、生茬地，长势特别好。主席说：这片稻田不小啊？我们告诉主席，这里以前是有名的蛤蟆洼。主席问为什么叫蛤蟆洼？我们回答，这地方是西从杨柳青东到天津这一地段最低洼的地方，下点雨就长期积水，不长庄稼，蛤蟆倒很多，所以群众就叫它为蛤蟆洼。过去种点庄稼十处九不收，从这两年才开始种稻子。主席听后高兴地说："好啊！洼地种稻能增产。"主席还向随行人员询问了当地人民的生产、生活情况。正准备到曹庄子视察。这时看到津浦铁路上开过火车，毛主席经询问，得知杨柳青农场就在铁路北边，结果就去了杨柳青农场。

毛主席刚走，在曹庄视察点等候的联村队（曹庄子、大卞庄）书记张开富同志满头大汗骑着自行车赶到现场。当听说主席已去杨柳青农场时，扔下自行车就去追，但车队已经走远了。直到现在张开富还总是说他这一生最大的遗憾就是没有见到毛主席！管理区干部冯文光同志知道按原计划毛主席要到曹庄视察，（稻田）地块也选好了，难走的路也修了，带着曹庄村的干部在稻地等着，结果主席没有去，他们都后悔当时没有赶往大卞庄地里。

毛主席走后，我们回到村里，刚一进村群众就把我们围了起来。有的说，你们可美了，见到毛主席啦，还和你们都握了手；有的群众把我抱了起来，大家同声高喊：毛主席万岁！共产党万岁！又有一个社员说，毛主席跟你握了手，你太幸福啦！来，让我们也握握你那只幸福的手吧！于是大家都争先恐后地抢着跟我握起手来。那种场面我至今仍记忆犹新。

毛主席视察后，全村干部、群众都感到十分骄傲、自豪，大家琢磨着如何把这件大事记录下来作为留念，并流传给子孙后代，于是，在 1968 年请了村里的一名"知青"画了一张长 4 米、宽 1.5 米毛主席来蛤蟆洼视察的油画贴在村委会屋里。这幅画经历了大队、村委会移址、翻建，搬家三四次别的物件都有不同程度的损坏或丢失，而这幅画至今仍完好无损地贴在大卞庄村委会的党员活动室内。

毛主席视察至今 50 年，蛤蟆洼人民始终牢记毛主席"洼地种稻可以增产"的指示，深刻地理解毛主席所说的洼地种稻可以增产实质是让我们在蛤蟆洼这块土地上做到增产、增收、增效，让我们获得更多的实惠。我们依据这一重要指示精神，奋战在蛤蟆洼这块土地上。1998 年以前，蛤蟆洼的稻子平均亩产达到 500 公斤左右，最高达到 600 多公斤。那时家家都存着几十包稻谷，都是今年吃着去年的稻米。隔两年把吃不完的卖掉。人们吃着喷喷香的稻米，真是打心眼里美，特别是一些老年人，深有感触地说：“这都是托毛主席和共产党的福啊！”

到 1998 年，南运河上游断水成了死河。加之连年干旱，造成水稻不能种植了，从此蛤蟆洼结束了种稻的历史。

为了永远纪念毛主席视察蛤蟆洼的这一光辉事迹，让毛主席的伟大形象永远留在人们心里，当中北镇建成了天津市北方最大的“热带植物观光园后”，在观光园“花卉厅”大厅和中北广场分别矗立着毛主席和当地两位农民在一起的巨型雕像（以贾金荣为原型），生动地再现伟大领袖毛主席 1959 年 9 月 19 日来蛤蟆洼视察农业一线生产，在田间与农民亲切交谈的场面，真切表达了中北人民对伟大领袖的无限敬仰、缅怀之情。加深了人们对毛主席的缅怀敬仰，加深了人们对共产党、对社会主义的热爱之情。

毛主席啊，人民永远怀念您！！

（摘自 2007 年版《中北斜乡乡志》）

三、杂记

人物辑略

（一）能工巧匠“孙九爷”

讲述人：刘玉祥

木匠孙宝善，在大卞庄村里人称“孙九爷”，生卒年不详。年轻时在外拜师学艺，学习木工。常年跟随师父给客户打桌子、椅子、门窗等为生。因不识字和绘制图纸，孙九爷常用麻秆（蓖麻秸秆）制作脊梁廊柱、桌椅板凳、家具门窗等模型，征得客户意见、建议再进行调整。经其设计的房屋结构一般用户不做改动，而且根据承建的建筑规模核算出木料使用的立方米数，竣工后能够干干净净地把木料用完，避免浪费，这也是孙九爷的过人之处。据说，某年，师父承揽做木活的生意，就带着徒弟们到现场查看、设计，经本主同意后，商量筹备木料等需用材料。某日，本主买来木料请师父甄别木料质量，师父查看后认为木料质量没问题，可以施工。过后，也许是无意或开玩笑，本主家的朋友看孙九爷来了，就喊：“‘孙二爷’（老天津卫对成年男性的尊称）您给过过眼（甄别的意思），看看木料行吗？”当时孙九爷不知道师父已甄别完了，推托不过，就认真地用斧头挨棵剁一下木料截面，行话叫“问”。谁知有一棵木料被孙九爷剔出来了，不能用！用户和旁人一看不相信啊，因为之前由师父过眼了，徒弟不可能比师父有眼力、有经验啊！两面就较起真儿来，一方说没问题，另一方说有问题。最后，拿来大锯当着众人的面，把木料一截一截地锯开，最后果然在木料里发现了蚁巢。此举博得了众人的喝彩，让孙九爷意气风发。但是，他却因为这一举动伤害了一个人的心，那就是他的师父。事后，师父知道了他从自己曾确定无瑕疵的木料中择出一棵废料，认为打了自己的脸，是欺师的行为，从此心里留下了阴影，与徒弟有了芥蒂。此后，逢年过节，孙九爷去看望师父，师父总是让他上炕坐，如同与外人般的礼让，使他诚惶诚恐很不自然，心里不是滋味，也为自己的莽撞和社会经验不足深感自责。据说，孙九爷在以后的几十年里，没收一个入门徒弟。

孙九爷做木工活非常讲究，从不敷衍将就。制作的桌椅板凳、家具门窗全部是榫子活儿，没有一颗钉子。少数富足村民家中都曾有孙九爷手工做的家具和门窗。

（二）巧过“三岔口”

讲述人：张宝书

50年代，货船为主要运输工具，经常有静海县、杨柳青、独流镇的船只来往南运河。大卞庄村民宋维新、孙玉江两家都有数艘大木船，木船靠人工牵引加风帆行进，没有机动船只。宋维新、宋维善、孙玉江等运输货物常常途经天津海河三岔口。因河流湍急，稍有不慎便会撞到桥墩致船毁货翻。每当行驶到三岔口桥下，需有一经验丰富船工，根据水流、载重、风向站在船头用“挽子”（杉篙一端是木制横拐，另一端是铁制倒钩篙头）对准桥墩的一个点，身体顶住横拐，使出全身力气将船头掉入顺流中，得以顺利通过。宋维善、孙玉江因力气大、经验多，常常由他们撑“挽子”。据老人讲，就是新纳入的靸鞋经过这一次行船也会使鞋帮损坏。每当大卞庄村的货船要经过三岔口时，总会有大批市民等候、观看撑“挽子”的惊险场面。

其他

（一）大卞庄村 1955—2018 年驻村单位名录

西郊区大稍直口供销社大卞庄门市部

天津市电碳厂

天津市毛巾一厂

天津市刀剪厂

天津市南开区市容环卫设备厂

天津市防暴总队检查站

天津市市政公司第七建筑公司（储存仓库）。1986 年，在村西建储存仓库

中北镇农机站中北镇加油站，1993 年 9 月迁入

西青区喜庆饲料厂（原大稍直口粮库），1994 年迁入

天津市公安局预审总队、第一、二看守所，1997 年迁到本村域

中北镇曹庄花卉（原中北花卉），坐落于村西侧。1996 年建设，是全国一流的规范化观赏鱼交易中心，是华北地区最大的花卉集散地

西青区西营门街办事处，2007 年迁到村北西青道南侧

天津市交通事故快速处理服务中心四联分中心

永旺购物中心天津（中北店），2012 年 5 月开业，为新生商业经营模式

南水北调天津管理处，南水北调工程是缓解中国水资源短缺形势的重大战略性基

础工程。2014 年 10 月竣工，承担着向滨海新区输送南水北调原水的任务

启蒙幼儿园，2016 年竣工，为民办幼儿园

为明双语实验小学，2016 年招生，是北京为明教育集团下属的民办学校

（二）儿童游戏

儿童、小学生的体育活动丰富多样，有老鹰抓小鸡、踢毽、扔沙袋、抓子儿、跳绳、跳皮筋、跳房子、推铁圈儿、顶拐等。

80年代前，因经济条件还不富裕，村内儿童、少年做的一些游戏，还是传统的“土”玩法，这些游戏既增强体质锻炼，也丰富了业余生活，至今大部分村民说起儿时的情景时，仍滔滔不绝，怀有感情。

打“尜尜”　“尜尜”是把 10 厘米长、3 厘米直径的木头削成两头尖状，在用木板击打时能起到杠杆作用。游戏时，两人或多人组队参加。游戏规则：画起步线，第一板击打木尜尜最远的首先开局。

“跳马”　“马”由人扮演，可多人参加，是农村儿童常玩的一种游戏。首先进行“石头、剪子、布”定输赢，输的人第一个当“马”。规则：先蹲着、让其他人跳过“马”（身体），如果大家都跳过去了，当“马”的人逐渐增高身体，直至有人跳不过去了，这个人就顶替这个“马”当下一个“马”。多为男生游戏。

“骑驴”　“驴”由人扮演，多人参加，分两组，有一人扮演“木桩”。首先进行“石头、剪子、布”定输赢，输的一组人当“驴”。规则：扮演木桩的人倚墙站好，输的几个人俯身头顶木桩依次头尾排成一队，赢的几个人助步骑到“驴”的背上，第一个骑上“驴”的人与扮木桩的人进行“石头、剪子、布”定输赢，如果扮木桩的人赢了，骑“驴”的人就要更换角色，当下一局的“驴”，如果赢了木桩人就继续骑“驴”。男生游戏。

打“老窑儿”　多人参加。先进行“石头、剪子、布”定输赢，输的人要当“兵卒”，把圆球或铁罐儿（称“炸药包”）占领到“老窑儿”（称“碉堡或炮楼”）。规则：在中心挖一个“老窑儿”（大土坑儿），其他人在其周围各挖一个“小窑儿”（小土坑儿），每人持一根木棍，在先守住自己小窑儿的同时，还要保护中心的“老窑儿”不被“兵卒”占领，“兵卒”要通过其他人的重重阻拦，努力把一个球或铁罐儿移动到“老窑儿”并用脚踩住才能算赢。大伙儿要定输赢，重新开局。如果守窑儿的人在击打球的时候，“兵卒”也可以迅速占领“小窑儿”，被占领“小窑儿”的人则扮演“兵卒”继续进行游戏。男生游戏。

跳“房子”　也称跳“珠珠”。用几个算盘珠穿成圆串当道具。多人参加。规则：

地上画几道间隔 80 ~ 100 厘米宽的横线，第一局依次挨格将珠珠踢到最后一格，不能出格，否则为输。然后第二局继续，要求跨格跳，以此类推。

放风筝　用苇子扎成形状，糊上各种颜色的纸，系绳后放飞。现在风筝多为布质的，颜色鲜艳，形状各异，也有带 LED 灯饰的，夜间放飞甚为好看。

跳皮筋　多人参加，两人或三人撑皮筋，一个人或几人跳，翻花样，如果成功可以继续跳，两边撑皮筋的陆续将皮筋往上抬，有时撑到脖子位置。直至跳失败，再换人跳。女生游戏。

抖空竹　多为购买的竹质空竹，分单轮和双轮。分双响、四响、二十一响等，是一种用线绳抖动使其高速旋转而发出的响声的玩具。能做出“抢高”“串绕”“过桥”“陀螺”“抛空”等动作。近年出现塑料材质的空竹，玩法创新。

撑“凌排子”　把木板制作为长方形状木排子，用铁片或钢筋做成滑刀，安装在木排底端，用两支钢筋棍，一头安上木把，另一头把钢筋磨成尖，做成凌撑子，撑凌排子时，人坐或跪在凌排子上，双手握凌撑子助力滑行。为男生最喜欢游戏。现村民玩的冰排子多为按时收费租赁的。

儿童游戏还有跳绳、弹球、顶拐、丢沙包（也叫砍子儿）、得柴（用劈柴或粗树枝互相击打运动）、翻花绳、翻毛片、搧包、滚铁环、东南西北、压罐儿、摔破锅（用泥巴做成锅状，往地上摔）、抠模子（和泥巴放在模子里，有花样）、瞎子摸人、老鹰抓小鸡、捉迷藏（也叫藏迷躲）、木人、打水仗（用木棍、竹竿、布条做成的水枪）、洋火枪（自行车链条、车条帽、铁丝、橡皮筋做成，通过撞击打火柴可出响声）等。

（三）建筑遗址

吕彭城　东汉末年，在大卞庄村正北约 1 公里处（原花场一带），彭越、吕布在此筑城屯兵，被称为“吕彭城”。后来该地域逐渐为田野，其痕迹比附近土地地势较高，在其表面及土中尚遗有许多破碎砖瓦。60 年代，社员曾在此处挖掘出过古代砖瓦。

老爷庙　村南原鲍家大院西侧有一座关帝庙（俗称“老爷庙”），面积 10 余平方米。庙内正面供有关公坐像，前有案桌、香炉等，关平捧印、周仓持青龙偃月刀分别站立两侧。新中国成立后拆除。

真爷庙　1931 年，在村后街东头的南运河边建一座真武庙（俗称“真爷庙”），面积 10 余平方米。庙内有一站立木塑雕像持剑向东。新中国成立后拆除。

同善堂　也称“天地庙”。新中国成立前由王志信（人称“王聋子”）出资在村后街建成，佛堂为砖木结构（青砖），上檐设女儿墙，面积 80 余平方米；1958 年改为磨坊；1976年因地震造成损坏；1986年，按照原房型进行翻盖，改为老年活动中心；2008年，“同善堂”因平改被拆除。

（四）大卞庄村“百个第一”

1923年，大卞庄村第一所小学“志德小学”成立。

1949年，大卞庄村开展“四十天运动”，王瑞堂任农民协会主席。

1949年，大卞庄村第一任中共支部书记为张振铭。

1949年，大卞庄村第一任村长为王瑞堂。

1949年，大卞庄村第一任青年团支部书记为李兴让。

1950年，大卞庄村第一任妇女主任为鞠秀荣。

1950年，大卞庄村第一任民兵队长为张振铭。

1950年，大卞庄村第一任治保主任为刘凤成。

1950年，大卞庄村第一支篮球队“津西农青”队成立。

1950年，大卞庄村第一个供销合作社（农户投资入股）成立。

1950年，大卞庄村中心小学成立。

1950年，大卞庄村第一批人民解放军志愿兵为李德福、刘凤雁（公安兵）。

1953年，大卞庄村互助合作组织成立。

1953年，大卞庄村文化合作剧团成立。

1955年，大卞庄村建立初级农业合作社。

1955年，大卞庄村第一个驻村单位是国营供销合作社。

1956年，大卞庄村购买第一台收音机为刘凤声。

1956年，大卞庄村与曹庄子成立“满天红社”高级农业生产合作社。

1956年，大卞庄村架线通电。

1956年，大卞庄村在村北小学运河处建成第一个蔬菜暖室。

1957年，大卞庄村放映第一场露天电影《白毛女》。

1958年，曹、卞庄解体分家，大卞庄村分得第一台黑白电视机。

1958年，曹、卞庄解体分家，大卞庄村分得第一辆“嘎斯牌”汽车。

1959年，大卞庄村建立第一所卫生保健站。

1959年9月19日，中共中央主席毛泽东视察天津市南开区津西人民公社大稍直口管理区大卞庄村（生产队）“蛤蟆洼”稻田。

1960年，大卞庄村建立第一座集体养猪场。

1961年，大卞庄村建立村广播站。

1961 年，刘学海为该村第一位取得大货汽车驾驶证的驾驶员。

1962 年，大卞庄村安装第一部磁石电话机。

1964 年，李兴和为该村第一位乡村卫生员。

1965 年，大卞庄村建第一座简易的水厂。

1965 年，大卞庄村第一批人民警察为张桂友、马春刚。

1966 年，第一个村办工业“大卞庄村综合加工厂”建成。

1966 年，刘金荣、张景玉、宋玉红等红十字员，成为村首批“赤脚医生”。

1968 年，大卞庄村第一任革命委员会主任为石振忠。

1969 年，大卞庄村集体购买第一辆手扶拖拉机。

1970 年，大卞庄村成立现代京剧团。

1970 年，大卞庄村第一高层建筑电工楼建成。

1970 年，大卞庄村集体投资在村东园子打第一口深水井。

1972 年，大卞庄村成立第一个集体汽车运输队。

1973 年，大卞庄村李兴亮、刘洪亮取得第一批拖拉机驾驶证。

1975 年，大卞庄村第一个实行火化的村民是尚家荣。

1976 年，大卞庄村成立农业科技队。

1977 年，大卞庄村购买第一台黑白电视机的村民是王守芳。

1978 年，大卞庄村第一位革命烈士为朱善柱。

1978 年，大卞庄村首名入伍女兵为李凤丽。

1983 年，大卞庄村开始户户通自来水管道。

1980 年，大卞庄村开始实行退休金待遇。

1983 年，大卞庄村第一届村民委员会主任为刘恩洪。

1983 年，大卞庄村成立石油液化气站。

1983 年，大卞庄村纪清玉、姜伯其等村民购买第一批轻骑摩托车。

1984 年，大卞庄村在南运河建第一座混凝土井柱结构桥梁。

1985 年，大卞庄村引进天津市自来水厂引滦水，实行 24 小时供水。

1985 年，大卞庄村委会建第一部人工电话交换台。

1985 年，大卞庄村首名博士研究生为马仲明。

1986 年，大卞庄村民首次办理第一代居民身份证。

1990 年，大卞庄村中大自行车厂第一辆“斯普瑞克”自行车组装下线。

1992 年，大卞庄村安装闭路电视。

1994 年，大卞庄村首名人民法官为张善春。

1995 年，大卞庄村购买第一部手提电话机（大哥大）为王贵文。

1999 年，大卞庄村第一所楼房建筑结构西青区银座小学竣工建成。

1999 年，大卞庄村第一届工会主席为李兴成。

2000 年，大卞庄村第一个集体企业长城汽车配件厂进行改制。

2001 年，李淑艳、许淑爱等经考试合格，成为第一批被大卞庄村委会以考试方法录取的财务工作人员。

2001 年，大卞庄村第一个公共洗浴春泉浴池开业。

2002 年，大卞庄村第一期钢材市场建成开业。

2003 年，大卞庄村第一个大型农贸综合市场开业。

2007 年，王洪仁、杨宝荣等第一批适龄村民领取社保金。

2008 年，大卞庄村首名镇派大学生“村官”许宏伟到村报到。

四、传说

牛痘节

讲述人：孙耀勇

婴儿种牛痘，民间也称“种花”，种的牛痘痊愈后，讲究谢“奶奶”。“奶奶”不是指民间的奶奶，是指天上的“王母娘娘”。旧时，人们迷信，认为牛痘出好了，是王母娘娘派下管花的仙人浇灌的。

当婴儿种的牛痘痊愈后，母亲要挑选一个好日子、吉祥日谢“奶奶”，并通知孩子姥姥家，姥姥家会买些芝麻烧饼、糖皮果子送来，称之为“掉咖”（牛痘痊愈后掉咖）。提前请一份娘娘码子和香、蜡烛等，再买些五颜六色的花纸，请能料理此事的妇女，用花纸为仙人做些衣裳、鞋、帽和浇花用的水桶、喷壶等工具。吉祥日这天，要设好香案，正中摆好娘娘码子和为仙人做的礼品、供品，点燃香火、蜡烛后，婴儿母亲面向娘娘码子叩头致谢。此刻，料理人口里叨念着，这是送给哪位仙人的，那是送给谁的，一件件由香案上取下烧掉。至此，谢“奶奶”仪式结束。

编后记

按照西青区和中北镇政府统筹部署，2017 年 4 月，大卞庄村成立村志编修领导小组，由时任两委成员的高金奎、李兴成、宋立芝、尚玉明、李顺义等人任组长、副组长及委员。2018 年，又增补孟宪仑、刘帅为成员。2017 年 5 月，村志编修正式启动。编修人员有主笔李兴成和成员刘恩发、吕元华、张宝书、刘恩桐、孙继增。

《大卞庄村志》的编修历时 32 个月，主要经历三个阶段。

按照镇志办设计章节，编修人员拟定搜集资料提纲。资料的收集，按照先内后外、先近后远的原则。从村各部门现存资料入手，后查阅村档案室和区档案局资料。为便于开展工作，编修人员通过自身的经历和召开老干部、知情人座谈会，搜集大量的口述资料。

根据资料的积累多少，采取成熟一章写一章的方法。并在初稿完成之前，得到专家赵继华的指导和阅批。至 2018 年 11 月已撰写 17 章。同年 11 月 27 日，召开村“两委”班子成员和部分党员、村民代表、知情人进行初审。

初稿完成之后，报送镇村志办公室审阅。根据审后意见，调整有关章节，又征集和完善资料，充实章节内容。2019 年 4 月，将第二稿打印成册，报送区村志办公室审阅。根据区村志办公室提出的修改意见，对章节内容及文字、标点符号等又一次做了修改。

2019 年 9 月，将第三稿报送区村志办公室审阅。根据区村志办公室提出的修改意见，完备了体例和深加工，至 2019 年 12 月定稿。

一部村志，纵贯历史，横陈百科，从天文到地理，从政治到经济，从社会到民俗等无所不包，编修任务繁重艰巨。然而编者学识不足，文字功底疏浅，实感力不从心。幸得天津市地方志办赵继华老师和西青区、中北镇村志办公室老师指导和把关，使《大卞庄村志》顺利问世。在此，我们对镇、区村志办的领导和同人及在各方面对大卞庄村修志工作给予支持和帮助的人一并表示感谢。

本志书的编修，数易其稿。在搜集资料中，每每因一事辄需往返奔波，辗转求索，力求完整，不留遗憾。然而由于资料匮乏，加之编者水平有限，志书定有诸多遗憾，诚望读者予以指正。

编者

2019 年 12 月